Para nacer he nacido

Contemporánea
Narrativa

PABLO
NERUDA

PARA NACER HE NACIDO

AUSTRAL

Seix Barral

Seix Barral, un sello editorial de Editorial Planeta, S. A.
Avda. Diagonal, 662-664, 08034 Barcelona (España)
www.seix-barral.es
www.planetadelibros.com

Obra editada en colaboración con Editorial Planeta Chilena

Diseño de la cubierta: Austral / Área Editorial Grupo Planeta a partir de la idea de © Ian Campbell
Fotografía de la cubierta: © Angelo Cozzi / Mondadori / Getty Images
Primera edición en Austral: octubre de 2010
Primera en esta presentación: febrero de 2026

Depósito legal: B. 61-2026
ISBN: 978-84-322-4934-1
Impreso en España

Biografía

Pablo Neruda (Parral, Chile, 1904 – Santiago de Chile, 1973) ha sido sin duda una de las voces más altas de la poesía mundial de nuestro tiempo. Desde el combate directo o desde la persecución y el exilio valerosamente arrostrados, la trayectoria del poeta, que en 1971 obtuvo el Premio Nobel, configura, a la vez que la evolución de un intelectual militante, una de las principales aventuras expresivas de la lírica en lengua castellana, sustentada en un poderío verbal inigualable que, de la indiscriminada inmersión en el mundo de las fuerzas telúricas originarias, se expandió a la fusión con el ámbito natal americano y supo cantar el instante amoroso que contiene el cosmos, el tiempo oscuro de la opresión y el tiempo encendido de la lucha. Una mirada que abarca a la vez la vastedad de los seres y el abismo interior del lenguaje: poeta total, Neruda pertenece ya a la tradición más viva de nuestra mayor poesía.

... para nacer he nacido, para encerrar el paso de cuanto se aproxima, de cuanto a mi pecho golpea como un nuevo corazón tembloroso.

PABLO NERUDA

ES MUY TEMPRANO

Cuaderno 1

MUJER LEJANA

Esta mujer cabe en mis manos. Es blanca y rubia, y en mis manos la llevaría como a una cesta de magnolias.

Esta mujer cabe en mis ojos. La envuelven mis miradas, mis miradas, que nada ven cuando la envuelven.

Esta mujer cabe en mis deseos. Desnuda está bajo la anhelante llamarada de mi vida y la quema mi deseo como una brasa.

Pero, mujer lejana, mis manos, mis ojos y mis deseos te guardan entera su caricia porque sólo tú, mujer lejana, sólo tú cabes en mi corazón.

UN AMOR

Por ti junto a los jardines recién florecidos me duelen los perfumes de primavera.

He olvidado tu rostro, no recuerdo tus manos, cómo besaban tus labios?

Por ti amo las blancas estatuas dormidas en los parques, las blancas estatuas que no tienen voz ni mirada.

He olvidado tu voz, tu voz alegre, he olvidado tus ojos. Como una flor a su perfume, estoy atado a tu recuerdo impreciso. Estoy cerca del dolor como una herida, si me tocas me dañarás irremediablemente.

Tus caricias me envuelven como las enredaderas a los muros sombríos.

He olvidado tu amor y sin embargo te adivino detrás de todas las ventanas.

Por ti me duelen los pesados perfumes del estío: por ti vuelvo a acechar los signos que precipitan los deseos, las estrellas en fuga, los objetos que caen.

VIENTOS DE LA NOCHE

Como una bambalina la luna en la altura se debe cimbrar... Vientos de la noche, tenebrosos vientos! Que rugen y rajan las olas del cielo, que pisan con pies de rocío los techos. Tendido, durmiendo, mientras que las ebrias resacas del cielo se desploman bramando sobre el pavimento. Tendido, durmiendo, cuando las distancias terminan y vuelan trayendo a mis ojos lo que estaba lejos. Vientos de la noche, tenebrosos vientos! Qué alas más pequeñas las mías en este aletazo tremendo! Qué grande es el mundo frente a mi garganta abatida! Sin embargo, puedo, si quiero, morir, tenderme en la noche para que me arrastre la rabia del viento. Morirme, tenderme dormido, volar en la violenta marea, cantando, tendido, durmiendo! Sobre los tejados galopan los cascos del cielo. Una chimenea solloza... Vientos de la noche, tenebrosa de vientos!

ES MUY TEMPRANO

Grave inmovilidad del silencio. La raya el cacareo de un gallo. También la pisada de un hombre de labor. Pero continúa el silencio.

Luego, una mano distraída sobre mi pecho ha sentido el latido de mi corazón. No deja de ser sorprendente.

Y de nuevo —oh los antiguos días!— mis recuerdos, mis dolores, mis propósitos caminan agachados a crucificarse en los senderos del espacio y del tiempo.

Así se puede transitar con facilidad.

LA LEPROSA

He visto llegar a la leprosa. Quedó tendida junto a la mata de azaleas que sonríe en el abandono del hospital.

Cuando llegue la noche se irá la leprosa. Se irá la leprosa porque el hospital no la acoge. Se irá cuando el día vaya hundiéndose dulcemente en el atardecido, pero hasta el día prolongará sus lumbres amarillas para no irse junto a la leprosa.

Llora, llora junto a la mata de azaleas. Las hermanas rubias y vestidas de azul la han abandonado: no curarán sus tristes llagas las hermanas rubias vestidas de azul.

Los niños, prohibidos de acercársele, han huido por los corredores.

La han olvidado los perros, los perros que lamen las heridas de los olvidados.

Pero la mata rosada de las azaleas —sonrisa única y dulce sonrisa del hospital— no se ha movido del rincón del patio, del rincón del patio donde la leprosa quedó abandonada.

CANCIÓN

Mi prima Isabela... Yo no la conocí a mi prima Isabela. He atravesado, años después, el patio ajardinado en que, me dicen, nos vimos y nos amamos en la infancia. Es un sitio de sombra: como en los cementerios hay en él árboles invernizos y endurecidos. Un musgo amarillo rodea las cinturas de unas tazonas de greda parda recostadas en el patio de estos recuerdos... Allí fue, pues, donde la vi a mi prima Isabela.

Debo de haberle puesto esos ojos de los niños que esperan algo que va a pasar, está pasando, pasó...

Prima Isabela, novia destinada, corre un caudal continuado, eterno entre nuestras soledades. Yo desde este lado echo a correr hacia valles que no diviso, mis gritos, mis acciones, que regresan a mi lado en ecos inútiles y perdidos. Tú desde el otro lado...

Pero muchas veces te he rozado, Isabela. Porque tú serás quién sabe dónde! esa recogida mujer que, cuando camino en el crepúsculo, cuenta desde la ventana, como yo, las primeras estrellas.

Prima Isabela, las primeras estrellas.

LA CARPA

Arreglábamos entonces un pilotaje derrumbado, en pleno campo austral. Era el estío. En las noches se recogían las cuadrillas y, fatigados, nos tirábamos sobre el pasto o las mantas extendidas. El viento austral cargaba de rocíos la campiña en éxtasis, y sacudía nuestra carpa movediza como un velamen.

Con qué extraña ternura amé en aquellos días el pedazo de lona que nos protegía, la vivienda que quería mecer nuestro sueño a la vuelta de la jornada agotadora!

Después de medianoche, abría los ojos, e inmóvil, escuchaba... A mi lado, en ritmos iguales, la respiración de los hombres dormidos... Por una abertura oval de la carpa pasaba el amplio aliento de la noche en los campos... De cuando en cuando la angustiosa voz de amor de las mujeres poseídas: en intermitentes y lejanos, el alucinado croar de las ranas o el azotar de la corriente del río contra las obras del pilotaje.

A veces, arrastrándome como una cuncuna, salía furtivamente de la carpa. Al lado afuera me tendía sobre el trébol mojado, la cabeza apretada de nostalgias, con las pupilas absortas en cualquiera constelación. La noche campesina y oceánica me mareaba, y mi vida flotaba en ella como una mariposa caída en un remanso.

Una estrella filante me llenaba de una alegría inverosímil.

LA BONDAD

Endurezcamos la bondad, amigos. Ella es también bondadosa, la cuchillada que hace saltar la roedumbre y los gusanos: es también bondadosa la llama en las selvas incendiándose para que rajen la tierra los arados bondadosos.

Endurezcamos nuestra bondad, amigos. Ya no hay pusilánime de ojos aguados y palabras blandas, ya no hay cretino de soterrada intención y gesto condescendiente que no lleve la bondad, por vosotros otorgada, como una puerta cerrada a toda penetración de nuestro examen. Ved que necesitamos que sean llamados buenos los de recto corazón, y los no doblegados, y los sumisos.

Ved que la palabra va haciéndose acogedora de las más viles complicidades, y confesad que la bondad de vuestras palabras fue siempre —o casi siempre— mentirosa. Alguna vez hay que dejar de mentir ya que, a fin de cuentas, sólo de nosotros dependemos y siempre estamos remordiéndonos a solas de nuestra falsedad, y viviendo así encerrados en nosotros mismos entre las paredes de nuestra astuta estupidez.

Los buenos serán los que más pronto se liberten de esta mentira pavorosa y sepan decir su bondad endurecida contra todo aquel que se la merezca. Bondad que marcha, no con alguien, sino contra alguien. Bondad que no soba ni lame, sino que desentraña y pelea porque es el arma misma de la vida.

Y así sólo serán llamados buenos los de derecho corazón, los no doblegados, los insumisos, los mejores. Ellos reivindicarán la bondad podrida por tanta bajeza, ellos serán el brazo de la vida y los ricos de espíritu. Y de ellos, sólo de ellos, será el reino de la tierra.

LOS HÉROES

Como si los llevara dentro de mi ansiedad encuentro los héroes donde los busco. Al principio no supe distinguirles, pero ya enrielado en las artimañas de la vida, los veo pasar a mi lado y aprendo a darles lo que no poseen. Pero he aquí que me siento abrumado de este heroísmo y lo rechazo cansado. Porque ahora quiero hombres que doblen la espalda a la tormenta, hombres que aúllen bajo los primeros latigazos, héroes sombríos que no sepan sonreír y que miren la vida como una gran bodega, húmeda, lóbrega, sin rendijas de sol.

Pero ahora no los encuentro. Mi ansiedad está llena de los viejos heroísmos, de los antiguos héroes.

LA LUCHA POR EL RECUERDO

Mis pensamientos se han ido alejando de mí, pero llegado a un sendero acogedor rechazo los tumultuosos pesares presentes y me detengo, los ojos cerrados, enervado en un aroma de lejanía que yo mismo he ido conservando, en mi lucha pequeña contra la vida. Sólo he vivido ayer. El ahora tiene esa desnudez en espera de lo que desea, sello provisorio que se nos va envejeciendo sin amor.

Ayer es un árbol de largas ramazones, y a su sombra estoy tendido, recordando.

De pronto contemplo sorprendido largas caravanas de caminantes que, llegados como yo a este sendero, con los ojos dormidos en el recuerdo, se cantan canciones y recuerdan. Y algo me dice que han cambiado para detenerse, que han hablado para callarse, que han abierto los atónitos ojos ante la fiesta de las estrellas para cerrarlos y recordar...

Tendido en este nuevo camino, con los ávidos ojos florecidos de lejanía, trato en vano de atajar el río del tiempo que tremola sobre mis actitudes. Pero el agua que logro recoger queda aprisionada en los ocultos estanques de mi corazón en que mañana habrán de sumergirse mis viejas manos solitarias...

EL HUMO

A veces me alcanza el deseo de hablar un poco, sin poema, con las frases mediocres en que existe esta realidad, del rincón de calle, horizonte y cielo que avizoro al atardecer, desde la alta ventana donde siempre estoy pensando. Deseo, sin ningún sentido universal, atadura primaria que es necesario estirar para sentirse vivo, junto a la más alta ventana, en el solitario atardecer.

Decir, por ejemplo, que la calle polvorienta me parece un canal de tierras inmóviles, sin poder de reflejo, definitivamente taciturno.

Los grandes roces invaden de humo el aire detenido, y la luna asomada de esa orilla gotea gruesas uvas de sangre.

La primera luz se enciende en el prostíbulo de la esquina, cada tarde. Siempre sale a la vereda el maricón de la casa, un adolescente flaco y preocupado debajo de su guardapolvo de brin. El maricón ríe a cada rato, suelta agudos gritos, y siempre está haciendo algo, con el plumero o doblando unas ropas o limpiando con una escoba las basuras de la entrada. De tal modo que las putas salen a asomarse perezosamente a la puerta, asoman la cabeza, vuelven a entrar, mientras que el pobre maricón siempre está riéndose o limpiando con un plumero o preocupado por los vidrios de la ventana. Esos vidrios deben estar negros de tierra.

Yo, mirando estas pequeñas acciones, puedo estar con el alma en viaje: Isabel tenía la voz triste, o tratando de recordar, por ejemplo, en qué mes me vine al pueblo. Ah, qué días caídos en mi mano extendida! Sólo ustedes lo saben, zapatos míos, cama mía, ventana mía, sólo ustedes. Tal vez me creen muerto. Andando, andando, pensando. Llueve, ah Dios mío!

Aunque supongo que un perro flaco y agachadizo atraviesa oliendo y meando lentamente por la orilla de las casas, ese perro es exacto y real, y nunca mudará su caminata imaginaria.

Parece que es forzoso poner un poco de música entre esas letras que tiro al azar sobre el papel. Indispensable acordeón, escalera de borrachos que a veces tropiezan. Pero también un organillo haciendo girar sus gruesos valses encima de las techumbres.

También ahora me parece ella la que viene, pero ahora, a qué vendría? Aúllan los lebreles del campo. Qué larga corrida de eucaliptus miedosos, negros y miedosos!

Recordarla es como si enterrara mi corazón en el agua. También ahora me parece ella, pero a qué vendría ahora? Ah qué días tristes! Me tenderé otra vez en la cama, no quiero mirar otra vez esta perspectiva húmeda. Tus ojos: dos soñolientas tazas negreadas con maquis de la selva. En la selva qué hoja de enredadera blanca, fragante, pesada, te habría traído. Todo se aleja de esta soledad forjada a fuerza de lluvia y pensamiento. Dueño de mi existencia profunda, limito y extiendo mi poder sobre las cosas. Y después de todo, una ventana, un cielo de humo, en fin, no tengo nada.

Carretones pasan tambaleando, resonando, arrastrando. La gente garabatea al andar figuras sobre el suelo. Alumbra una voz detrás de aquella ventana. Cigarros encendidos entre la sombra. Quién golpea con tanta prisa en la casa de abajo? La montaña del fondo, sombrío cinturón que ciñe la noche. Nada más fatal que ese golpe a la puerta, después los pasos que ascienden mi pobre escalera: alguien me viene a ver. Entonces escribo con apuro: la noche como un árbol, tiene en mis raíces, tenebrosas raíces. Enredado de frutas ardiendo, arriba, arriba el follaje, entoldando la luna.

Pobre, pobre campanero, ahuyentando la soledad a golpes de badajo. La campanada agujerea el aire y cae velozmente. Te quedas solo, trepado a tus campanas, allá arriba.

EL BARCO DE LOS ADIOSES

Desde la eternidad navegantes invisibles vienen llevándome a través de atmósferas extrañas, surcando mares desconocidos. El espacio profundo ha cobijado mis viajes que nunca acaban. Mi quilla ha roto la masa movible de icebergs relumbrantes que intentaban cubrir las rutas con sus cuerpos polvorosos. Después navegué por mares de bruma que extendían sus nieblas entre otros astros más claros que la tierra. Después por mares blancos, por mares rojos que tiñeron mi casco con sus colores y sus brumas. A veces cruzamos la atmósfera pura, una atmósfera densa, luminosa que empapó mi velamen y lo hizo fulgente como el sol. Largo tiempo nos deteníamos en países domeñados por el agua o por el viento. Y un día —siempre inesperado— mis navegantes invisibles, levantaban mis anclas y el viento hinchaba mis velas fulgurantes. Y era otra vez el infinito sin caminos, las atmósferas astrales abiertas sobre llanuras inmensamente solitarias.

Llegué a la tierra, me anclaron en un mar, el más verde, bajo un cielo azul que yo no conocía. Acostumbradas al beso verde de las olas, mis anclas descansan sobre la arena de oro del fondo del mar, jugando con la flora torcida de su hondura, sosteniendo las blancas sirenas que en los días largos vienen a cabalgar en ellas. Mis altos y derechos mástiles son amigos del sol, de la luna y del aire amoroso que los prueba. Pájaros que nunca han visto se detienen en ellos después de un vuelo de flechas, rayan el cielo, alejándose para siempre. Yo he empezado a amar este cielo, este mar. He empezado a amar estos hombres...

Pero un día, el más inesperado, llegarán mis navegantes invisibles. Llevarán mis anclas arborecidas en las algas del agua profunda, llenarán de viento mis velas fulgurantes...

Y será otra vez el infinito sin caminos, los mares rojos y blancos que se extienden entre otros astros eternamente solitarios.

(Estos doce poemas en prosa fueron publicados en la revista *Claridad*, de Santiago de Chile, en el año 1922.)

EXÉGESIS Y SOLEDAD

Emprendí la más grande salida de mí mismo: la creación, queriendo iluminar las palabras. Diez años de tarea solitaria, que hacen con exactitud la mitad de mi vida, han hecho sucederse en mi expresión ritmos diversos, corrientes contrarias. Amarrándolos, trenzándolos sin hallar lo perdurable, porque no existe, ahí están *Veinte poemas de amor y una canción desesperada*. Dispersos como el pensamiento en su inasible variación, alegres y amargos, yo los he hecho y algo he sufrido haciéndolos. Sólo he cantado mi vida y el amor de algunas mujeres queridas, como quien comienza por saludar a gritos grandes la parte más cercana del mundo. Traté de agregar cada vez más la expresión a mi pensamiento y alguna victoria logré: me puse en cada cosa que salió de mí, con sinceridad y voluntad. Sin vacilar, gente honrada y desconocida —no empleados y pedagogos que me detestan personalmente— me han mostrado sus gestos cordiales, desde lejos. Sin darles importancia, concentrando mi fuerza para atajar la marea, no hice otra cosa que dar intensidad a mi trabajo. No me cansé de ninguna disciplina porque nunca la tuve: la ropa usada que conforma a los demás, me quedó chica o grande, y la reconocí sin mirarla. Buen meditador, mientras he vivido he dado alojamiento a demasiadas inquietudes para que éstas pasaran de golpe por lo que escribo. Sin mirar hacia ninguna dirección, libremente, inconteniblemente, se me soltaron mis poemas.

(Publicado en el diario *La Nación*, de Santiago de Chile, en el año 1924.)

IMAGEN VIAJERA

Cuaderno 2

IMAGEN VIAJERA

De esto hace algunos días. El inmenso Brasil saltó encima del barco. Desde temprano, la bahía de Santos fue cenicienta, y luego, las cosas emanaron su luz natural, el cielo se hizo azul. Entonces, la orilla apareció en el color de millares de bananas, acontecieron las canoas repletas de naranjas, monos macacos se balanceaban ante los ojos y de un extremo a otro del navío chillaban con estrépito los loros reales.

Fantástica tierra. De su entraña silenciosa, ni una advertencia: los macizos de luz verde y sombría, el horizonte vegetal y tórrido, su extendido, cruzado, secreto, de lianas gigantescas llenando la lejanía en una circunstancia de silencio misterioso. Pero las barcas crujen desventradas de cajones: café, tabaco, frutas por enormes millares, y el olor lo tira a uno de las narices hacia la tierra.

Allí subió aquel día una familia brasileña: padre, madre y una muchacha. Ella, la niña, era muy bella.

Buena parte de su rostro lo ocupan los ojos, absortos, negrazos, dirigidos sin prisa, con abundancia profunda de fulgor. Debajo de la frente pálida hacen notar su presencia en un aleteo constante. Su boca es grande, porque sus dientes quieren brillar en la luz del mar desde lo alto de su risa. Linda criolla, compadre. Su ser comienza en dos pies diminutos y sube por las piernas de forma sensual, cuya maduridad, la mirada quisiera morder.

Despacio, despacio va el barco costeando estas tierras, como si hiciera gran esfuerzo por desprenderse, como si lo atrajeran las voces ardientes del litoral. De pronto caen sobre la cubierta, muy grandes mariposas negras y verdes, de pronto el viento silba con su aire caliente desde tierra adentro, tal vez, trayendo la crónica de los trabajos de las plantaciones, el eco de la marcha sigilosa de los seringueiros hacia el caucho, otra vez se detiene y su pausa es una advertencia.

Porque, aguas andando, llegamos a la línea ecuatorial, en el desierto de agua como aceite penetra el barco sin ruido, como en un estanque. Y tiene algo de pavoroso este acceso a una atmósfera caliente en medio del océano. Dónde comienza este anillo incendiado? El navío marcha en la más silenciosa latitud, desierta, de implacable ebullición apagada. Qué formas fantasmas habitarán el mar bajo esta presión de fuego?

Marinech, la brasilera, ocupa cada tarde su silla de cubierta, frente al crepúsculo. Su rostro levemente se tiñe con las tintas del firmamento, a veces sonríe.

Es amiga mía, Marinech. Conversa en la melosa lengua portuguesa, y le da encanto su idioma de juguete. Quince enamorados la rodean formando círculos. Ella es altiva, pálida, no muestra preferencia por ninguno. Su mirada, cargada de materia sombría, está huyendo.

Bueno, las tardes al caer en la tierra se rompen en pedazos, se estrellan contra el suelo. De ahí ese ruido, esa oquedad del crepúsculo terrestre, esa greguería misteriosa que no es sino el aplastarse vespertino del día. Aquí, la tarde cae en silencio letal, como el desplomarse de un oscuro trape sobre el agua. Y la noche nos tapa los ojos de sorpresa, sin que se oigan sus pasos, queriendo saber si ha sido reconocida, ella, la infinita inconfundible.

PORT-SAID

Comentar este pasar de cosas es adquirir un tono. Se rueda sobre el plano inclinado de una tendencia interior y van apareciendo presencias: el sentimental hallazgo, sus aspectos desgarradores de partir o llegar, el burlesco traza sus fósforos, el trágico sus sangres.

Yo, sobre la proa del paquebot, sentado en mi silla de lona, tengo una carencia de sentido especial, mi mirada es de esfinge hueca, de cartón difícil de amamantar lo sorpresivo. El Oriente llega hasta esa silla muy de mañana, un día, toma la forma de mercaderes egipcios, de laya morena, con cucurucho rojo, expositivos, insistentes hasta la locura, demostrando su tapicería, sus collares de vidrio, convidando a las mancebías.

Pegado al barco está Port-Said, una hilera de almacenes internacionales, las lanchas del cambalache marítimo, más adentro, el horizonte de arquitecturas truncadas, casas cuya azotea parece haberlas impedido crecer, y las palmeras de África, las primeras, tímidamente verdes, humilladas entre este traqueteo de carbón y harina, adentro de este hálito internacional, chillar de donokeis, pesada palpitación de máquinas que entregan y reciben con grandes dedos de fierro.

Port-Said encierra una ruidosa gravitación de las más chillonas razas del mundo. Sus callejas estrechas son, por completo, bazares y mercados, y gritan en todas las lenguas agudamente, acosan con inmundos olores, se tiñen con tintas verdes y escarlatas. En esa acumulación vegetal y bestial, quisiera retrocederse inútilmente; el aire de Port-Said, la luz, gritan también precios y convites; el cielo de Port-Said, bajo y azul, es una carpa de barraca, y apenas oscila sobre su monstruoso bazar.

De cuando en cuando, cruzan por las calles las árabes embozadas, de ojos llamativos. Son una resurrección, más bien triste, de las lecturas de Pierre Loti; envueltas totalmente en sus trapos oscuros, como agobiadas por ese oficio de mantener su prestigio literario, no participan de ese violento aire africano, despiertan una curiosidad melancólica y escasa. También los fumadores de narghilé, aunque auténticos, sin lugar a dudas, chupando ese aparato visto hasta la saciedad en las casas de antigüedades, sobrellevan con verdadera dignidad su papel legendario difundido en antiguos libracos. Fuman con notable despreocupación, sudando un poco, gruesos, morenos, envueltos entre sus polleras.

Pronto, el navío deja atrás tendidas al sol todas estas ricas miserias, este puerto un poco falto de esa seria decoración oriental de los films. Unas escalinatas, algunas cúpulas, las vasijas grandiosas de *El ladrón de Bagdad*, y el barco se escaparía con mayor nostalgia por el Canal de Suez (esa obra fría, desierta, no salida aún del papel de Whatman, del ingeniero Lesseps). Llevaría el barco el mayor desconcierto producido por un desconocido aspecto de la tierra, la marca recóndita de lo que ha vivido un día más de la vida entre lo fantástico, lo imaginario, lo misterioso.

DANZA DE ÁFRICA

Debo escribir este pasaje con mi mano izquierda, mientras con mi derecha me resguardo del sol. Del agudo sol africano que, uno a uno, hace pasar mis dedos del rojo al blanco. Entonces los sumerjo en el agua; bruscamente, se hacen tibios, fríos, pesados. Mi mano derecha se ha hecho de metal; venceré con ella (ocultándola en un guante) a los más espantosos boxeadores, al más atrevido fakir.

Estamos frente a Djibuti. No se nota el límite del Mar Rojo y del Océano Índico; las aguas franquean esta barrera de letras, los títulos del mapa, con inconsciencia de iletrados. Aquí se confunden aguas y religiones, en este mismo punto. Los primeros salmones budistas cruzan indiferentes al lado de las últimas truchas sarracenas.

Entonces, de la profundidad del litoral saltan los más graciosos negroides somalíes a pescar monedas, del agua o del aire. Episodio descrito millones de veces y que, de verdad, es así: el granuja es de aceituna, con altas orejas egipcias, con boca blanca de una sola y firme sonrisa, y cuyo ombligo notable se ve que ha sido trazado por una moneda francesa lanzada desde la borda con demasiada fuerza. Son una flota de abejas oscuras que a veces, al vuelo, cazan el ejemplar fiduciario; las más del tiempo lo arrancan del mar y lo levantan en la boca, habituándose así a ese alimento argentino, que hace del tipo somalí una especie humana de consistencia metálica, clara de sonido, imposible de romper.

Djibuti es blanco, bajo, cuadrado en su parte europea, como todos los dados sobre un hule resplandeciente. Djibuti es estéril como el lomo de una espada; estas naranjas vienen de Arabia; esas pieles, de Abisinia. Sobre esta región sin inclinaciones de madre, el sol cae vertical, agujereando el suelo. Los europeos se esconden a esta hora en el fondo de sus casas con palmeras y sombra, se sepultan adentro de las bañeras, fuman entre el agua y los ventiladores. Sólo transitan por las calles, perpetuamente fijas en una iluminación de relámpago, los orientales desaprensivos: callados hindúes, árabes, abisinios de barbas cuadradas, somalíes desnudos.

Djibuti me pertenece. Lo he dominado, paseando bajo su sol en las horas temibles: el mediodía, la siesta, cuyas patadas de fuego rompieron la vida de Arthur Rimbaud, a esa hora en que los camellos hacen disminuir su joroba y apartan sus pequeños ojos del lado del desierto.

Del lado del desierto está la ciudad indígena. Tortuosa, aplastada, de materiales viejos y resecos: adobe, totoras miserables. Variada de cafés árabes en que fuman tendidos en esteras, semidesnudos, personajes de altivo rostro. Al dar vuelta a un recodo, gran zalagarda de mujeres, polleroncs multicolores, rostros negros pintados de amarillo, brazaletes de ámbar: es la calle de las danzarinas. En multitud, a racimos, colgadas de nuestros brazos quieren, cada una, ganar las monedas del extranjero. Entro en la primera cabaña y me tiendo sobre un tapiz. En ese instante, del fondo, aparecen dos mujeres. Están desnudas. Bailan.

Danzan sin música, pisando en el gran silencio de África, como en una alfombra. Su movimiento es lento, precavido, no se las oiría aunque bailaran entre campanas. Son de sombra. De una parecida sombra ardiente y dura, ya para siempre pegada al metal recto de los pechos, a la fuerza de piedra de todos los miembros. Alimentan la danza con voces internas, gastrálgicas, y el ritmo se hace ligero, de frenesí. Los talones golpean el suelo con pesado fulgor: una gravitación sin sentido, un dictado irascible las impulsa. Sus negros cuerpos brillan de sudor, como muebles mojados; sus manos, levantándose, sacuden el sonido de los brazaletes, y de un salto brusco, en una última tensión giratoria, quedan inmóviles, terminada la danza, pegadas al suelo como peleles aplastados, ya pasada la hora de fuego, como frailes derribados por la presencia de lo que suscitaron.

Ya no bailan. Entonces, llamo a mi lado a la más pequeña, a la más grácil bailadora. Ella viene: con mi chaqueta blanca de *palm-beach* limpio su frente nocturna, con mi brazo atraigo su cintura estival. Entonces, le hablo en un idioma que nunca antes oyó, le hablo en español, en la lengua en que Díaz Casanueva escribe versos largos, vespertinos; en la misma lengua en que Joaquín Edwards predica el nacionalismo. Mi discurso es profundo; hablo con elocuencia y seducción; mis palabras salen, más que de mí, de las calientes noches, de las muchas noches solitarias del Mar Rojo, y cuando la pequeña bailarina levanta su brazo hasta mi cuello, comprendo que comprende. Maravilloso idioma!

EL SUEÑO DE LA TRIPULACIÓN

El barco cruza insensible su camino. Qué busca? Pronto tocaremos Sumatra. Eso disminuye su marcha, y a poco se torna imperceptible, de pavor de hundirse repentinamente en los blandos boscajes de la isla, de despertar en la mañana con elefantes y, tal vez, ornitorrincos sobre el puente.

Es de noche, una noche llegada con fuerza, decisiva. Es la noche que busca extenderse sobre el océano, el lecho sin barrancas, sin volcanes, sin trenes que pasan. Allí ronca su libertad, sin encoger sus piernas en las fronteras, sin disminuirse en penínsulas; duerme, enemiga de la topografía con sueño en libertad.

La tripulación yace sobre el puente, huyendo del calor, en desorden, derribados, sin ojos, como después de una batalla. Están durmiendo, cada uno dentro de un sueño diferente, como dentro de un vestido.

Duermen los dulces anamitas, con el dorso dormido sobre mantas, y Laho, su caporal, sueña levantando una espada de oro bordada; sus músculos se mueven, como reptiles dentro de su piel. Su cuerpo sufre, se fatiga luchando. Otros tienen adentro un sueño de guerreros, duro como una lanza de piedra y parecen padecer, abrir los ojos a su aguda presión. Otros lloran levemente, con un ronco gemido perdido, y los hay de sueño blando como un huevo, cuyo tejido a cada sonido, a cada emoción, se quiebra; el contenido resbala como la leche sobre cubierta y luego se recompone, se pegan sus cáscaras sin materia y sin ruido, y el hombre sigue absorto. Hay otros.

Laurent, el verdadero marinero del Mediterráneo, reposa echado con su camiseta rayada y su cinturón rojo. Los hindúes duermen con los ojos vendados, separados de la vida por esa venda de condenados a muerte, y uno que otro pone la mano levemente en el sitio del corazón, batiéndose bravamente con el sueño, como con una bala. Los negros de la Martinica duermen, voluptuosos, diurnos: la Oscuridad Índica se traspone en una siesta de palmeras, en acantilados de luz inmóvil. Los árabes amarran su cabeza para mantenerla fija en la dirección de Mahoma muerto.

Álvaro Rafael Hinojosa duerme sin sueño, sueña con costureras de Holanda, con profesoras de Charlesville, con Erika Pola de Dresden; su sueño es una descomposición del espacio, un líquido corruptor, un barreno. Se siente descender en esa espiral de taladro, tragado como una mariposa en un ventilador muy grande; se nota perforando las distancias duras de la tierra, los transcursos salobres del mar; se ve perdido, débil sin piernas, enrollado en la transmigración interminable; queriendo regresar, golpea con la frente edades equivocadas, sustituidas, regiones de las que huye, recibido como descubridor. De un punto a otro del tiempo, vuela con furor, el viento silba a su lado como en torno a un proyectil.

Los chinos, prosternados a medias, se han encajado su máscara de sueño, helada, tiesa, y andan entre lo dormido como en el fondo de una armadura. Los corsos roncan, sonoros como caracoles, llenos de tatuajes, con semblante de trabajo. Es que levantan el sueño como la arboladura de una barcaza, a golpe de músculo, con oficio marinero. También su barco es más seguro entre los sueños, apenas titubea en el temporal celeste; lleva entre los cordajes ángeles y cacatúas ecuatoriales.

Allí está Dominique, tendido sobre las tablas. En el tobillo está tatuado Marche ou Crève, con letras azules. En los brazos tiene una mano sujetando un puñal, lo que significa valor; en el pecho, el retrato de la ingrata Eloise, entre una araña de vello; lleva además, tatuadas las piernas con anclas que conjuran los peligros del mar; palomas que evitan la cárcel de la rosa de los vientos, buena para orientarse y protectora de la embriaguez.

Los hay que duermen sin soñar, como minerales; otros, con cara asombrada como ante una barrera infranqueable. Yo extiendo mi estera, cierro los ojos y mi sueño se arroja en su extensión con infinito cuidado. Tengo miedo de despertarlos. Trato de no soñar con cascabeles, con Montmartre, con fonógrafos; podrían despertar. Soñaré con mujercitas, las más silenciosas: Lulú o, mejor, Laura, cuya voz más bien se leía, más bien era del sueño.

COLOMBO DORMIDO Y DESPIERTO

Después de las diez de la noche (hora inglesa), Colombo fallece. Estuve en Colombo a las 10.05 P.M., ansioso de alcanzar aún un estertor. Aquello había muerto de golpe, aquello era una ciudad sin sombra, sin luz: era Valparaíso de noche o Buenos Aires. Era un puerto de geometría; sus ángulos blancos no tenían el menor parentesco con las axilas orientales cargadas de temperatura y olor. Era el plano en relieve de una población hierática, dura, sin respiración, sin bebidas. Ni rostro de mujeres, ni sombra de canciones alegres. Adiós.

Volví de mañana. Los muertos habían salido del sepulcro, los muertos de extraños colores y vestidos. Aquel sacudimiento de resurrección tenía el alcance y el efecto del torbellino. Al escarbar esa indiferente cáscara terrestre, quedaron al sol las entrañas secretas de Ceilán, y su sonido ensordecedor, su ronca voz de timbal.

Voy sentado en *ricksha*, de la que tira con ligereza un cingalés que, para correr, toma una apariencia de avestruz. La ciudad indígena hierve a mis cuatro lados, y de paso entre los 280 mil habitantes de Colombo, toda una movible hora de color.

La multitud que cruza tiene cierta uniformidad. Los hombres de tinte moreno oscuro van vestidos sencillamente, con pollerón que los recubre casi enteros, el vetil nacional. Las mujeres, casi todas con adornos en la nariz, agujereada con piedras azules o moradas, vestidas de tul pesado; al cuello, echarpes multicolores. Entre la gran multitud de seres descalzos, de cuando en cuando, ingleses de grandes botas, malayos de zapatillas de terciopelo. Las gentes de Ceilán son raramente hermosas, en cada rostro, regular y ardiente, dos ojos de fuerza, de mirada impresionantemente grave. Parece no existir ni la miseria ni el dolor en este mundo indiferente. Dos viejos marchan con la cabeza erguida, su mirada de carbón es altanera, y los pilletes semidesnudos sonríen con soltura, sin petición, sin aire de limosna.

Las pequeñas, blancas casas hindúes prolongan en toda la acera sus tiendas, invadiéndolas de mercancías extrañas. Las tiendas de los peluqueros asombran, sobre todo: el cliente y el barbero están en cuclilla, inmóviles uno frente al otro, como en la práctica de un paciente rito. El barbero me mira sin inquietud, mientras recorre el cráneo de su contendor con una larguísima navaja. Los usureros, llamados chettys, se pasean con grandes barbas de monarca, en camisa, con aire impasible: pasan varones de aspecto religioso con una viva mancha fulgurante de azafrán en el entrecejo, otros más ricos, con un rubí o un diamante incrustado. En todas las tiendas, caucho, sederías, té y elefantes de ébano con colmillos de marfil, de pedrería, de todas dimensiones. Compro uno, en tres rupias, del tamaño de un conejo.

Este colorido variado, como un árbol cuyas hojas fueran, cada una, diferente de tono, de forma, de estación, forma junto a uno una atmósfera inmensa de sueño, de vieja historia. Son de cuento, también, de amarillenta poesía los cuervos que, por cientos, se hospedan en las cornisas de la ciudad indígena, bajando hasta la acera, cambiando de vereda, en vuelos cortos, quedando inmóviles y chuecos encima de las puertas, como números de cantidad desconocida.

Pero no fue accesible el templo brahamánico de Colombo, viejo de 300 años, con su exterior barroco, apretado de mil figuras guerreras, femeninas, místicas, talladas y pintadas en azules, verdes y rojos, con sus dioses de nueve caras soberbias, y sus diosecillos de cabeza de elefante. Impide la entrada un bonzo pintado de azafrán, siendo inútil mi gesto de descalzarme o de sacar algunas rupias. Los templos hindúes están prohibidos al extranjero, y debo contentarme con mirar y escuchar fragmentos de ceremonias. Frente a las puertas, dos creyentes rompen contra el suelo de piedra grandes cocos, cuya pulpa blanca queda ofrecida así al Dios Brahma. Suena un campanín que indica el momento de las libaciones de flores, los bonzos corren, se prosternan, se tienden en el suelo con aire de heridos mortales.

Lo más hermoso de Colombo es el mercado, esa fiesta, esa montaña de frutas y hojas edénicas. Se apilan a millones las naranjas verdes, los minúsculos limones asiáticos, las nueces de arec, los mangos, las frutas de nombre difícil y de sabor desconocido. Las hojas de betel se apilan en columnas gigantescas, ordenadas con perfección como billetes, al lado de los frejoles de Ceilán, cuyo capi tiene un metro de largo. El inmenso mercado se mueve, hierve por todas partes su carga fastuosa, embriaga el perfume agudo de los frutos, de los montones de legumbres, el color exaltado, brillante como cristalería de cada montón, detrás del cual muchachos hindúes, no más morenos que sudamericanos, miran y se ríen con más sabiduría, más resonancia íntima, en actitud de más calidad que la manera criolla. Por lo demás, a veces, el parecido sobrecoge; de repente se acerca un dibujante de tatuajes, igual a Hugo Silva, un vendedor de betel con el mismo rostro del poeta Homero Arce.

El barco sale de Colombo. Es, desde luego, la inmensidad del puerto cosmopolita, sus barcos mercantes de todas las latitudes y al centro, un crucero inglés blanco, plateado, delgado, perfecto y liso como un diente o un cuchillo. Queda ahí, frente a los bosques de la isla, frente al techo agudo de las pagodas, entre el olor a especias que llega de la tierra sometida, pegados al mar, como signo de la fría amenaza.

Luego, dispersas, las canoas cingalesas de velas ocre y rojo, tan estrechas, que los tripulantes van de pie sobre ellas. De pie y desnudos como estatuas, parecen salir de la edad eterna del agua, con ese aire secreto de la materia elemental.

DIURNO DE SINGAPUR

Despierto: pero entro yo, y la naturaleza aún queda; un velo, un tejido sutil es el mosquitero de mi casa. Detrás de él, las cosas han tomado el lugar que les corresponde en el mundo; las novias reciben una flor; los deudores, una cuenta. Dónde estoy? Sube de la calle el olor y el sonido de una ciudad, olores húmedos, sonidos agudos. En la blanca pared de mi habitación toman el sol las lagartijas. El agua de mi lavatorio está caliente, zancudos nacidos en la línea ecuatorial me muerden los tobillos. Miro la ventana, luego el mapa. Estoy en Singapur.

Sí, porque al oeste de la bahía viven los oscuros indostánicos, más acá de los morenos malayos; frente a mi ventana, los chinos verdaderamente amarillosos, y al Este, los rosados ingleses; en transición progresiva, como si sólo aquí hubieran ido cambiando de color, y lentamente hubieran adoptado, unos el budismo, otros el arroz, otros el tenis.

Pero, verdaderamente, la capital de los Straits Settlements, es China. Hay 300 mil pálidos y oblicuos ciudadanos, ya sin coleta, pero todavía con opio y bandera nacionalista. Hay, dentro de la ciudad, una inmensa, hervidora, activísima ciudad china. Es el dominio de los grandes letreros con bellas letras jeroglíficas, misteriosos alfabetos que cruzan de lado a lado la calle, salen de cada ventana y cada puerta en espléndida laca roja y dorada, entremedio de dragones de auténtico coromandel. Desde entonces, son la pura advertencia de los nuevos enigmas, de la gorda tierra y, aunque anuncien el mejor betún o la perfecta sombrerería, hay que darle significación oculta y desconfiar de su apariencia.

Magnífica muchedumbre! Las anchas calles del barrio chino dejan apenas trecho para el paso de un poeta. La calle es mercado, restaurant, inmenso montón de cosas vendibles y seres vendedores. Cada puerta es una tienda repleta, un almacén reventado que, no pudiendo contener sus mercancías, las hace invadir la calle. En qué revolverse de abarrotes y juguetes, de lavanderos, zapatistas, panaderos, prestamistas, muebleros en esa jungla humana; no hay sitio apenas para el comprador; a cada lado de la calle las comidas se amontonan en hileras de mesas largas, de cuadras y cuadras, frecuentadas a toda hora por pacientes comedores de arroz, por distinguidos consumidores de spaghettis, los largos spaghettis que caen, a veces, sobre el pecho, como cordones honoríficos.

Hay forjadores que manejan sus metales en cuclillas, vendedores ambulantes de frutas y cigarros, juglares que hacen tiritar el mandolino de dos cuerdas. Casas de peinadores en que la cabeza de la cliente se transforma en un castillo duro, barnizado con laca. Hay ventas de pescados adentro de frascos; corredores de hielo molido y cacahuetes; funciones de títeres; aullidos de canciones chinas; fumadores de opio con su letrero en la puerta.

SMOKING ROOM

Los mendigos ciegos anuncian su presencia a campanillazos. Los encantadores de serpientes arrullan sus cobras sonando su música triste, farmacéutica. Es un inmenso espectáculo de multitud, cambiante, de distribución millonaria; es el olor, el traqueteo, el color, la sed, el hambre, la mugre, la costumbre del Lejano Oeste.

Es en la ciudad europea donde se agitan confundidas las remotas razas detenidas en la puerta del Extremo Oriente. Pasan tomados de la mano, con largas cabelleras y faldas, los cingaleses; los indostánicos con sus torsos desnudos, las mujeres del Malabar con su pedrería en la nariz y en las orejas; los musulmanes con su bonete truncado. Entre ellos, los policías de la raza Sikh, todos igualmente barbudos y gigantescos. El malayo originario escasea. Ha sido desplazado del oficio noble, y es humilde cooli, infeliz *rickshaman*. Eso han devenido los viejos piratas, ahí están los nietos de los tigres de la Malasia. Los herederos de Sandokán han muerto o se han fatalizado, no tienen aire heroico, su presencia es miserable. Su único barco pirata, lo he visto en el Museo de Raffles: era el navío de los espíritus de la mitología malaya. De sus mástiles colgaban tiesos ahorcados de madera, sus terribles mascarones miraban al infierno.

Dirigen el tránsito los policías con alas de tela en cada hombro, matapiojos de pie, los tranvías y los trolleys cruzan blandamente el asfalto brillante. Todo tiene un aire corroído, patinado de viejas humedades. Las casas sustentan grandes costurones de vejez, de vegetaciones parásitas; todo parece blando, carcomido. Los materiales han sido maleados por el fuego y el agua, por el sol blanco de mediodía, por la lluvia ecuatorial, corta y violenta, como un don otorgado de mala gana.

Al otro lado de la Isla de Singapur, separado por una angosta visitación del mar, está el sultanato de Johore. El auto corre por espacio de una hora el camino recién abierto entre la jungla. Vamos rodeados por un silencio pesado, acumulado; por una vegetación de asombro, por una titánica empresa de la tierra. No hay un hueco, todo lo cubre el follaje violentamente verde, el tronquerío durísimo. Se encrespan las trepadoras parecidas al coille, en los árboles del pan; se nutren en la altura las rectas palmas cocoteras, los bambúes gruesos, como pata de elefante. Los travellertrees en forma de abanico.

Pero lo extraordinario es una venta de fieras que he visto en Singapur. Elefantes recién cazados, ágiles tigres de Sumatra, fantásticas panteras negras de Java. Los tigres se revuelven en una furia espantosa. No son los viejos tigres de los circos de fieras, tienen otra apostura, diverso color. Un listado, pardo, de tierra, un tinte natural, recién selvático. Los pequeños elefantes, soñolientan en una atmósfera de chiquero; las panteras hacen relumbrar los discos de oro desde el pellejo de azabache. Cuatro cachorros de tigre valen dos mil dólares; y mil una serpiente pitón de doce metros, vestida de gris. Orangutanes ladrillosos asaltan con furia la pared de la jaula, los osos de Malasia juegan con aire infantil.

Pero, venido de las islas Oceánicas, vestido de plumas de fuego, conjunción de zafiros y azufres, anhelo de los ornitólogos, estaba como la astilla de una cantera deslumbradora un Pájaro del Paraíso; de luz. Y sin objeto.

MADRÁS, CONTEMPLACIONES DEL ACUARIO

Por la mañana se instala en el barco un juglar hindú y encantador de serpientes. Sopla una calabaza de sonido estridente, lúgubre; y como eco, se desarrolla desde un canastillo redondo, una cobra parda, de cabeza aplastada: la terrible naja. Fastidiada en su reposo, quiere en cada momento, pinchar al encantador; otras veces, con horrible pánico de los pasajeros, trata de aventurarse sobre el puente. El virtuoso no para en eso: hace crecer árboles, nacer pájaros a la vista de todos: fomenta sus trucos hasta lo increíble.

Madrás da idea de una ciudad extendida, espaciosa. Baja, con grandes parques, calles anchas, es un reflejo de una ciudad inglesa en que de repente, una pagoda, un templo, muestran su arquitectura envejecida, como restos de instinto, rastros oscurecidos del resplandor original. La primera miseria indígena se hace presente al viajero, los primeros mendigos de la India avanzan con pasos majestuosos y mirada de reyes, pero sus dedos agarran como tenazas la pequeña moneda, el anna de níquel; los coolíes sufren por las calles, arrastrando pesadas carretas de materiales: se reconoce al hombre reemplazando los duros destinos de la bestia, del caballo, del buey. Por lo demás, estos pequeños bueyes asiáticos, con su larga cornamenta horizontal, son de juguetería, van, ciertamente, rellenos de aserrín o son tal vez apariciones del bestiario adorativo.

Pero, quiero celebrar con grandes palabras las túnicas, el traje de las mujeres hindúes, que aquí encuentro por primera vez. Una sola pieza, que luego de hacerse falda, se tercia al torso con gracia sobrenatural, envolviéndolas en una sola llama de seda fulgurante, verde, purpúrea, violeta, subiendo desde los anillos del pie hasta las joyas de los brazos y del cuello.

Es la antigüedad griega o romana, el mismo aire, igual majestuosa actitud, las grecas doradas del vestido, la severidad del rostro ario, parece hacerlas resurgir del mundo sepultado, criaturas purísimas, hechas de gravedad, de tiempo.

Un *ricksha* me lleva a lo largo de la Avenida Marina, orgullo de Madrás, ancha de asfalto, con sus jardines ingleses entrecortados de palmeras, con su orilla de agua, el agua extensa del golfo de Bengala. Grandes construcciones públicas llenas de árboles, canchas de tenis con jugadores morenos, en verdad, entusiastas. Estamos bajo el sol del primer mes de invierno, un sol terrible que golpea sin conmoverse ante esa fría palabra. La espalda de mi *rickshaman* chorrea sudor por la hendidura de su espinazo de bronce, veo correr los hilos gruesos y brillantes.

Vamos al Acuario Marino de Madrás, famoso en un vastísimo alrededor por sus extraordinarios ejemplares. En verdad es extraordinario.

Hay no más de veinte estanques, pero llenos de excelentes monstruos. Los hay inmensos peces caparazudos y sedentarios, leves medusas tricolores, peces canarios, amarillos como azufre. Hay pequeños seres elásticos y barbudos: graciosos naderas que comunican a quien los toca un sacudimiento eléctrico; «peces dragones» trompiformes, aletudos, enjaezados de defensas, parecidos a caballeros de torneo medioeval, con gran ruedo de cachivaches protectores. Pasean por su soleado estanque los «peces mariposas», anchos como lenguados, con una varilla enmarcada en el lomo y anchas cintas azules y doradas. Los hay como cebra, como dominó de un baile subterráneo con azules eléctricos, con grecas dibujadas en bermellón, con ojos de pedrería verde, semicubiertos de oro. Los caballitos de mar se sostienen enroscados de la cola en su trasplantada coralígena.

Las serpientes marinas son impresionantes. Pardas, negras, algunas se elevan como columnas inmóviles desde el fondo del estanque. Otras, en un perpetuo martirio de movimiento, ondulan con velocidad, sin detenerse un segundo.

Ahí están las siniestras cobras del mar, iguales a las terrestres, y aún más venenosas. Se sobrevive sólo algunos minutos a su mordedura y ay! del pescador que en su red nocturna aprisionó tal siniestro tesoro.

Al lado de ellos, metidos todos en una pequeña gruta, las murenas del Océano Índico, crueles anguilas de la vida gregaria, forman un indistinto nudo gris. Es inútil intentar separarlas, atraviesan los altos estanques del acuario para juntarse de nuevo a su sociedad. Son un feo montón de brujas o condenadas al suplicio, moviéndose en curvaturas inquietas, verdadera asamblea de monstruos viscerales.

Hay pequeños peces milimetrales, de una sola escama; agudos pulpos curiosos, como trampas; peces que caminan en dos pies, como humanos: habitantes del mar nocturno, sombríos, forrados en terciopelo; peces cantores, a cuyo llamado se congrega su cardumen; ejemplares contemporáneos del que se tragó Ángel Cruchaga, pez diluvial, remotísimo. Inmóviles en el fondo de los estanques o girando en anillos eternos, dan idea de un mundo desconocido, casi humano: condecorados, guerreros, disfrazados, traidores, héroes, se revuelven en un coro mudo y anhelante de su profundísima soledad oceánica. Se deslizan puros de materia, como colores en movimiento, con sus bellas formas de bala o de ataúd.

Es tarde cuando regreso del movible Museo. A las puertas de las casas, hindúes en cuclillas comen su curry, sobre hojas anchas, en el suelo, con lentitud; las mujeres, mostrando sus tobilleras de plata y sus pies con pedrerías; los hombres melancólicos, más pequeños y oscuros, como aplastados por el inmenso crepúsculo de la India, por su palpitación religiosa.

En los lanchones del malecón, en la semioscuridad, los pescadores tejen redes con destreza, y la mirada sobrecogida, ausente. Uno de ellos, en cada grupo, lee a la luz de una lámpara que vacila; su lectura es un canturreo, a veces un poco gutural y salvaje, otras veces desciende apenas hasta los labios en un palabrerío imperceptible. Son oraciones, alabanzas sagradas, leyendas rituales, ramayanas.

Bajo su amparo, hallan consuelo los sometidos, los dominados; resucitando sueños cósmicos y heroicos, buscan caminos para el olvido, nutrición para la esperanza.

INVIERNO EN LOS PUERTOS

Es triste dejar atrás la tierra indochina de dulces nombres: Battambang, Berembeng, Saigón. De toda esta península —no en flor, sino en frutos— emana un consistente aroma, una tenaz impregnación de costumbre. Qué difícil es dejar Siam, perder jamás la etérea, murmurante noche de Bangkok, el sueño de sus mil canales cubiertos de embarcaciones, sus altos, cada una tiene su gota de miel, su ruina khmer en lo monumental, su cuerpo de bailarina, en la gracia. Pero aún más imposible es dejar Saigón, la suave y llena de encanto.

Es en el Este, un descanso esa región semioccidentalizada; hay allí un olor de café caliente, una temperatura suave como piel femenina, y en la naturaleza, cierta vocación paradisíaca. El opio que se vende en cada esquina, el cohete chino que suena como una balaza, el restaurant francés lleno de risas, ensaladas y vino tinto, hacen de Saigón una ciudad de sangre mestiza, de atracción turbadora. Agregad el paso de las muchachas anamitas, ataviadas de seda, con un pañuelo hecho deliciosa toca sobre la cabeza, muñecas de finísima femineidad, impregnadas sutilmente de una atmósfera de gineceo, gráciles como apariciones florales, accesibles y amorosas.

Pero aquello cambia con violencia en los primeros días de navegar el mar de la China. Se cruza bajo una implacable constelación de hielo, un terrible frío rasca los huesos.

Ese desembarco en Kowloon, bajo una llovizna pétrea, tiene algo de acontecimiento, algo de expedición en un país esquimal. Los pasajeros tiritan entre sus bufandas, y los coolíes que desembarcan los equipajes visten extraordinariamente macfarlanes de arpillera y paja. Tienen aspecto de fantásticos pingüinos de una ribera glacial. Las luces de Hong Kong tiemblan, colocadas en su teatro de cerros. En el atardecer, las altísimas construcciones americanas se desvanecen un poco, y una multitud insondable de techos, se acuesta a montones bajo las sábanas de una niebla gruesa.

Kowloon! Miro las calles en que, recién, Juan Guzmán consumía y creaba un tiempo decididamente solitario, un aislamiento de espantoso vecindario inglés, y las avenidas parecen conservar algo de su literatura, algo elegante, frío y sombrío. Pero, algo resuena al borde mismo de las aguas del canal, y es Hong Kong vasto, oscuro y brillando como una ballena recién cazada, lleno de ruidos, de respiraciones misteriosas, de silbatos increíbles.

Y ya se halla uno, rodeado de una ciudad hormigueante, alta y gris de paredes, sin más carácter chino que los avisos de alfabeto enigmático; una violencia de gran ciudad de Occidente —Buenos Aires o Londres— cuyos habitantes hubieran adquirido los ojos oblicuos y la piel pálida. La multitud que nos empuja en su tránsito va mayormente metida en enormes sobretodos largos, hasta la extravagancia, o en batas negras de seda o satín, debajo de las cuales asoma un grueso acolchado protector. La gente, así vestida, camina ridículamente obesa y los niños, cuya cabeza apenas asoma entre esta espesura [de] vestuario, toman un curioso carácter extrahumano, hipopotámico. Cada mañana amanece una docena de muertos por el frío de la terrible noche de Hong Kong, noche de extensión hostil que necesita cadáveres, y a la que hay que sacrificar puntualmente esas víctimas, alimentando así sus designios mortíferos.

Shangai aparece más hospitalaria y confortable, con sus cabarets internacionales, con su vida de trasnochada metrópoli y su visible desorden moral.

Todos los pasajeros del barco en que viajo descienden en Shangai, como fin de viaje. Vienen de Noruega, de la Martinica, de Mendoza. En todo el litoral de Oriente no hay mayor imán atractor que el puerto del río Wangpoo, y allí nuestro planeta se ha acrecido de un densísimo tumulto humano, de una colosal casta de razas. En sus calles se pierde el control, la atención se despedaza repartiéndose en millones de vías, queriendo captar la circulación ruidosa, oceánica, el tráfico agitándose millonariamente. Las innumerables callejas chinas desembocan en las avenidas europeas como barcos de extraordinarios velámenes coloreados. En ellos, es decir, en la selva de telas colgantes que adornan el exterior de los bazares, se encuentran a cada paso el león de seda y el loto de jade, el vestido del mandarín y la pipa de los soñadores. Estas callejas repletas de multitud, hechas de un gentío compacto, parecen la ruta de un solo gran animal vivo, de un dragón chillón, lento y largo.

Dentro del límite de las concesiones, el Bund o City bancaria se extiende a la orilla del río; y a menos de cincuenta metros, los grandes barcos de guerra ingleses, americanos, franceses, parecen sentados en el agua, bajos y grises de silueta. Estas presencias severas y amenazantes imponen la seguridad sobre el gran puerto. Sin embargo, en ninguna parte se advierte más la proximidad, la atmósfera de la revolución. Las puertas de hierro que cada noche cierran la entrada de las Concesiones parecen demasiado débiles ante una avalancha desencadenada. A cada momento se ostenta la agresividad contra el forastero, y el transeúnte chino, súbdito ambiguo de Nankín y Londres, se hace más altanero y audaz. Mi compañero de viaje, el chileno Álvaro Hinojosa, es asaltado y robado en su primera excursión nocturna. El cooli de Shangai toma ante el blanco un aire de definida insolencia: su ferocidad mongólica le pide alimento en este tiempo de ferocidad y sangre. Ese ofrecimiento que el viajero oye en el Oriente, mil veces al día: *Girls! Girls!*, toma en Shangai un carácter de imposición; el *rickshaman*, el conductor de coches, se disputan al cliente con aire de ferocidad contenida, desvalijándolo, desde luego, con los ojos.

Sin embargo, Shangai excepciona la oscura vida colonial. Su vida numerosa se ha llenado de placeres; en Extremo Oriente marca el mismo solsticio del cabaret y la ruleta. A pesar, yo hallo cierta tristeza en estos sitios nocturnos de Shangai. La misma monótona clientela de soldados y marineros. Dancings en que las piernas bombachas del marino internacional se pegan obligatoriamente a las faldas de la rusa aventurera. Dancings demasiado grandes, un poco oscuros, como salas de recepción de reyes desposeídos, y en cuyo ámbito, la música no alcanza hasta los rincones, como una calefacción defectuosa, fracasada en su intento de temperatura e intimidad.

Pero, como inquebrantable recurso de lo pintoresco, hay la calle, el sorpresivo, magnético arroyo del Asia. Cuánto hallazgo, qué saco de extravagancias, qué dominio de colores y usos extraños, cada suburbio. Vehículos, vestuarios, todo parece revuelto entre los maravillosos dedos del absurdo.

Frailes taoístas, mendicantes budistas, vendedores de cestos, repartidores de comidas, juglares, adivinos, casas de placer o Jardines de Té, dentistas ambulantes, y también, el palanquín señorial transportando a bellas, de dientes que sonríen. Cada cosa delata un encuentro intraducible, una sorpresa súbita que se amontona a otras.

NOMBRE DE UN MUERTO

Yo lo conocí a Winter en su puerto, en su escondrijo de Bajo Imperial. Lo conocí de leyenda, lo conocí, luego, de vista y, al fin, de profundidad. Cómo asombrarse de que se haya muerto? Como no me sorprende de que una mujer joven tenga hijos, que un objeto dé sombra. La sombra de Winter era mortal, su predilección iba enlutada, era un auténtico convidado de fantasmas, Winter. Su vocación de soledad fue más aguda que ninguna y su penetración en lo inanimado lo aislaba, envolviéndolo en frío, en aire celeste, Estudiante de Sombras, Licenciado de los Desiertos!

Don Augusto era el hombre de manos minúsculas, de ojos de agua azul, el hombre aristocrático del Norte, el viejo caballero auténtico. Llegó al Sur a contrastar, a una tierra de mestizos revoltosos, de colonos oscuros, a un semillero de indios sin ley. Allí vivió don Augusto, delicado, envejeciendo. En su cercanía más próxima había libracos, sabidurías, y a su alrededor un cortinaje denso de lluvia y alcoholismo. Hasta mis recuerdos me asustan de aquellas soledades! Cuando el mal tiempo se desamarra por allí, las aguas parecen parientes del demonio, y las del río, las del mar, las del cielo, se acoplan, bramando. País abandonado en que hasta las cartas llegan sin frescura, ajadas por las distancias, y en que los corazones se petrifican y alteran.

Eso, todo, está pegado con mi niñez, eso, y don Augusto con su barba medio amarilla de tiempo y sus ojos de viaje certero. A mí —hace tantos años— me parecía misterioso ese caballero, y su luto, y su aspecto de gran pesar. Yo espié sus paseos de la tarde en que, paso a paso por la orilla de un mundo amortecido, miraba como para adentro, como para recorrer sus propias extensiones. Pobre, solo! Después de entonces, he visto hombres ya muy apartes, ya muy dejados de la vida y muy abstenidos de acción, muy envueltos en distancias. Pero como él, ninguno. Ninguno de tanta confianza en la desgracia, de tanta similitud con el olvido.

Yo muchas veces oí aullar los largos temporales de la frontera conversando con Winter. A veces lo vi puro sobre fondo sangriento escuchar el rumor del vocerío eleccionario, y así me parecía como desterrado de ejemplo, don Augusto, tan excepcional, tan acendrado, entre el huracán de los mapuches y el galope asolador de los rifleros. Con fondo de lluvias, de lagos australes estaba más en paz, parecido él mismo al elemento transparente y turbado. Detrás de una cortina de años, de años deslizados de a mes, de a semana, de a día, millones de horas en el mismo sitio, rompedoras y amargas como tenacidad de gotas. Yo recuerdo su casa, su tabaco, su teosofía, su catolicismo, su ateísmo, y lo veo tendido, durmiendo, escoltado por tales costumbres y ansiedades. Yo admiro su figura y con horror me persigno ante ella, para que me favorezca: —Apártate, soledad tan tremenda!

Algo hay de él en sus versos, algo en esa como cadencia errante que poseen, en esa luz de paciencia y ese tejido de edad que parecen tener. Sus poesías son como viejos encajes destructoramente marchitos, tienen un aire ajado y un olor de escondite. Son viejas laudatorias en que una nota de aguas melancólicas, ay!, se repite, un acorde de tristeza espacial, de sueños perdidos. Su poesía es el caer y recaer de un sonido desolado, es la pérdida y la devolución de una sustancia desgarradora.

Pero había además en él una trepidación de insostenibles desesperaciones. Yo lo noté visitado por las incertidumbres y, a un mismo tiempo, comían de su alma la paloma y el látigo. Su existencia buscaba un Derrotero, sus condiciones dolientes rechazaban y exigían.

Pienso en su cadáver acostado y callado, al lado del Mar Pacífico. Camaradas viejos, camaradas amargos!

CONTRIBUCIÓN AL DOMINIO DE LOS TRAJES

Hay fronteras del planeta en que los trajes florecen. Hay una estación para ellos: una primavera detenida, un verano fantástico. El vestido, compañero gris de la acción, ángel cotidiano, sonríe. Era, en verdad, eterna aquella agonía de colores; mano a mano, no había diferencia entre multitudes de la España abrasadora y de la lluviosa Gran Bretaña. Multitudes confusas, ennegrecidas; adoradoras del impermeable, idólatras del tongo; forradas en lúgubres vestimentas burocráticas, uniformadas bajo el mandato del casimir.

Esta oscuridad vestuaria, aparentemente sin consecuencias, ha ido dañando profundamente el sentido de lo histórico, ha destruido el sentimiento popular de grandeza. Revolución, destronamiento, conspirador, motín, todo este magnífico rosario de efectos, aún actuales. Hoy suena a hueco, a difunto, ahogado en las profundidades del pantalón sometido al smocking y al paraguas.

Esas palabras, sus grandes significaciones, abandonan el mundo expulsadas por un vestuario sin grandeza. Pero, sin duda, sobrevendrán futuramente acompañando al Dictador del Vestido que, con corazón de dictador, amará la mágica Ópera Italiana y restituirá los bellos borceguíes de terciopelo, el calzón encarrujado, la manga azul-turquí.

Pero quiero hablar del Oriente, de esa continua *saison* de los trajes. Me gusta, por ejemplo, el teatro chino que parece ser sólo eso: una idealización del vestido, restitución a lo maravilloso. Todo parece allí referirse al lujo, a la magnificencia vestimental. Muchas veces, y por largas horas, he asistido al desarrollo de la lentísima dramática china. Como soplados por el insistente, agudísimo sonido de las flautas, asoman por la izquierda los personajes con paso exageradamente majestuoso. Son, principalmente, monarcas bienhechores, santones venerados vestidos hasta lo indecible, fardos de sedería con barbas inmensas y blancas, con anchas mangas más largas que los brazos, con espada al cinto, un plumero ritual y un pañuelo en las manos. Su cabeza apenas sobresale agarrotada bajo un tremendo casco relumbrante y agigantada en un penacho; un luminoso, vivísimo ropón talar lo cubre, abierto, mostrando un calzón recamado y cegador. En sus hombros, franjas de tela como estolas, penden hasta los pies, subidos en coturnos de metal y laca. Éste es el personaje: avanza a pasos cortos, ceremoniales como en un viejo baile; mueve hacia atrás la cabeza, de continuo, acariciándose las largas barbas; retrocede, se da vuelta para dejar admirar las costosas espaldas. Encarnación de lo solemne, cruza un momento la escena, empavesado, estupendo, maniquí sobrenatural de carmín y amarillo. Luego, este inmenso fantasma de seda, desaparece, cede el paso a otros, aún más deslumbradores.

Muchas veces, duran largamente estos desfiles sin palabras, esta exhibición de atavíos. Cada movimiento, cada inflexión del paso del personaje, son devorados y digeridos por un público ávido de lo maravilloso. El objetivo teatral se ha, indudablemente, logrado exaltando la importancia vestuaria; el derroche recaído sobre el cuerpo de un actor ha dado ansiedad y placer a una multitud.

El traje callejero chino es simple y sin belleza: una chaquetilla, un pantalón; el chino laborioso, hormiguero, desaparece en su común vestido; parece gastado, patinado por un trabajo de centurias, su cuerpo mismo parece usado como el mango de un martillo. Por eso, esa fantasmagoría escénica le abre la vida, y ese fantoche prodigioso parece favorecer a sus dueños.

Aún recuerdo mi impresión ante las primeras mujeres indostánicas que viera hace algunos meses en Colombo. Eran bellas, pero no es eso. Yo adoré sus trajes desde el primer día. Sus trajes, en que el color rodea, como un aceite o una llama. Es solamente una extensa túnica llamada «sari», que da muchas vueltas de la cintura a los pies, dejando apenas ver el andar, las ajorcas tobilleras y el talón desnudo; túnica que, luego, se tercia al torso con firme solemnidad y que, en las mujeres de Bengala, sube hasta la cabeza y encuadra el rostro. Es un severo vestido péplico, clamidático, sobreviviente de una antigüedad ciertamente serena. Pero casi su total vida está en el color, en esa fuerza de colores para los cuales el nombre es pálido. Verde azufrados, amarantos, palabras sin vigor; son, más bien, tintas puras vistas por primera vez. Esas piernas adolescentes, amarradas por una tela de fuego, esa espalda morena envuelta en una ola de luz cae peinado en un moño negro, en que relumbra una rosa de pedrería, quedan por mucho tiempo en la memoria, como violentas apariciones.

Ahora el traje indostánico más bien es inherente a su condición de nobleza, de tranquilidad. Nadie lo lleva mejor que Tagore; lo he visto, y, envuelto en su túnica color trigo, era el mismo Padre Dios.

Estaba en su papel el poeta, en ese cargo por mitad sagrado y director. Yo di la mano al viejo poeta, grande en su ropaje, augusto de barbas.

En Birmania, donde escribo este ocio, el colorido solamente designa los trajes. El hombre se envuelve en faldas multicolores y a la cabeza un pañuelo rosado. Lleva una chaquetilla oscura, de estilo chino, sin solapas, es decir, franca: de la cintura arriba es un torero mongólico. Pero su pollerón de *lunghi* es reluciente y extraordinario, de una manera extrema, es carmesí o alazán o azul bermellón. Las calles de Mandalay, las avenidas, los bazares de Rangoon ebullen perpetuamente teñidos de estas tintas deslumbrantes. Entre la multitud colorinesca pasean los *ponyls*, frailes budistas mendicantes, serios como resucitados, vestidos de un sayo ligero, vivamente azafranado, sagradamente amarillo. Esta muchedumbre es un día embanderado, una errante caja de acuarela, por primera vez quiero incurrir en la palabra caleidoscopio.

Hablo de Brumah, país en que las mujeres sobrellevan largos peinados cilíndricos, en los que nunca falta la dorada flor del «padauk» y fuman cigarros gigantescos. Venida a tierra la dinastía birmana, las bailarinas visten el traje de las princesas, blanco de joyas y con aristas inexplicables en las caderas; esas aletas entraban en la gimnástica danza de los *pue* populares y hacen más extraños esos encogimientos indescriptibles de que están hechas sus tensiones mortales.

Con frecuencia, en este tumultuoso jardín de los trajes, en esta abigarrada estación vestuaria, cruzan las mezclas del grotesco y de lo arbitrario. Éste es el parque de las sorpresas, el hervidero de las formas vivas, y se pierde la observación en un océano de inesperadas variaciones, tentativas excelentes y momentáneas de osadía y, a veces, bellas gentes desnudas.

Recuerdo haber hallado en las afueras de Samarang, en Java, una pareja de danzarines malayos, ante un público escaso. Ella era una niña, vestía corselete, sarong y una corona de metal. Él era viejo, la seguía moviendo los talones y los dedos del pie, según la manera malaya; sobre la cara llevaba una careta de laca roja y en la mano un largo cuchillo de madera. Muchas veces, dormido, reveo aquella triste danza de suburbio.

Es que aquél era mi traje. Yo quisiera ir vestido de bailarín enmascarado; yo quisiera llamarme Michael.

CEILÁN ESPESO

Litoral feliz! Una barrera de coral se alarga, paralela a la playa; y el océano interrumpe allí sus azules en una gorguera rizada y blanca y perpetua de plumas y espumas; las triangulares velas rojas de los sampangs; la longitud pura de la costa en que, como estallidos, ascienden sus rectos troncos las palmas cocoteras, reuniendo casi en el cielo sus brillantes y verdes peinetas.

Cruzando casi en línea recta la isla en dirección a Trincomali, el paisaje se hace denso, terrestre; los seres y cosas muebles desaparecen; la inmutable, sólida selva lo reemplaza todo. Los árboles se anudan ayudándose o destruyéndose y, mezclándose, pierden sus contornos, y así se camina como bajo un túnel de bajos y espesos vegetales, entre un pavoroso mundo de coles caóticas y violentas.

Rebaños de elefantes cruzan la ruta, de uno en uno; pequeñas liebres de la jungla saltan velozmente huyendo del automóvil; gallinas y gallos silvestres, minúsculos y finos asoman por todas partes; frágiles y azules aves del Paraíso aparecen y huyen.

De noche, nuestra máquina corre silenciosamente a través de los perfumes y las sombras de la jungla. De todas partes brotan ojos de seres sorprendidos; ojos que arden verdemente, como llamas de alcohol; es la noche selvática, poblada de instintos, hambre y amores, y disparamos constantemente a los cerdos salvajes, a los bellos leopardos, a los ciervos. Bajo las lámparas del automóvil se detienen, sin intentar huir, como desconcertados, y luego, caen desapareciendo entre los ramajes, y se trae un moribundo, todo húmedo y magnífico de rocío y sangre, con olor a follaje y, a la vez, a muerte.

Hay en la espesa selva un silencio igual al de las bibliotecas, abstracto, húmedo.

A veces, se oye el trompetear de los elefantes salvajes o el familiar aullido de los chacales. A veces, un disparo de cazador estalla y cesa, tragado por el silencio, como el agua traga una piedra.

Descansan también, en medio de la selva e invadidas por ella, las ruinas de las misteriosas ciudades cingalesas: Anuradhapura, Polonaruwa, Mihintale, Sigiriya, Dambulla. Delgados capiteles de piedra, enterrados por veinte siglos asoman sus cáscaras grises entre las plantas; estatuas y escalinatas derribadas, inmensos estanques y palacios que han retornado al suelo con sus genitores ya olvidados. Todavía, junto a esas piedras dispersas, a la sombra de las inmensas pagodas de Anuradhapura, la noche de luna se llena de budistas arrodillados, y las viejas oraciones vuelven a los labios cingaleses.

La trágica roca Sigiriya viene a mis recuerdos mientras escribo. En el espeso centro de la jungla, un inmenso y abrupto cerro de roca, accesible tan sólo por inseguras, arriesgadas graderías talladas en la gran piedra; y en su altura, las ruinas de un palacio y los maravillosos frescos sigiriyos, intactos, a pesar de los siglos. Hace mil quinientos años, un rey de Ceilán, parricida, buscó asilo contra su hermano vengador en la cima de la terrible montaña de piedra. Allí levantó, entonces, a su imagen y semejanza, su castillo aislado y remordido. Con sus reinas y sus guerreros y sus artistas y sus elefantes, trepó y permaneció en la roca, por veinte años, hasta que su hermano implacable, llegó a destruirlo.

No hay en el planeta sitio tan desolado como Sigiriya. La gigantesca roca con sus tenues escalerillas talladas, interminables, y sus garitas ya para siempre desiertas de centinelas; arriba, los restos del palacio, la sala de audiencias del monarca con su trono de piedra negra y, por todas partes, ruinas de lo desaparecido, cubriéndose de vegetales y de olvido; y, desde la altura, a nuestro alrededor, nada, sino la impenetrable jungla, por leguas y leguas; nada, ni un ser humano, ni una cabaña, ni un movimiento de vida, nada, sino la oscura, espesa y oceánica selva.

(Los once artículos que anteceden fueron enviados desde el Oriente y publicados en el diario *La Nación*, de Santiago de Chile, en el año 1927.)

ORIENTE Y ORIENTE*

A mí me parece extraño que los escritores «exotistas» hablen en términos ardientes de las regiones tropicales orientales. No hay tierra que se preste menos para las efusiones panegíricas o alegóricas. Estos dominios requieren solamente constante conocimiento e implacable atención. Un gran aire de fuego, de deslumbrantes vidas vegetales ha reducido al hombre a un estado minúsculo. En la India el ser humano forma parte del paisaje, y no hay discontinuidad entre él y la naturaleza como en el Occidente contemporáneo. Las grandes épocas culturales del Oriente intermedio o brahmánico, no destruyen la raíz del hombre ni suplantan su florescencia como lo hizo el Cristianismo; se levantan más bien como grandes paredes monumentales, sin gran atingencia con las dolencias del ser, pero sí con poderoso tributo al misterio circundante.

Siempre ha existido un remoto pasado detrás de los cultos y ceremonias del Este, y este pasado permanece vivo y cargado de influencias. Los dioses son, pues, sólo una casta superior desaparecida, pero actuando y ordenando desde ese activo Pasado, como una ciudad invisible pero próxima, poblada de seres puramente directores. El poder los llena de venenos infernales, como sucede en la humanidad, tales dioses son sexuales y sangrientos.

Sí, el tiempo sólo puede construir ídolos, y lo remoto es directamente divino. Origen y perpetuidad son antagónicas virtudes, el ser está aún sumergido en lo espontáneo, en lo creador y destructor; mientras que las vidas persistentes sobreviven abandonadas, sin poder de principio o de final. Sin perderse, y perdiéndose, vuelve el ser a su origen crea-

* *La Nación*, Santiago de Chile (7 de febrero de 1929).

dor, «como una gota de agua marina vuelve al mar», dice el *Katha Upanishad.* Participar en lo divino, regresar a esa actividad inquebrantable, ¿no es éste un germen de imposible y de fatales oscuridades doctrinarias?

Así, pues, como súbitamente herido por estas distancias abrumadoras, el hombre ha caído reduciendo sus inteligencias individuales y acrecentando sus fuerzas instintivas, atemorizado ante una posible evasión o destello creativo que atrajera nuevos conflictos y desorden a su existencia. Las sociedades hindúes son un descompuesto detritus, pero su descomposición es natural, vegetal y animal: fermentación, reproducción y muertes.

En contraste, nada más frenético, grandioso y cruel que los dioses; y es desesperante ver en los templos hindúes a los brahmanes encargados que, miserables y oscuros, se arrastran debajo de las idolatrías sobrehumanas, bajo las enormes puertas y columnas de piedra. El pasado los ha mordido en el corazón, haciéndolos insignificantes.

De ahí esa apariencia repulsiva de las sociedades indias. El hombre no ha asumido lo divino, como el moderno occidental, sino que lo ha dejado por completo a los dioses, en una trágica división del trabajo mortal.

Yo no tengo apuro por escribir sobre la India y sobre Birmania y Ceilán, porque muchas causas y orígenes me parecen ocultos y muchos fenómenos aún inexplicables. Todo parece en ruinas y despedazándose, pero en verdad fuertes ligamentos elementales y vivientes unen estas apariencias con vínculos casi secretos y casi imperecederos.

(Wellawatta, Ceilán.)

FUEGO DE AMISTAD

Cuaderno 3

INTRODUCCIÓN A LA POÉTICA DE ÁNGEL CRUCHAGA

Ni el que impreca con salud de forajido, ni el que llora con gran sentimiento, quedan afuera de la casa de las musas poesías. Pero aquel que ríe, ése está fuera.

La residencia de las señoras musas está acolchada de tapices agrios y comúnmente van las Damas aderezadas de doloroso organdí. Duras y cristalinas, como verticales y sólidas aguas son las murallas de la vivienda solemne. Y las cosechas de sus jardines no dan el resultado del verano, sino que exponen la oscuridad de su misterio.

Ésta es la manera y sacrificio de comenzar a frecuentar las estancias de Ángel de Cruchaga y de Santa María y el modo de tropezar con sus números angélicos y digerir sus obstinados y lúgubres alimentos.

Como un toque de campanas negras, y con temblor y sonido diametral y augur, las palabras del mágico cruzan la soledad de Chile, tomando de la atmósfera sustancias diversas de superstición y lluvia. Devoluciones, compras, edad, lo han transfigurado, vistiéndolo cada día lunar con un ropaje más sombrío, de tal manera, que repentinamente visto en la Noche y en la Casa, siniestramente despojado de atributos mortales parecería, sin duda, la estatua erigida en las entradas del gran recinto.

Como anillos de la temperatura del advenimiento del alba del día del otoño, los cantos de Ángel se avecinan a uno llenos de helada claridad, con cierto temblor extraterrestre y sublunar, vestidos con cierta piel de estrellas. Como vagos cajones de bordados y pedrerías casi abstractos, aún enredados de fulgurantes brillos, productores de una tristeza insana, parecen adaptarse de inmediato a lo previsto y presentido y a lo antiguo y amargo, a las raíces turbiamente sensibles que agujerean el ser, acumulando allí sus dolientes necesidades y su triste olvido.

Esos cajones dulces y fenomenales de la poética de Ángel guardan, sobre todo, ojos azules de mujeres desaparecidas, grandes y fríos como ojos de extraños peces, y capaces aún de dar miradas tan largas como los arcoiris. Sustancias definitivamente estelares, cometas, ciertas estrellas, lentos fenómenos celestes han dejado allí un olor de cielo, y, al mismo tiempo, gastados materiales decorativos, como espesas alfombras destruidas, amarillentas rosas, viejas direcciones, delatan el paso muy inmóvil del tiempo. Las cosas del imperio sideral tórnanse femeninamente tibias, giran en círculos de oscura esplendidez, como cuerpos de bellas ahogadas, rodeadas de agua muerta, dispuestas a las ceremonias del poeta.

Las vivientes y las fallecidas de Cruchaga han tenido una titánica predisposición mortuoria, han existido tan puramente, con las manos tan gravemente puestas en el pecho, con tal acierto de posición crepuscular, detrás de una abundancia de vitrales, en tan pausado tránsito corpóreo, que más bien semejan vegetales del agua, húmedas e inmóviles florescencias.

Colores obispales y cambios de claridad alternan en su morada, y estas luces duales se suceden en perpetuo ritual. No hay el peso ni los rumores de la danza en los atrios angélicos, sino la misma población del silencio con voces y máscaras, a menudo tenebrosas. De un confín a otro, el movimiento del aire repite sonidos y quejas en amordazado y desesperante coro.

Enfermedades y sueños, y seres divinos, las mezclas del hastío y de la soledad, y los aromas de ciertas flores y de ciertos países y continentes, han hallado en la retórica de Ángel mayor lugar extático que en la realidad del mundo. Su mitología geográfica y sus nombres de plata como vetas de fuego frío se entrecruzan en su piedra material, en su única y favorita estatua.

Y entre los repetidos síntomas místicos de su obra tan desolada, siento su roce de lenta frecuencia actuando a mi alrededor con dominio infinito.

(Batavia, Java, febrero de 1931.)

FEDERICO GARCÍA LORCA

Cómo atreverse a destacar un nombre de esta inmensa selva de nuestros muertos! Tanto los humildes cultivadores de Andalucía, asesinados por sus enemigos inmemoriales, como los mineros muertos en Asturias, y los carpinteros, los albañiles, los asalariados de la ciudad y del campo, como cada una de miles de mujeres asesinadas y niños destrozados, cada una de estas sombras ardientes tiene derecho a aparecer ante vosotros como testigos del gran país desventurado, y tiene sitio, lo creo, en vuestros corazones, si estáis limpios de injusticia y de maldad. Todas estas sombras terribles tienen nombre en el recuerdo, nombres de fuego y lealtad, nombres puros, corrientes, antiguos y nobles como el nombre de la sal y del agua. Como la sal y el agua se han perdido otra vez en la tierra, en el nombre infinito de la tierra. Porque los sacrificios, los dolores, la pureza y la fuerza del pueblo de España se sitúan en esta lucha purificadora más que en ninguna otra lucha con un panorama de llanuras y trigos y piedras, en medio del invierno, con un fondo de áspero planeta disputado por la nieve y la sangre.

Sí, cómo atreverse a escoger un nombre, uno solo, entre tantos silenciosos? Pero es que el nombre que voy a pronunciar entre vosotros tiene detrás de sus sílabas oscuras una tal riqueza mortal, es tan pesado y tan atravesado de significaciones, que al pronunciarlo se pronuncian los nombres de todos los que cayeron defendiendo la materia misma de sus cantos, porque era él el defensor sonoro del corazón de España. Federico García Lorca! Era popular como una guitarra, alegre, melancólico, profundo y claro como un niño, como el pueblo. Si se hubiera buscado difícilmente, paso a paso por todos los rincones a quien sacrificar, como se sacrifica un símbolo, no se hubiera hallado lo popular español, en velocidad y profundidad, en nadie ni en nada como en este ser escogido. Lo han escogido bien quienes al fusilarlo han querido disparar al corazón de su raza. Han escogido para doblegar y martirizar a España, agotarla en su perfume más rápido, quebrarla en su respiración más vehemente, cortar su risa más indestructible. Las dos Españas más inconciliables se han experimentado ante esta muerte: la España verde y negra de la espantosa pezuña diabólica, la España subterránea y maldita, la España crucificadora y venenosa de los grandes crímenes dinásticos y eclesiásticos, y frente a ella la España radiante del orgullo vital y del espíritu, la España meteórica de la intuición, de la continuación y del descubrimiento, la España de Federico García Lorca.

Estará muerto él, ofrecido como una azucena, como una guitarra salvaje, bajo la tierra que sus asesinos echaron con los pies encima de sus heridas, pero su raza se defiende como sus cantos, de pie y cantando, mientras le salen del alma torbellinos de sangre, y así estarán para siempre en la memoria de los hombres.

No sé cómo precisar su recuerdo. La violenta luz de la vida iluminó sólo un momento su rostro ahora herido y apagado. Pero en ese largo minuto de su vida su figura resplandeció de luz solar. Así como desde el tiempo de Góngora y Lope no había vuelto a aparecer en España tanto *élan* creador, tanta movilidad de forma y lenguaje, desde ese tiempo en que los españoles del pueblo besaban el hábito de Lope de Vega no se ha conocido en lengua española una seducción popular tan inmensa dirigida a un poeta. Todo lo que tocaba, aun en las escalas de esteticismo misterioso, al cual como gran poeta letrado no podía renunciar sin traicionarse, todo lo que tocaba se llenaba de profundas esencias de sonidos que llegaban hasta el fondo de las multitudes. Cuando he mencionado la palabra esteticismo, no equivoquemos: García Lorca era el antiesteta, en este sentido de llenar su poesía y su teatro de dramas humanos y tempestades del corazón, pero no por eso renuncia a los secretos originales del misterio poético. El pueblo, con maravillosa intuición, se apodera de su poesía, que ya se canta y se cantaba como anónima en las aldeas de Andalucía, pero él no adulaba en sí mismo esta tendencia para beneficiarse, lejos de eso: buscaba con avidez dentro y fuera de sí.

Su antiesteticismo es tal vez el origen de su enorme popularidad en América. De esta generación brillante de poetas como Alberti, Aleixandre, Altolaguirre, Cernuda, etc., fue tal vez el único sobre el cual la sombra de Góngora no ejerció el dominio de hielo que el año 1927 esterilizó estéticamente la gran poesía joven de España. América, separada por siglos de océano de los padres clásicos del idioma, reconoció como grande a este joven poeta atraído irresistiblemente hacia el pueblo y la sangre. He visto en Buenos Aires, hace tres años, el apogeo más grande que un poeta de nuestra raza haya recibido, las grandes multitudes oían con emoción y llanto sus tragedias de inaudita opulencia verbal. En ella se renovaba cobrando nuevo fulgor fosfórico el eterno drama español, el amor y la muerte bailando una danza furiosa, el amor y la muerte enmascarados o desnudos.

Su recuerdo, trazar a esta distancia su fotografía, es imposible. Era un relámpago físico, una energía en continua rapidez, una alegría, un resplandor, una ternura completamente sobrehumana. Su persona era mágica y morena, y traía la felicidad.

Por curiosa e insistente coincidencia, los dos grandes poetas jóvenes de mayor renombre en España, Alberti y García Lorca, se han parecido mucho, hasta la rivalidad. Ambos andaluces dionisíacos, musicales, exuberantes, secretos y populares, agotaban al mismo tiempo los orígenes de la poesía española, el folklore milenario de Andalucía y Castilla, llevando gradualmente su poética desde la gracia aérea y vegetal de los comienzos del lenguaje hasta la superación de la gracia y la entrada en la dramática selva de su raza. Entonces se separan; mientras uno, Alberti, se entrega con generosidad total a la causa de los oprimidos y sólo vive en razón de su magnífica fe revolucionaria, el otro vuelve más y más en su literatura hacia su tierra, hacia Granada, hasta volver por completo, hasta morir en ella. Entre ellos no existió rivalidad verdadera, fueron buenos y brillantes hermanos, y así vemos que en el último regreso de Alberti de Rusia y México, en el gran homenaje que en su honor tuvo lugar en Madrid, Federico le ofreció, en nombre de todos, aquella reunión con palabras magníficas. Pocos meses después partió García Lorca a Granada. Y allí, por extraña fatalidad, le esperaba la muerte, la muerte que reservaban a Alberti los enemigos del pueblo. Sin olvidar a nuestro gran poeta muerto, recordemos un segundo a nuestro gran camarada vivo, Alberti, que con un grupo de poetas como Serrano Plaja, Miguel Hernández, Emilio Prados, Antonio Aparicio, están en este instante en Madrid defendiendo la causa de su pueblo y su poesía.

Pero la inquietud social en Federico tomaba otras formas más cercanas a su alma de trovador morisco. En su *troupe* La Barraca recorría los caminos de España representando el viejo y grande teatro olvidado: Lope de Rueda, Lope de Vega, Cervantes. Los antiguos romances dramatizados eran devueltos por él al puro seno de donde salieron. Los más remotos rincones de Castilla conocieron sus representaciones. Por él los andaluces, los asturianos, los extremeños volvieron a comunicarse con sus geniales poetas apenas recién dormidos en sus corazones, ya que el espectáculo los llenaba de asombro sin sorpresa. Ni los trajes antiguos, ni el lenguaje arcaico chocaba a esos campesinos que muchas veces no habían visto un automóvil ni escuchado un gramófono. Por en medio de la tremenda, fantástica pobreza del campesino español que aun yo, yo he visto vivir en cavernas y alimentarse de hierbas y reptiles, pasaba este torbellino mágico de poesía llevando entre los sueños de los viejos poetas los granos de pólvora e insatisfacción de la cultura.

Él vio siempre en aquellas comarcas agonizantes la miseria increíble en que los privilegiados mantenían a su pueblo, sufrió con los campesinos el invierno en las praderas y en las colinas secas, y la tragedia hizo temblar con muchos dolores su corazón del Sur.

Me acuerdo ahora de uno de sus recuerdos. Hace algunos meses salió de nuevo por los pueblos. Se iba a representar *Peribáñez*, de Lope de Vega, y Federico salió a recorrer los rincones de Extremadura para encontrar en ellos los trajes, los auténticos trajes del siglo XVII que las viejas familias campesinas guardan todavía en sus arcas. Volvió con un cargamento prodigioso de telas azules y doradas, zapatos y collares, ropaje que por primera vez veía la luz desde siglos. Su simpatía irresistible lo obtenía todo.

Una noche en una aldea de Extremadura, sin poder dormirse, se levantó al aparecer el alba. Estaba todavía lleno de niebla el duro paisaje extremeño. Federico se sentó a mirar crecer el sol junto a algunas estatuas derribadas. Eran figuras de mármol del siglo XVIII y el lugar era la entrada de un señorío feudal, enteramente abandonado, como tantas posesiones de los grandes señores españoles. Miraba Federico los torsos destrozados, encendidos en blancura por el sol naciente, cuando un corderito extraviado de su rebaño comenzó a pastar junto a él. De pronto cruzaron el camino cinco o siete cerdos negros que se tiraron sobre el cordero y en unos minutos, ante su espanto y su sorpresa, lo despedazaron y devoraron. Federico, presa de miedo indecible, inmovilizado de horror, miraba los cerdos negros matar y devorar al cordero entre las estatuas caídas, en aquel amanecer solitario.

Cuando me lo contó al regresar a Madrid su voz temblaba todavía porque la tragedia de la muerte obsesionaba hasta el delirio su sensibilidad de niño. Ahora su muerte, su terrible muerte que nada nos hará olvidar, me trae el recuerdo de aquel amanecer sangriento. Tal vez a aquel gran poeta, dulce y profético, la vida le ofreció por adelantado, y en símbolo terrible, la visión de su propia muerte.

He querido traer ante vosotros el recuerdo de nuestro gran camarada desaparecido. Muchos quizá esperaban de mí tranquilas palabras poéticas distanciadas de la tierra y de la guerra. La palabra misma España trae a mucha gente una inmensa angustia mezclada con una grave esperanza. Yo no he querido aumentar estas angustias ni turbar vuestras esperanzas, pero recién salido de España, yo, latinoamericano, español de raza y de lenguaje, no habría podido hablar sino de sus desgracias. No soy político ni he tomado nunca parte en la contienda política, y mis palabras, que muchos habrían deseado neutrales, han estado teñidas de pasión. Comprendedme y comprended que nosotros, los poetas de América española y los poetas de España, no olvidaremos ni perdonaremos nunca el asesinato de quien consideramos el más grande entre nosotros, el ángel de este momento de nuestra lengua. Y perdonadme que de todos los dolores de España os recuerde sólo la vida y la muerte de un poeta. Es que nosotros no podremos nunca olvidar este crimen, ni perdonarlo. No lo olvidaremos ni lo perdonaremos nunca. Nunca.

(Conferencia pronunciada en París en 1937.)

AMISTADES Y ENEMISTADES LITERARIAS

No sólo de estrellas...

Tal vez a nadie por estas tierras le haya tocado en suerte desencadenar tantas envidias como a mi persona literaria. Hay gente que vive de esta profesión, de envidiarme, de darme publicidad extraña, por medio de folletos tuertos o tenaces y pintorescas revistas. He perdido en mis viajes esta colección singular. Los pequeños panfletos se me han quedado en habitaciones lejanas, en otros climas. En Chile vuelvo a llenar mi maleta con esta lepra endémica y fosforescente, arrincono de nuevo los adjetivos viciosos que quieren asesinarme. En otras partes no me pasan estas cosas. Y sin embargo, vuelvo. Es que me gusta ciegamente mi tierra y todo el sabor verde y amargo de su cielo y de su lodo. Y el amor que me toca me gusta más aquí, y este odio extravagante y místico que me rodea pone en mi propiedad un fecundo y necesario excremento. No sólo de estrellas vive el hombre.

España, cuando pisé su suelo, me dio todas las manos de sus poetas, de sus leales poetas, y con ellos compartí el pan y el vino, en la amistad categórica del centro de mi vida. Tengo el recuerdo vivo de esas primeras horas o años de España, y muchas veces me hace falta el cariño de mis camaradas.

Vicente Aleixandre

En un barrio todo lleno de flores, entre Cuatro Caminos y la naciente Ciudad Universitaria, en la calle Wellingtonia, vive Vicente Aleixandre.

Es grande, rubio y rosado. Está enfermo desde hace años. Nunca sale de casa. Vive casi inmóvil.

Su profunda y maravillosa poesía es la revelación de un mundo dominado por fuerzas misteriosas. Es el poeta más secreto de España, el esplendor sumergido de sus versos lo acerca tal vez a nuestro Rosamel del Valle.

Todas las semanas me espera, en un día determinado, que para él, en su soledad, es una fiesta. No hablamos sino de poesía. Aleixandre no puede ir al cine. No sabe nada de política.

De todos mis amigos lo separo, por la calidad infinitamente pura de su amistad. En el recinto aislado de su casa la poesía y la vida adquieren una transparencia sagrada.

Yo le llevo la vida de Madrid, los viejos poetas que descubro en las interminables librerías de Atocha, mis viajes por los mercados de donde extraigo inmensas ramas de apio o trozos de queso manchego untados de aceite levantino. Se apasiona con mis largas caminatas, en las que él no puede acompañarme, por la calle de la Cava Baja, una calle de toneleros y cordeleros estrecha y fresca, toda dorada por la madera y el cordel.

O leemos largamente a Pedro de Espinosa, Soto de Rojas, Villamediana. Buscábamos en ellos los elementos mágicos y materiales que hacen de la poesía española, en una época cortesana, una corriente persistente y vital de claridad y de misterio.

Miguel Hernández

Dónde estará Miguel Hernández? Ahora curas y guardiaciviles «arreglan» la cultura en España. Eugenio Montes y Pemán son grandes figuras, y están bien al lado del forajido Millán Astray, que no es otro quien preside las nuevas sociedades literarias en España. Mientras tanto, Miguel Hernández, el grande y joven poeta campesino, estará si no fusilado y enterrado, en la cárcel o vagando por los montes.

Yo había leído antes de que Miguel llegara a Madrid sus autos sacramentales, de inaudita construcción verbal. Miguel era en Orihuela pastor de cabras y el cura le prestaba libros católicos, que él leía y asimilaba poderosamente.

Así como es el más grande de los nuevos constructores de la poesía política, es el más grande poeta nuevo del catolicismo español. En su segunda visita a Madrid, estaba por regresar cuando, en mi casa, le convencí que se quedara. Se quedó entonces, muy aldeano en Madrid, muy forastero, con su cara de patata y sus brillantes ojos.

Mi gran amigo, Miguel, cuánto te quiero y cuánto respeto y amo tu joven y fuerte poesía. Adonde estés en este momento, en la cárcel, en los caminos, en la muerte, es igual: ni los carceleros, ni los guardiaciviles, ni los asesinos podrán borrar tu voz ya escuchada, tu voz que era la voz de tu pueblo.

Rafael Alberti

Antes de llegar a España conocí a Rafael Alberti. En Ceilán recibí su primera carta, hace más de diez años. Quería editar mi libro *Residencia en la tierra*, lo llevó de viaje en viaje de Moscú a Liguria y, sobre todo, lo paseó por todo Madrid. Del original de Rafael, Gerardo Diego hizo tres copias. Rafael fue incansable. Todos los poetas de Madrid oyeron mis versos, leídos por él, en su terraza de la calle Urquijo.

Todos, Bergamín, Serrano Plaja, Petere, tantos otros, me conocían antes de llegar. Tenía, gracias a Rafael Alberti, amigos inseparables, antes de conocerlos.

Después, con Rafael hemos sido simplemente hermanos. La vida ha intrincado mucho nuestras vidas, revolviendo nuestra poesía y nuestro destino.

Este joven maestro de la literatura española contemporánea, este revolucionario intachable de la poesía y de la política debiera venir a Chile, traer a nuestra tierra su fuerza, su alegría y su generosidad. Debería venir para que cantáramos. Hay mucho que cantar por aquí. Con Rafael y Roces haríamos unos coros formidables. Alberti canta mejor que nadie el «tamborileiro», el Paso del Ebro, y otras canciones de alegría y de guerra.

Es Rafael Alberti el poeta más apasionado de la poesía que me ha tocado conocer. Como Paul Éluard, no se separa de ella. Puede decir de memoria la Primera Soledad de Góngora y además largos fragmentos de Garcilaso y Rubén Darío y Apollinaire y Maiakovski.

Tal vez Rafael Alberti escriba, entre otras, las páginas de su vida que nos ha tocado convivir. Se verá en ellas, como en todo lo que él hace, su espléndido corazón fraternal y su espíritu tan español de jerarquía, justos y centrales dentro de la construcción diamantina y absoluta de su expresión, ya clásica.

Envío: a Arturo Serrano Plaja y Vicente Salas Viu

Vosotros sois los únicos amigos de mi vida literaria en España que habéis llegado a mi patria. Hubiera querido traerlos a todos, y no he desistido de ello. Trataré de traerlos, de México, de Buenos Aires, de Santo Domingo, de España.

No sólo la guerra nos ha unido, sino la poesía. Os había llevado a Madrid mi buen corazón americano y un ramo de rimas que habéis guardado con vosotros.

Vosotros, cuántos! todos, habéis aclarado tanto mi pensamiento, me habéis dado tan singular y tan transparente amistad. A muchos de vosotros he ayudado en problemas recónditos, antes, durante y después de la guerra.

Vosotros me habéis ayudado más.

Me habéis mostrado una amistad alegre y cuidada, y vuestro decoro intelectual me sorprendió al principio: yo llegaba de la envidia cruda de mi país, del tormento. Desde que me acogisteis como vuestro, disteis tal seguridad a mi razón de ser, y a mi poesía, que pude pasar tranquilo a luchar en las filas del pueblo. Vuestra amistad y vuestra nobleza me ayudaron más que los tratados. Y hasta ahora, este sencillo camino que descubro, es el único para todos los intelectuales. Que no pasen a luchar con el pueblo los envidiosos, los resentidos, los envenenados, los malignos, los megalómanos.

Ésos, al otro lado.

Con nosotros, amigos y hermanos españoles, solamente los puros, los fraternales, los honrados, los nuestros.

(Publicado por la revista *Qué Hubo*, en Santiago de Chile, el 20 de abril de 1940.)

CÉSAR VALLEJO HA MUERTO

Esta primavera de Europa está creciendo sobre uno más, uno inolvidable entre los muertos, nuestro bienadmirado, nuestro bienquerido César Vallejo. Por estos tiempos de París, él vivía con la ventana abierta, y su pensativa cabeza de piedra peruana recogía el rumor de Francia, del mundo, de España... Viejo combatiente de la esperanza, viejo querido. Es posible? Y qué haremos en este mundo para ser dignos de tu silenciosa obra duradera, de tu interno crecimiento esencial? Ya en tus últimos tiempos, hermano, tu cuerpo, tu alma te pedían tierra americana, pero la hoguera de España te retenía en Francia, en donde nadie fue más extranjero. Porque eras el espectro americano —indoamericano como vosotros preferís decir—, un espectro de nuestra martirizada América, un espectro maduro en la libertad y en la pasión. Tenías algo de mina, de socavón lunar, algo terrenalmente profundo.

«Rindió tributo a sus muchas hambres» —me escribe Juan Larrea—. Muchas hambres, parece mentira... Las muchas hambres, las muchas soledades, las muchas leguas de viaje, pensando en los hombres, en la injusticia sobre esta tierra, en la cobardía de media humanidad. Lo de España ya te iba royendo el alma. Esa alma tan roída por tu propio espíritu, tan despojada, tan herida por tu propia necesidad ascética. Lo de España ha sido el taladro de cada día para tu inmensa virtud. Eras grande, Vallejo. Eras interior y grande, como un gran palacio de piedra subterránea, con mucho silencio mineral, con mucha esencia de tiempo y de especie. Y allá en el fondo el fuego implacable del espíritu, brasa y ceniza... Salud, gran poeta, salud, hermano.

(Escrito a la muerte del gran poeta peruano César Vallejo y publicado por la revista *Aurora*, de Santiago de Chile, el 1.º de agosto de 1938.)

A EDUARDO CARRANZA

Querido Eduardo, poeta de Colombia:

Cuando por muchos años y por muchas regiones mi pensamiento se detenía en Colombia, se me aparecía tu vasta tierra verde y forestal, el río Cauca hinchado por las lágrimas de María y planeando sobre todas las tierras y los ríos, como pañuelos de terciopelo celestial, las extraordinarias mariposas amazónicas, las mariposas de Muzo. Siempre vi tu país al través de una luz azul de mariposas bajo este enjambre de alas ultravioleta, y vi también los caseríos desdoblados en este tembloroso vaivén de alas, y luego vi la historia de Colombia seguida por un cometa de mariposas azules: sus grandes capitanes, Santander, Bolívar con una mariposa luminosa posada en cada hombro, como la más deslumbrante charretera, y a tus poetas, infortunados como José Asunción o como Porfirio o soberbios como Valencia, perseguidos hasta el fin de su vida por una mariposa, que olvidaban de pronto en el sombrero o en un soneto, mariposa que voló cuando Silva consumó su romántico suicidio para posarse más tarde tal vez sobre tus sienes, Eduardo Carranza.

Porque tú eres la frente poética de Colombia, de esa Colombia dividida en mil frentes, de esa patria sonora, poblada por los cantos secretos de la enramada virginal y por el alto y desinteresado himno de la poesía colombiana. En tu patria se acumuló en el subsuelo la misteriosa pasta de la esmeralda, y en el aire se construyó, como una columna de cristal, la poesía.

Déjame recordar hoy a esta fraternidad de poetas que allí pude amar y conocer. Te gustaría, colombiano loco, que estén tus amigos en esta fiesta. Mirad aquí entre nosotros a este extravagante caballero escandinavo que entra por esa puerta: es León de Greiff, alta voz coral americana. Mirad más allá ese gran gastador de café, de vida y de biblioteca: es

Arturo Camacho Ramírez, dionisíaco y revolucionario; aquí, a Carlos Martín, que recién ha pescado tres versos aún empapados de floraciones extrañas en el recodo caimánico de su río natal; aquí viene Ciro Mendía, recién llegado de Medellín, con su lira silvestre bajo el brazo y su noble porte de fogonero marino; y, por fin, aquí tienes a tu gran hermano, a Jorge Rojas, de gran cuerpo y de gran corazón, recién salido de su poesía escarchada, de su epopéyica misión submarina en que sus victorias fueron condecoradas por la sal más difícil.

Pero tú das aquí, y esta noche, el rostro de todos estos queridos ausentes.

En tu poesía se cristalizan, cuajándose en mil rosetas, las líneas geométricas de vuestra tradición poética y, junto a su vigor, un sentimiento, un aire emocionante que toca todas las hojas del Monte Parnaso americano, aire de vida y de melancolía, aire de despedida y de llegada, sabor de dulce amor y de racimo.

Hoy llegas a nuestro huracanado territorio, al vendaval oceánico de nuestra poesía, de una poesía sin más norma que la de sus vitales exploraciones, de una poesía que cubre, desde Gabriela Mistral y Ángel Cruchaga hasta los últimos jóvenes, todas las arenas y los bosques y los abismos y los senderos, como una clámide agitada por la furia del viento marino.

Con este abrazo irregular y con esta fiesta alegre te recibimos entre lo más nuestro, y lo hacemos en la conciencia de que eres un trabajador honrado del laboratorio americano, y que tu copa cristalina nos pertenece porque en ella pusiste un espejo vivo de transparencia y sueño.

Cuando llegué a tu Colombia natal me recibieron tus hermanos y compañeros, y recuerdo que en aquel coro de tan poderosa fraternidad, uno de los más jóvenes y de los más valiosos me reprochó en lenguaje de sin igual dignidad esta última etapa de mi vida y de mi poesía, consagrada férreamente al futuro del hombre y a las luchas del pueblo.

No contesté apenas, sino siendo yo mismo, delante de vosotros, para que vierais lo natural que en mí eran por igual mi vocación poética y mi conducta política. No contesté porque estoy contestando siempre con mi canto y con mi acción muchas preguntas que se me hacen y me hago. Pero tal vez las contestaría todas diciendo que al luchar tan encarnizadamente estamos defendiendo, entre otras cosas puras, la poesía pura; es decir, la libertad futura del poeta para que en un mundo feliz —esto es—, en un mundo sin harapos y sin hambre, puedan surgir sus cantos más secretos y más hondos.

Así, pues, a mi paso por Colombia, no me negué a las emanaciones de vuestra concepción estética, sino que hice mías también vuestra investigación, vuestro problema y vuestros mitos. Entré en vuestras bellas salas rectangulares y, cuando por sus ventanas entraba el ancho crepúsculo de Colombia, me sentí rico en vuestra pedrería, luminoso con vuestra luz diamantina.

Así también, hoy que vienes a vivir y a cantar entre nosotros, te quiero pedir en nombre de nuestra poesía, desde los piececitos descalzos de Gabriela y los poemas que por la boca de Víctor Domingo Silva hablaron hace ya tiempo los dolores de un pueblo lleno de sufrimientos, hoy te pido que no te niegues al destino que habrá de conquistarte, y que vayas separando algo de tu bien henchido tesoro para tu pueblo, que es también el nuestro. Marineros de las balsas de tus grandes ríos, pescadores negros de tu litoral, mineros de la sal y de las esmeraldas, campesinos cafeteros de casa pobre, todos ellos tienen derecho a tu pensamiento, a tu atención y a tu poesía, y qué gran regalo nos harás a los chilenos si tu vida en nuestra tierra austral, tan hermosa y tan dolorosa como toda la América nuestra, llega a empaparse de los oscuros dolores de los pueblos que amamos y por cuya liberación batallará mañana tu valiosa, fértil y resplandeciente poesía.

Basta de estas palabras, aunque ellas te lleven tanto cariño nuestro. Hoy es día de fiesta en tu corazón y en esta sala. Hoy ha nacido en una calle de Santiago, entre cuatro paredes chilenas, un hijo tuyo. A tu mujer, la dulce Rosita Coronado, le darás cuenta de nuestra ternura. Y para ti, esta fiesta con flores de papel picado, cortadas por nosotros mismos, con guitarras y vino de otoño, con los nombres de algunos de los que en tu tierra veneramos, y con un fuego de amistad entre tu patria y la nuestra, que tú has venido a encender, y que debe levantarse alto, entre la piedra y el cielo, para no apagarse nunca más.

(Discurso pronunciado en un homenaje a Eduardo Carranza, en Santiago de Chile, el 1.º de junio de 1946.)

RAFAEL ALBERTI Y MARÍA TERESA LEÓN

Desde este sitio comencé hace años a hablar de España por todos los pueblos y profundidades de América, de aquella España ayer arrasada y herida y hoy de nuevo olvidada y traicionada.

Hoy, estoy orgulloso de presentaros este doble fulgor, esta pareja española sobre cuyas frentes doradas está prendida la aurora y la agonía, que su patria nos mostrara y que quedaron escritas con fuegos indelebles en la tierra de Chile.

Rafael Alberti, primer poeta de España, combatiente ejemplar, hermano mío:

Nunca imaginé, entre las flores y la pólvora de la paz y de la guerra en Madrid, entre las verbenas y las explosiones, en el aire acerado de la planicie castellana, que algún día te daría en este sitio las llaves de nuestra capital cercada por la nieve, y te abriría las puertas oceánicas y andinas de este territorio, que, hace siglos, don Alonso de Ercilla dejara fecundado y sembrado y estrellado con su violenta y ultramarina poesía.

María Teresa, nunca imaginé que cuando tantas veces compartimos el pan y el vino en tu casa generosa, iba a tener la dicha de ofrecerte en mi patria el pan, el vino y la amistad de todos los chilenos.

Porque aquí os esperábamos todos, Rafael, María Teresa. Os distinguía mi pueblo, no sólo como altivas y señeras figuras de la inteligencia, sino como peregrinos de la patria clausurada por la sangre y el odio.

Ningún pueblo en América sintió las desventuras de España como nuestro pueblo, y nadie ha permanecido tan leal como nosotros a vuestra lucha y a vuestra esperanza. No penséis, María Teresa, Rafael, en los gobiernos que se asocian superficialmente a las componendas universales de la cobardía, sino que al entrar en Chile tocad la puerta o el pecho de cualquier chileno y os saldrá a recibir el corazón de un pueblo que no ha reconocido jamás a Franco. Esto os lo dirán los hombres y las mujeres, los niños y los viejos de mi patria, y hasta las piedras de los caminos en que la mano del pueblo escribió con mala ortografía, pero con más conciencia que un ministro laborista, su maldición a Franco, y su amor apasionado por la República popular, de la que sois hijos errantes y embajadores resplandecientes.

En esta tierra de poesía y de libertad, estamos contentos de recibiros, jóvenes creadores de la poesía y la libertad que defendisteis al lado de vuestro pueblo. Y ya que llegáis al final del Pacífico, el más ancho camino del planeta dado al mundo por otros españoles peregrinos, que sea éste también el punto de regreso, porque cuando en toda la tierra germina la libertad, tenéis más derechos que nadie para reclamarla para los españoles, ya que fuisteis los primeros en combatir por ella.

Queridos hermanos: os amábamos desde hace tanto tiempo, que casi no necesitábamos escucharos. Vuestra poesía y vuestra condición de valientes iluminaban desde cualquier rincón las numerosas tierras americanas. Habéis querido atravesar las más altas nieves del planeta para que miráramos en este minuto vertiginoso del mundo vuestros dos nobles rostros que representan para nosotros la dignidad del pensamiento universal. Mirad vosotros también el rostro innumerable del pueblo que os acoge, entrad cantando, porque así lo queremos, en nuestra primavera marina, tocad todos los rincones minerales del ancho corazón de Chile: porque ya lo sabéis, Rafael, María Teresa, ya os lo habrán contado las guitarras: cuando el pueblo de Chile da el corazón, lo da entero y para siempre a los que como vosotros, de manera tan alta, supieron cantar y combatir.

Aquí los tenéis: por su boca hablará España.

(Palabras pronunciadas en un homenaje a Rafael Alberti y María Teresa León en Santiago de Chile, 1946.)

PICASSO ES UNA RAZA

En nuestras Américas hay hallazgos: en islas deshabitadas o selvas irascibles bajo la tierra de pronto se encuentran estatuas de oro, pinturas sobre la piedra, collares de turquesa, cabezas inmensas, vestigios de innumerables seres desconocidos a quienes hay que descubrir y nombrar para que respondan desde su silencio secular.

Si en una isla nuestra se encontraran las capas sucesivas de Picasso, su monumental abstracción, su creación rupestre, sus joyas exactas, sus cuadros de felicidad y de terror, los arqueólogos asombrados buscarían los habitantes, las culturas que tanto hicieron acumulando fabulosos juegos y milagros.

Picasso es una isla. Un continente poblado por argonautas, caribes, toros y naranjas. Picasso es una raza. En su corazón el sol no se pone.

(Escrito con motivo de la celebración en París del 90.º aniversario de Picasso, octubre de 1971.)

ESTE DÍA FRÍO

Este día frío en medio del verano es como su partida, como su desaparición repentina en medio del regocijo multiplicado de su obra.

No voy a hacer un discurso funerario para Mariano Latorre.

Quiero dedicarle un vuelo de queltehues junto al agua, sus gritos agoreros y su plumaje blanco y negro levantándose de pronto como un abanico enlutado.

Voy a dedicarle una queja de pidenes y la mancha mojada, como sangre en el pecho, de todas las loicas de Chile.

Voy a dedicarle una espuela de huaso, con rocío matutino, de algún jinete que sale de viaje en la madrugada por las riberas del Maule y su fragancia.

Voy a dedicarle, levantándola en su honor, la copa de vino de la patria, colmada por las esencias que él describió y gozó.

Vengo a dejarle un rosario amarillo de topa-topas, flores de las quebradas, flores salvajes y puras.

Pero él también merece el susurro secreto de los maitenes tutelares y la fronda de la araucaria. Él, más que nadie, es digno de nuestra flora, y su verdadera corona está desde hoy en los montes de la Araucanía, tejida con boldos, arrayanes, copihues y laureles.

Una tonada de vendimias lo acompaña, y muchas trenzas de nuestras muchachas silvestres, en los corredores y bajo los aleros, a la luz del estío o de la lluvia.

Y esa cinta tricolor que se anuda al cuello de las guitarras, al hilo de las tonadas, está aquí, ciñe su cuerpo como una guirnalda y lo acompaña.

Oímos junto a él los pasos de labriegos y de pampinos, de mineros y de pescadores, de los que trabajan, rastrean, socavan, fecundan nuestra tierra dura.

A estas horas está cuajando el cereal y en algún tiempo más los trigales maduros moverán sus olas amarillas recordando al ausente.

De Victoria al Sur hasta las islas verdes, en campos y caseríos, en chozas y caminos, no estará con nosotros, lo echaremos de menos. Las goletas volarán sobre las aguas cargadas con sus frutos marinos, pero ya Mariano no navegará entre las islas.

Él amó las tierras y las aguas de Chile, las conquistó con paciencia, con sabiduría y con amor, las selló con sus palabras y con sus ojos azules.

En nuestras Américas el gobernante, de un clima a otro, no hace sino entregar las riquezas originales. El escritor, acompañando la lucha de los pueblos, defiende y preserva las herencias. Se buscará más tarde, si han sido sacrificados nuestras costumbres y nuestros trajes, nuestras canciones y nuestras guitarras, el tesoro que resguardaron hombres como Mariano Latorre, irreductibles en su canto nacional.

Iremos a buscar en la enramada de sus libros, acudiremos a sus páginas preciosas a conocer y defender lo nuestro.

Los clásicos los produce la tierra o, más bien, la alianza entre sus libros y la tierra, y tal vez hemos vivido junto a nuestro primer clásico, Mariano Latorre, sin estimar en lo que tendrá de permanente su fidelidad al mandato de la tierra. Los hombres olvidados, las herramientas y los pájaros, el lenguaje y las fatigas, los animales y las fiestas, seguirán viviendo en la frescura de sus libros.

Su corazón fue una nave de madera olorosa, salida de los bosques del Maule, bien construida y martillada en los astilleros de la desembocadura, y en su viaje por el océano seguirá llevando la fuerza, la flor y la poesía de la patria.

(Palabras escritas con motivo del fallecimiento del escritor chileno Mariano Latorre en el año 1955.)

EL RESPLANDOR DE LA SANGRE

En el destierro, la áspera patria toma un color de luna, la distancia y los días pulen y suavizan su largo cuerpo, sus planicies, sus montes y sus islas.

Y recuerdo una tarde pasada con Elías Lafertte en un pueblo sin hombres, en uno de los minerales abandonados de la pampa.

Se extendía, arenosa e infinita, la pampa a nuestro alrededor, y con cada cambio de la luz solar su palidez cambiaba como el cuello de una paloma salvaje suave, verde y violeta se espolvoreaba sobre las cicatrices planetarias, ceniza caía del cielo, confuso nácar irisaba el desierto.

Era en el desolado Norte grande, en las soledades de Huantajaya. Desde allí se abre este libro, sus páginas están hechas con aquellas arenas, fuerte, ancho y trepidante es su mundo y en él las vidas están grabadas con fuego y sudor como en las palas de los derripiadores. Otro color se agrega a las extensiones de la pampa: el resplandor de la sangre.

Nadie podrá olvidar este libro.

Los gobernantes, con pocas excepciones, se han ensañado con el pueblo de Chile y han reprimido con ferocidad los movimientos populares. Han obedecido a decretos de casta o a mandatos de intereses extranjeros. Desde la matanza de Iquique hasta el campo de muerte erigido en Pisagua por González Videla, es ésta una historia larga y cruel. Contra el pueblo, es decir contra la patria, se practica una guerra permanente. Tortura policial, garrotazo y sablazo, estado de sitio, la marina y el ejército, barcos de guerra, aviones y tanques: estos elementos no los usan los gobernantes de Chile para defender el salitre o el cobre contra los piratas del exterior, no, éstos son elementos de la cruenta batalla contra Chile. La cárcel, el destierro o la muerte son medidas de «ORDEN» y los gobernantes que cumplen acciones de sangre contra sus compatriotas son pagados con un viaje a Washington, condecorados en alguna universidad norteamericana. Se trata simplemente de una política colonial. No hay gran diferencia entre las masacres de Madagascar, de Túnez, de Malasia, de Corea, ejecutadas por invasores armados contra pueblos indefensos, franceses, ingleses, norteamericanos y la sistemática represión ejecutada en nuestro Continente por gobernantes despiadados, agentes de los intereses imperialistas.

Pero a lo largo de esta historia, el pueblo chileno ha resultado victorioso.

De cada golpe trágico ha derivado enseñanzas y ha respondido, como tal vez ningún otro pueblo americano, con su arma más poderosa: la organización de sus luchas.

Esta lucha multiplicada es el centro de la vida nacional, sus vértebras, sus nervios y su sangre. Infinitos episodios tristes o victoriosos la encienden y la continúan. De ahí que en el vasto drama de Chile, el protagonista incesante sea el pueblo. Este libro es como un extenso prólogo de ese drama, y nos muestra con pureza y profundidad el amanecer de la conciencia.

Pero *Hijo del salitre* no es una desértica disertación civil, sino un prodigioso y múltiple retrato del hombre. Al épico estremecimiento de sus descripciones sucede la ternura imponderable. El amor de Volodia Teitelboim a su pueblo lo conduce hasta encontrar la fuente escondida de la canción y de las lágrimas, las rachas de violenta alegría, las vidas solitarias de la pampa, el vaivén que aparta y desgrana los destinos de las sencillas gentes que viven en su libro.

Son muchos los problemas del realismo para el escritor en el mundo capitalista. *Hijo del salitre* cumple con el mandato creativo, esencial en los libros que esperamos. No basta con tirar por la borda el balbuceo oscurantista, el individualismo reaccionario, el naturalismo inanimado, el realismo pesimista. Este libro cumple y sobrepasa los cánones usados de la novela, saturándonos de grandiosa belleza. Pero también alcanza otro de los puntos inseparables de la creación contemporánea: la de hacer la crónica definitiva de una época. Ya sabemos cómo se apoderan de la historia los falsificadores oficiales de la burguesía. A los escritores del mundo capitalista nos corresponde preservar la verdad de nuestro tiempo: el General Silva Renard o el Presidente González Videla no pueden escaparse al verdadero juicio histórico. Los escritores de Chile tendrán que escribir con sangre —sí, con sangre de Iquique o de Pisagua— y así nacerá nuestra literatura.

En esta gesta en la que Baldomero Lillo pone su primera piedra negra, Volodia Teitelboim levanta la primera columna fundamental. Porque no sólo los dolores, las alegrías y las verdades de un pueblo quedan aquí grabadas, sino que, como muchos senderos que se unen en una ruta grande y segura, el pueblo desemboca en su organización liberadora, en el Partido. Recabarren y Lafertte no son en este libro héroes estáticos, sino progenitores de la historia.

Con Volodia Teitelboim, junto a nuestro pueblo, hemos vivido horas grandes y duras. Después de años de exilio llega a mis manos este libro suyo, racimo asombroso de vidas y luchas, cargado de semillas. Yo, desde aquí, como si estuviera en las alturas abandonadas de Huantajaya, diviso en estas páginas la vida terrible del hombre del salitre, veo los arenales, las colinas, la miseria, la sangre y las victorias de mi pueblo. Y estoy orgulloso del fruto de mi hermano.

(Prólogo a *Hijos del salitre*, libro del escritor chileno Volodia Teitelboim, mayo de 1952.)

CARLO LEVI ERA UN BÚHO

Mientras me pintaba en el antiguo taller, descendía lentamente el crepúsculo romano, se atenuaban los colores como si los gastara de pronto el tiempo impaciente, se oía la trompetería de los automóviles que corrían hacia los caminos de la campiña, hacia el silencio, hacia la noche estrellada. Yo me hundí en la oscuridad pero él seguía pintándome. El silencio terminó por devorarme, pero él seguía pintando tal vez mi esqueleto. Porque la disyuntiva fue: o mis huesos eran fosforescentes o Carlo Levi era un búho, con los ojos escrutadores del ave de la noche.

Como ya no se me veía nada ni podía él distinguir mi nariz ni mis brazos ni yo divisaba sus pinceles, me dediqué a pensarlo y a vestirlo en la imaginación. Estaba seguro que se cubría de plumas y que me pintaba con la punta de una de sus alas. Porque yo oía, más que un lamido de pincel aceitando la tela, un rasguño de alas que volaban en la noche y que seguramente me iban dibujando en aquel cuadro sumergido. En vano protestaba yo: él con sus inmensos ojos paralizaba mis palabras en la oscuridad del estudio.

De nuevo me reconcentraba y lo veía en mi imaginación convertido en un gran crisantemo cuyos inmensos pétalos caían sobre el cuadro, participándole frescos o cenicientos amarillos. De pronto y en la sombra comprendí que sonreía con sonrisa de crisantemo, y que no me dejaría partir del taller sin que la pintura estuviera terminada. Pero vuelto de nuevo a la quietud comprendí que Carlo Levi era también un sol, que pensaba y pintaba como el sol, con mucha firmeza y claridad, porque siempre dependió su fuerza luminosa del espacio. Yo comprendí que este hombre espacioso me salvaría con sus rayos, levantándome, por fin de mi poltrona, dándome luz en la escala del antiguo palacio para salir a la calle, hacia el cinema, hacia la noche estrellada, hacia el Océano que me pertenece.

Pero supe que yo quedaría siempre allí, en su tela y en su pensamiento, y que no podría salir nunca más de Carlo Levi, de su clarividencia, de su sol, de su crisantemo, de sus serenísimos ojos que escrutan las cosas y la vida.

Tal es el poder de este mago. Después de muchos años aquí, escribiendo en hora crepuscular, en mi casa frente a las olas del Mar del Sur, me siento atado a él por aquel mismo crepúsculo romano, por su pensamiento inolvidable, por su arte consumado y su sabiduría de gran ave nocturna que ha atravesado todo el espacio sin abandonarnos jamás.

(Homenaje al pintor Carlo Levi, Roma, 1949.)

NUESTRO GRAN HERMANO MAIAKOVSKI

No me declaro enemigo irreductible de las grandes discusiones literarias, pero confieso que la discusión no es mi elemento: no nado en ella como el pato en el agua. Soy amigo apasionado de las discusiones literarias. La poesía es mi elemento.

Aunque sea difícil hablar de Maiakovski sin discutirlo, y aunque el gran poeta volaba en la discusión (porque de todas las plumas hay en el reino de la poesía) como un águila en el cielo, quiero hablar de Maiakovski con amor y sencillez, sin enzarzarme ni en su vida fecunda ni en su muerte desdichada.

Maiakovski es el primer poeta que incorpora al Partido y al proletariado activo en la poesía y hace de estos factores alta materia poética. Ésta es una revolución trascendental y en el plano universal de la literatura es un aporte, como el de Baudelaire o Whitman a la poesía contemporánea. Con esto quiero decir que el aporte de Maiakovski no es dogmático, sino poético. Porque cualquiera innovación de contenido que no sea digerido y llegue a ser parte nutricia del pensamiento, no pasa de ser sino un estimulante exterior del pensamiento. Maiakovski hace circular dentro de la poesía los duros temas de la lucha, los monótonos temas de la reunión, y estos asuntos florecen en su palabra, se convierten en armas prodigiosas, en azucenas rojas.

No quiere decir esto que toda la poesía tenga que ser política ni partidista, pero después de Maiakovski, el verdadero poeta que nace cada día tiene un nuevo camino para elegir entre los muchos caminos de la verdadera poesía.

Pero Maiakovski tiene un fuego propio que no puede extinguirse. Es un poeta caudaloso y tengo la sensación de que, como Federico García

Lorca, a pesar de la madurez de su poesía, tenía mucho que decir aún, mucho que crear y cantar. Me parece que las obras de estos dos jóvenes poetas, muertos en plena iluminación, son como un comienzo de gigantes, y que aún tenían que medirse con las montañas. Con esto quiero decir que sólo ellos tenían la clave para superarse, y, ay de nosotros, esas llaves se perdieron, trágicamente enterradas en las tierras de España y de Rusia.

Maiakovski es un poeta de vitalidad verbal que llega a la insolencia. Prodigiosamente dotado, apela a todos los ardides, a todos los recursos del virtuoso. Su poesía es un catálogo de imágenes repentinas que se quedan brillando con huellas fosforescentes. Su poesía es tan pronto insultante, ofensiva, como llena de purísima ternura. Es un ser violento y dulce, orgánicamente, hijo y padre de su poesía. A esto se agrega sus condiciones satíricas.

Sus sátiras contra la burocracia son devastadoras y ahora se siguen representando en los teatros soviéticos con éxito creciente. Su sarcástica lucha contra la pequeña burguesía llega a la crueldad y al odio. Podemos no estar de acuerdo, podemos detestar la crueldad contra gente deformada por los vicios de un sistema, pero los grandes satíricos llegaron siempre a la exageración más delirante. Así fue Swift, así fue Gogol.

Después de cuarenta años de literatura soviética en que se han escrito muchos libros buenos y muchos libros malos, Maiakovski sigue siendo para mí un poeta impresionante, como una torre. Es imposible dejar de verlo desde todas partes de nuestra tierra, se divisan la cabeza, las manos y los pies de este gigantesco muchacho. Escribió con todo, con su cabeza, con sus manos, con su cuerpo. Escribió con inteligencia, con sabiduría de artesano, con violencia de soldado en la batalla.

En estos días de homenajes y de reflexión en que celebramos con amor y con orgullo este aniversario de la revolución de Octubre, me detengo un minuto en el camino y me inclino ante la figura y la poesía de nuestro gran hermano Maiakovski.

En estos días en que él hubiera cantado como nadie, levanto a su memoria una rosa, una sola rosa roja.

(Homenaje a Maiakovski, Pekín, agosto de 1957.)

MI AMIGO PAUL ÉLUARD HA MUERTO

Es muy difícil para mí escribir sobre Paul Éluard. Seguiré viéndolo vivo junto a mí, encendida en sus ojos la eléctrica profundidad azul que miraba tan ancho y desde tan lejos.

Este hombre tranquilo era una torre florida de Francia. Salía del suelo en que laureles y raíces entretejen sus fragantes herencias. Su altura era hecha de agua y piedra, y en ella trepaban antiguas enredaderas portadoras de flor y fulgor, de nidos y cantos transparentes.

Transparencia, es ésta la palabra. Su poesía era cristal de piedra, agua inmovilizada en su constante corriente.

Poeta del amor cenital, hoguera pura de mediodía, en los días desastrosos de la patria puso en medio de ella su corazón y de él salió fuego decisivo para las batallas.

Así llegó naturalmente a las filas del Partido. Para Éluard ser un comunista era confirmar con su poesía y su vida los valores de la humanidad y del humanismo.

No se crea que Éluard fue menos político que poeta. A menudo me asombró su clara videncia y su formidable razón política. Juntos examinamos muchas cosas, hombres y problemas de nuestro tiempo, y su lucidez me sirvió para siempre.

No se perdió en el irracionalismo surrealista porque no fue un imitador sino un creador y disparó sobre el cadáver del surrealismo disparos de claridad e inteligencia.

Fue mi amigo de cada día y pierdo su ternura que era parte de mi pan. Nadie podrá darme ya lo que él se lleva porque su fraternidad activa era uno de los preciados lujos de mi vida.

Él sostenía con su columna azul las fuerzas de la paz y la alegría. Él ha muerto con sus manos floridas, soldado de la paz, poeta de su pueblo.

Torre de Francia, hermano!

Me inclino sobre tus ojos cerrados que continuarán dándome la luz y la grandeza, la simplicidad y la rectitud, la bondad y la sencillez que implantaste sobre la tierra.

(En la muerte de Paul Éluard, 1952.)

LA VISITA DE MARGARITA ALIGHER

Yo estaba en Concepción, en el sur de mi país, cuando leí en el periódico que Margarita Aligher había llegado a Chile.

Aunque entre Santiago de Chile y Concepción hay centenares de kilómetros de viñas, ganado, uvas que en el mes de marzo se convertirán en vino, pronto llegó al Sur, Margarita.

Es pleno verano en Chile, el cielo del Sur era azul en su integridad, como una bandera azul, como una copa. Ni una sola nubecita blanca. Margarita Aligher hacía falta al cielo del sur de Chile porque es como una pequeña nube blanca. Es tan silenciosa, que parece que viajara con su nube y la pusiera alrededor de ella. También suele sentarse en la pequeña nube que, cuando se retira de una reunión, la transporta suavemente hacia otra parte. Fuimos juntos por el desmesurado paisaje, yo en mi caballo y ella en su nube. Ambas maneras de movilizarse se deben usar en estos territorios, puesto que los caminos son a menudo ásperos y a las montañas suceden insólitas praderas que terminan en la arena del mar.

Margarita lo ve todo con una penetrante mirada que no descansa. Es verdad que Margarita Aligher puede estarse horas sin hablar una palabra, pero lo está mirando todo. Nunca he visto una persona que mire tanto y tan bien como Margarita.

A cien kilómetros por hora o simplemente inmóvil, mira como nadie mira. No es una mirada mística o sensual como la de los antiguos poetas románticos, es una mirada amplia y directa, una mirada que busca el subsuelo, el fruto entre las hojas, el trabajo entre las raíces. También mira con decisión los rostros y los problemas humanos. Entramos en mercados y en plazas llenas de gente del pueblo. Los chilenos se habituaron a ver los penetrantes ojos de Margarita, sumando y restando las cosas y los seres, y los días que pasaban con su bandera azul en lo alto.

Fuimos también a ver los talleres de los pintores y, en especial, el inmenso mural de González Camarena en la Casa del Arte.

El mural es grandísimo, tiene cuarenta metros de largo por ocho metros de altura. Me dice el pintor que leyendo mi libro *Canto General* encontró el tema de su obra. Me gustó que me lo dijera.

En una esquina, a un nopal mexicano se le enredan las flores salvajes del copihue chileno. Estas plantas son símbolos de nuestras nacionalidades.

El nopal está clavado por docenas de puñales y tiene a veces sus gruesas hojas amputadas o heridas. Con esto, el pintor significa los ataques norteamericanos y sus consiguientes pérdidas de territorio.

Hacia acá se extienden los rostros gigantescos de varios metros de altura de las diferentes razas americanas, hacia abajo como en un túnel yacen los esqueletos de los conquistadores y el subsuelo mineral, las cavidades de las minas. Todo esto florece hacia arriba en dioses y cosechas, espigas y signos de esplendor.

Esta descripción es muy sumaria. El muro con su figura de color verde y violeta, sus riquísimos grises, sus ocres maravillosos, su construcción figurativa y abstracta, cubista y humanista, es una gran enseñanza de cómo todas las escuelas aportan como a la luz un color, un elemento que se convierten en lo permanente, en el iris de la verdad.

Entre esas figuras monumentales y subterráneas se desplazaba la frágil figura de Margarita con su aérea suavidad, volando entre las aristas fosforescentes del fresco, tomando parte como un personaje pintado también allí por el pintor.

Probablemente con todo derecho, puesto que, su poesía, tan leve y tan profunda a la vez, forma parte de la flora, de los sueños y de la vida, de la realidad que allí tenían los colores radiantes del México ancestral.

Viniendo de tan lejos, de Georgia, de los Urales, de Moscú, Margarita Aligher formó parte de nuestro mundo.

Es celeste y subterránea, construye sueños y mira con los ojos abiertos y eternos de la poesía.

(Escrito con motivo de la visita a Chile de la poetisa soviética Margarita Aligher, en el año 1968.)

POETAS DE LA RUMANIA FLORIDA

Apenas llegué a Transilvania les pregunté por Drácula.

No me entendieron. Qué lástima!

Aquel vampiro siempre vestido de frac desprendiéndose de las almenas de su castillo de piedra negra! Aquel terrorista superactivo y volador como un murciélago!

Qué lástima!

Todos mis sueños se vinieron abajo. Allí había vivido aquél entre estos bosques de abetos aterrorizado él mismo por la luz del día, enrollándose y desenrollándose según la atracción y el poderío de las tinieblas, que incitaban el vuelo de su capa tenebrosa.

Qué lástima!

Porque, en verdad, los poetas rumanos que me acompañaban no lo conocían. Si yo hubiera nacido en Rumania no habría cejado en su busca, lo habría acechado desde niño, me habrían rozado sus alas metamorfósicas y membranosas, habría esperado en la sombra transilvana que cayera de los bolsillos del frac una de sus llaves de oro. Abriendo entonces furtivamente los portalones, habría recorrido las estancias, habría conocido los mortales secretos de aquel poderoso satánico. Nada de eso fue posible! Drácula ya no habitaba en la selvática Transilvania.

Los poetas que me rodeaban tenían el alma clareante del agua montañosa, me celebraron con grandes carcajadas. Pero, debo confesarlo, mis compañeros poetas de la Rumania florida no son entendidos en tinieblas.

Las tinieblas de Rumania... el canto del agua rumana. Cuántas cosas que olvidar, cuántas cosas que cantar!

La verdad es que las tinieblas no fueron solamente páginas de papel, sino hechos duros, capítulos crueles, interminables agonías.

La verdad es que las aguas cantaron a pesar de todo, cantan, seguirán cantando.

Siglos de servidumbre, épocas de martirio, invasiones, abandono, miseria, muerte, motines, soldadesca, rebeliones, incendios. Y sobre esta antigua Rumania amasada por las mejores manos del dolor, detrás de esta Rumania mil veces crucificada en cada uno de los hombres rumanos, bajo esta Rumania pobre y medioeval, folklórica y sollozante, la poesía cantó sin disfrazar su eminencia, cantó siempre en su campana cristalina.

Mucho de esto se verá en estas páginas.

La presión expresiva de una antigua y poderosa literatura, que siempre se expresó en forma crítica y creadora, no hizo sino continuar en la Rumania de hoy.

Ninguna interrupción de silencio o de violencia entre las épocas separadas con la revolución. Con la muerte del feudalismo no desapareció bajo los escombros la poesía, porque la gran poesía rumana nunca acompañó el crepúsculo de las campiñas que ocultaban miseria y padecimiento.

La poesía entró con fáciles pasos a una edad de construcciones. Y las semillas andaban bajo la tierra y las flores nacieron copiosamente con el florecimiento general de un pueblo.

La poesía no dejó su canto de agua herida que baja de las montañas, sino que entró con su cauce al activo humanismo de la nueva Rumania. Eso, sin dejar atrás la reflexión ni la melancolía. Cantó como antes la vida y la muerte, pero también la realidad y la esperanza. El simbolista Bacovia tiñó con el humo de la ciudad y la sangre de los mataderos su tristeza, que lo envolvió como una capa. Nuevos poetas de hoy reflejan como estatuas de gladiadores desnudos el color del sol y del trigo. Pero en el fondo, esta poesía siguió su camino entre las raíces nacionales y no habrá un verso, una línea, una sílaba que no esté empapada por la claridad y por la noche rumana, por un salvaje y tierno sentimiento de amor hacia su tierra, hacia el alma más antigua y más moderna de Europa.

Cerca de Constanza vi un bloque griego recién sacado de las aguas del Mar Negro. Algún hombre rana tropezó con aquellos dioses blancos que seguían escuchando el canto de las antiguas sirenas. Cerca de Ploesti los campesinos encontraron en la carretera un tesoro: docenas de ánforas y copas de oro, labradas tal vez para muy antiguos monarcas. Allí están en una vitrina. Nunca vi tal esplendor.

Tirnave, Dragasani, Legarcea, Murfatlar son nombres de viñedos antiguos, que llegaron al corazón de los hombres más distantes, pero cuyo aroma nació entre los Cárpatos y el Danubio.

Toda la tierra y el barro rumano guardan la palpitación de una cultura generosa que absorbió y repartió su tesoro. La poesía se nutrió con los claros alimentos de la tierra, del agua y del aire, se vistió con el oro antiguo, soñó los sueños griegos. Y maduró en la razón de nuestra época continuando con solemnidad el camino de un canto siempre grave, siempre sonoro y alto. Las fábricas, las escuelas, las canciones hacen vibrar ahora la vieja tierra rumana. La poesía canta en la revolución del trigo, en la trepidación de los telares, en la nueva fecundidad de la vida, en la seguridad del pueblo, en las dimensiones recién descubiertas. Canta en el antiguo y en el nuevo vino. En cuanto a la creación misma, es difícil decir, es difícil escribir. Y para qué? Para qué necesita la poesía esa impertinente interpretación, adhesión o suspicacia? Vivimos rodeados por libros que comentan los versos que sólo querían andar por los caminos con zapatos más frágiles o más duros. Y nos va a pasar que nos llevaremos en eso, en leer lo que se escribe sobre lo que se ha escrito.

En esta Edad de Papel presento *naturalmente* a estos poetas rumanos tan tradicionales como los cantos y las costumbres silvestres de la patria hereditaria, tan revolucionarios como sus audaces usinas y la transformación evidente del mundo en que participan.

Hablaré del anciano poeta Tudor Arghezi.

Con más de ochenta años de vida, Arghezi es el gran coronado, y soporta con bondad y cierta ligera ironía los laureles claroscuros que premian una obra serena y frenética, purísima y demoníaca, cósmica y popular.

Yo le conocí en Bucarest, honrado, este viejo rebelde, por ministros y por obreros, amado y respetado por una República que cuida su libertad y su tranquilidad.

Es raro que este gran poeta europeo sea desconocido para tantos, como también lo fuera el caso del gran italiano Saba.

Saba fue rumoroso como un gran río que se va haciendo subterráneo y sepulta su fabuloso cauce antes de llegar al océano.

Arghezi es encrespado y herético, amotinado y poderoso. La meditación negra de sus largos primeros tiempos ha dejado el paso en sus últimos libros a la alegría del alma impetuosa. Dejó de sustentarse de su propia soledad: participa, a sus años, de la primavera de su patria.

Pero nombraré algunos más, para agradecerles a todos que hayan dejado, todo el largo invierno de Isla Negra, aquí en la costa del Pacífico sur, que su poesía viviera conmigo y me envolviera la fuerza y la frescura de Rumania, por muchos meses, en la vigilia y en el sueño.

Gracias, Maria Banus!

Por la palpitación constante de tu amor y tus sueños, por la red mágica cuyos hilos de humo y de oro te permiten sacar de la profundidad recuerdos oscuros como peces del abismo, o atrapar en el aire la mariposa salvaje de Baragan.

Y a ti, Jebeleanu, viajero de Hiroshima, tú que recogiste en aquel corazón de ceniza una flor pura transfigurada en tu canto: ojalá que encuentres algún destello de tu generosa poesía en este libro. Y a Mihail Beniuc: gracias por tu fuerza pensativa, por tus canciones combatientes.

A Maria Porumbacu, a Demostene Botez, a Radu Boureanu, a Ion Brand, pido perdón por cuanto sus poemas hayan perdido fuerza esencial o gotas de ámbar al cambiarlos de vaso. Pero sabrán, lo creo, que puse mucho amor en el trabajo, siempre inconcluso, de traducir su poesía.

El idioma rumano, pariente sanguíneo del nuestro, contiene una abundancia de la que no disfrutamos: sus esquinas eslavas. En estas esquinas perdemos el paso, miramos hacia arriba, hacia abajo, y por fin nos agarramos del francés para no quedarnos a oscuras. Pero la lengua rumana, lejos de ser un castellano oblicuo, saca su eléctrico lirismo de los aluviones idiomáticos que desembocaron en Rumania. Firme y esplendoroso es el lenguaje rumano y poético por excelencia. Con Tristan Tzara, Ilarie Voronka y otros, que escribieron su obra en francés, Rumania contribuyó característicamente a su pasión universal. Ya sabemos que Eminescu o Caragiale atraviesan las barreras de la lengua y son atesorados y discutidos en todas partes. Pero Rumania tuvo siempre una voz que alcanzó el concierto del mundo desde sus calles o desde sus montañas. Ha sido la aspiración universalista y sobre todo la naturalidad y el crecimiento cultural como lo es ahora el orgullo de una profunda revolución humanista. Pero los poetas que emigraron en el pasado hasta cambiar de idioma, lo hicieron forzados por la crueldad de una época. No sucedió así con los europeizantes de nuestra América. Los rumanos no fueron a Francia a imitar, sino a enseñar. Fueron participación rumana de la creación universal.

Durante más de un invierno en mi casa, frente al océano frío y las inmensas migraciones de pájaros, me acompañaron asiduamente en la traducción de la poesía rumana los poetas Homero Arce y Ennio Moltedo.

Doy gracias a mis dos amigos. Mucho me sirvió la sabiduría y el empeño de cada uno. También ellos gozaron como yo, mientras trabajábamos, del follaje florido, del agua y del fuego, que en estas múltiples voces se multiplican incitándonos a escuchar con recogimiento el canto coral de un pueblo lejano y hermano.

(Prólogo para una antología rumana, traducida por Neruda y publicada en 1967 por la editorial Losada de Buenos Aires, Argentina.)

QUERÍAN MATAR LA LUZ DE ESPAÑA

Ya se ha considerado aquí con sabiduría su trascendencia poética. Yo comienzo por proclamar y predicar que éste es el primer monumento a su memoria. Y como este homenaje es un deber para todas las naciones de América, honor y amor a esta tierra que lo hace antes que todas las otras. Proclamo a San Pablo de Brasil ciudad benemérita en nombre de la poesía universal.

Federico García Lorca fue el hombre más alegre que he conocido en mi ya larga vida. Irradiaba la dicha de ver, de oír, de cantar, de vivir. Por eso, cuidado con nuestra ceremonia. Nada de ritos primarios. Estamos celebrando la inmortalidad de la alegría.

Al mirar melancólicamente las fotografías de aquel tiempo, me asombro de su juventud, de su rostro casi infantil. Era un niño abundante, el joven caudal de un río poderoso. Derrochaba la imaginación, conversaba con iluminaciones, regalaba la música, prodigaba sus mágicos dibujos, rompía las paredes con su risa, improvisaba lo imposible, hacía de la travesura una obra de arte. Nunca he visto tanta atracción y tanta construcción en un ser humano. Este gran juguetón escribió con la mayor conciencia y si desenfrenó su poesía con locura y con ternura, yo sé que era un sabio ancestral, un heredero de la gracia y de la grandeza del idioma español. Pero lo que me sobrecoge es pensar que estaba comenzando, que no sabemos dónde hubiera llegado si el crimen no hubiera aplastado su mágico destino. La última vez que lo vi, me llevó a un rincón y, como en secreto, me dijo de memoria seis o siete sonetos que aún persisten en mi recuerdo como sonetos ejemplares, de una increíble belleza. Era un libro entero que nadie conoce aún. Lo tituló *Sonetos del amor oscuro*. Era infatigable en la creación, en la experimentación, en la elaboración. Es decir, tenía en sus manos la sustancia y las herramientas: estaba preparado para las mayores invenciones, para todas las distancias. Así, pues, viendo la belleza que nos dejó, pensando en su juventud asesinada, pienso con dolor en la belleza que no nos alcanzó a entregar.

Hay dos Federicos: el de la verdad y el de la leyenda. Y los dos son uno solo. Hay tres Federicos, el de la poesía, el de la vida y el de la muerte. Y los tres son un solo ser. Hay cien Federicos y cantan todos ellos. Hay Federicos para todo el mundo. La poesía, su vida y su muerte se han repartido por la tierra. Su canto y su sangre se multiplican en cada ser humano. Su breve vida crece y crece. Su corazón destrozado estaba repleto de semillas: no sabrán los que lo asesinaron que lo estaban sembrando, que echaría raíces, que seguiría cantando y floreciendo en todas partes, y en todos los idiomas, cada vez más sonoro, cada vez más viviente. Los usurpadores que aún gobiernan a España quieren enmascarar su muerte terrible. La crónica oficial la describe como un *fait divers*, como una fatalidad de los primeros días sangrientos. Pero no es así. Lo prueba el hecho de que otro maravilloso poeta, el joven Miguel Hernández, fue mantenido hasta morir en los presidios fascistas. Se trató de una agresión contra la inteligencia, dirigida y realizada con premeditación espantosa. Un millón de muertos, medio millón de exilados. El martirio del poeta fue un asalto de la oscuridad: querían matar la luz de España.

El monumento de Flavio de Carvalho, bello, misterioso y transparente es un acontecimiento en nuestras vidas. Esperamos, sin embargo, el mejor monumento a la gloria de Federico García Lorca: la liberación de España.

(Discurso pronunciado en la inauguración del monumento a la memoria de Federico García Lorca, en São Paulo, en 1968.)

DESPEDIDA A LENKA

—Me puse corbata negra para despedirte, Lenka.

—Qué tonto eres, sácatela.

—Lloramos anoche, recordándote, Lenka.

—Qué locura! Recuerda mejor cuánto nos reíamos juntos.

—Y qué puedo decirte, Lenka!

—Cuéntame un cuento, y cállate.

—Para saber y contar, Lenka, te contaré que hoy la tierra se parece a tu cabeza querida, con oro desordenado y nieve amenazándote. Todo este tiempo en que te ibas cada día trabajábamos en Isla Negra, en donde casi llegaste a morir. Fue la única invitación que no cumpliste. Tu sitio estaba vacío.

Pero mientras te ibas te acercabas y te alejabas a fuerza de dolor, cada ola se rompía en la arena con tu nombre. Era tu vida que luchaba y cantaba. Cada ola se apagaba contigo y volvía a crecer. A florecer y a morir. Cada movimiento entre la tierra y el mar eras tú, Lenka, que venías a verme, eras tú que hablabas de nuevo, interminablemente agitada por el viento del mundo. Eras tú que por fin llegabas adonde te esperábamos, eras tú, querida errante, que vivías y morías siempre cerca y siempre lejos.

Pensar en ti con tanta espuma y cielo era dedicarte lo más alto. Y tu recuerdo surge, tu misterioso retrato. Tu grandiosa inteligencia y tus gestos consentidos. Eras tan trabajadora, perezosa querida. Eras tan frágil y tan recia. Eras esencia de mujeres y lección para un millón de hombres.

Recuerdo cuando me perseguían a mí y a todo el pueblo y se vivía un carnaval de enmascarados, tú sostenías la pureza de tu rostro blanco, tu casco de oro levantando la dignidad de la palabra escrita. Otros falsos maestros de periodismo indicaban como mastines la pista de mi poesía, cumplían su destino de bufones y de delatores, mientras que tú encarnabas la transparencia de la verdad, de tu verdad sin ilusiones pero sin traiciones.

—Ya te estás pasando en mi elogio, Pablo, te reconozco.

—Perdóname, Lenka, si sigo siendo demasiado humano. Tú eres ahora aún más bella, eres una ola de cristal con ojos azules, alta y resplandeciente que tal vez no volverá a repetir su espuma de oro y nieve en nuestra pobre arena.

(La periodista Lenka Franulić muere en Santiago de Chile el 25 de mayo de 1961.)

DESPEDIDA A ZOILO ESCOBAR

Ha dejado de latir el corazón más puro de Valparaíso. Como a todos los hombres, abriremos la tierra que guardará su cuerpo, pero esta tierra será la tierra que él amó, tierra de los cerros del puerto que él cantó. Descansará frente al océano cuyas olas y vientos hicieron palpitar su poesía, como las velas de un viejo navío. Ninguna palabra podrá cubrir su ausencia y, tal vez, aquí no debiera hablar en esta hora para decirle adiós y rendirle homenaje, sino la voz del mar, del mar de Valparaíso.

Zoilo fue un poeta del pueblo, salido del pueblo mismo, y siempre conservó esa estampa de bardo antiguo, de payador marino. Esa picaresca alegría que brillaba en sus ojos era una picardía de minero, de pescador. Las arrugas de su rostro eran surcos de la tierra chilena, su poesía era una guitarra de Chile.

Dos palabras volverán siempre cuando se trate de recordar esta vida. Estas palabras son la *pureza* y la *pobreza.* Zoilo Escobar fue puro de solemnidad y pobre con alegría. Pero en este sitio del abrazo final debemos dejar establecido que no aceptaremos los poetas que con estas dos palabras se quiera jugar, tergiversando su vida soñadora. Muchos querrán confundir su pureza con su pobreza para justificar el abandono del pueblo. No queremos la pobreza ni en los poetas ni en los pueblos, y en esto Zoilo Escobar fue como todo verdadero poeta, un revolucionario. Hermano de Pezoa Véliz, su poesía se tiñe de rojo en el comienzo del siglo. Eran tiempos anárquicos en que Baldomero Lillo creaba la primera novela realista social del Continente. Zoilo Escobar acompañó la evolución del mundo y cantó con su estilo florido las victorias del socialismo en el mundo naciente.

Qué sitio ocupará Zoilo Escobar en la permanencia literaria de nuestro país? Inútil pregunta que aquí nadie puede contestar, ni nadie debe contestar, sino el viento del océano. No pasó su vida defendiendo a dentelladas su nombre en el Parnaso. En cambio, nos dio a todos, desde que muy jóvenes lo conocimos, una lección diaria de fraternidad, de amistad, de amor hacia la vida, nos dio, pues, una larga lección de poesía.

Esta insigne ternura será para mí un perpetuo recuerdo. Muchos poetas que ya desaparecieron disfrutaron de la bondad de nuestro hermano mayor, más antiguo en la bondad y en la poesía que nosotros. Sería mucho honor para mí si aquellos que callaron ya para siempre hablaran por mi voz despidiéndolo, ahora que él también ha callado.

Yo le traigo desde Isla Negra estas ramas de aromo. Ellas florecieron frente al viento del mar, como sus sueños y su poesía.

(El poeta Zoilo Escobar muere en Valparaíso, Chile, en 1963.)

ALBERTO SÁNCHEZ HUESUDO Y FÉRREO

La muerte de Alberto Sánchez en Moscú no sólo me trajo el súbito dolor de perder a un gran hermano, sino que me causó perplejidad. Todo el mundo, pensé, menos Alberto.

Esto se explica por la obra y la persona de quien ha sido para mí el más extraordinario escultor de nuestro tiempo.

Poco después de los años veinte, los primeros veinte de nuestro siglo, comienza Alberto a producir su escultura ferruginosa con piedra y hierro. Pero también él mismo, con su largo cuerpo flaco y su rostro seco en que aparecía la osamenta audaz y poderosa, era una escultura natural de Castilla. Era por fuera este gran Alberto Sánchez enteco y pedregoso, huesudo y férreo, como uno de esos esqueletos forjados a la intemperie castellana, tallado a sol y frío.

Por eso su muerte me pareció contraria a las leyes naturales. Era uno de esos productos duros de la tierra, un hombre mineral, curtido desde su nacimiento por la naturaleza. Siempre me pareció uno de esos árboles altísimos de mi tierra que se diferencian muy poco del mineral andino. Era un árbol Alberto Sánchez, y en lo alto tenía pájaros y pararrayos, alas para volar y magnetismo tempestuoso.

Esto no quería decir que nuestro gigantesco escultor fuera un hombre monolítico, empedrado por dentro. En su juventud fue, por oficio, obrero panadero y, en verdad, tenía un corazón de pan, de harina de trigo rumoroso. Por cierto que en muchas de sus esculturas, como lo hiciera notar Picasso, se le veía el panadero: alargaba las masas y las torcía, dándoles un movimiento, una forma, un ritmo de pan popular, como esas figuras que se hacen en los pueblos de España con formas de animales y pájaros. Pero no sólo la panadería se mostraba en su obra. Cuando yo vi por primera vez en casa de Rafael Alberti, el año 1934, sus esculturas, comprendí que allí estaba un gran revelador de España. Aquellas obras de forma ardientemente libre tenían incrustados trozos de hierro, rugosos guijarros, huesos y clavos que asomaban en la epidermis de sus extraños animales. «Pájaro de mi invención», recuerdo que se llamaba uno de sus trabajos. Allí lucían estos fragmentos extraños, como si fueran parte de la piel hirsuta de la llanura. La arcilla o el cemento que formaban la obra estaba rayada y entrecruzada por líneas y surcos como de sementeras o rostros campesinos. Y así, a su propia manera, con su estilo singular y grandioso nos daba la imagen de su tierra que él amó, comprendió y expresó como ninguno.

Alberto venía muchas veces a mi casa en Madrid, antes de que se casara con la admirable y querida Clara Sancha. Este castellano tenía que casarse con una mujer clara y sanchesca. Y así sucedió hasta ahora, en que Clarita se ha quedado sin Alberto y sin España.

Por aquel entonces y en Madrid, Alberto hizo su primera exposición. Sólo un artículo compasivo de la crítica oficial lo ponía en la trastienda de la incomprensión española, en la cual, como en una bodega, se amontonaban tantos pecados. Por suerte, Alberto tenía hierro y madera para soportar aquel desprecio. Pero lo vi palidecer y también lo vi llorar cuando la burguesía de Madrid escarneció su obra y llegó hasta escupir sus esculturas.

Vino aquella tarde a mi domicilio en la Casa de las Flores y me encontró en cama, enfermo. Me contó los ultrajes que diariamente hacían a su exposición. Su realismo fundamental, que va más allá de las formas, la violencia de su revolución plástica, a la que parecían incorporarse todos los elementos, comenzando por la tierra y el fuego, el colosal poderío, el asombroso vuelo de su concepción monumental, todo esto lo llevaba hacia una forma aparentemente abstracta, pero que era firmemente real. Sus mujeres eran otras mujeres, sus estrellas, estrellas diferentes, sus pájaros eran aves que él inventaba. Cada una de sus obras era un pequeño planeta que buscaba su órbita en el espacio ilimitado de nuestro pensamiento y de nuestro sentimiento y que entraba en ellos despertando presencias desconocidas.

Creador de fabulosos objetos que quedaban formados misteriosamente, como la naturaleza forma las vidas, Alberto nos estaba entregando un mundo hecho por sus manos, mundo natural y sobrenatural que yo no sólo comprendí, sino que me ayudó a descifrar los enigmas que nos rodean. Era natural que la burguesía de Madrid reaccionara violentamente en contra suya. Aquellas gentes atrasadas habían codificado el realismo. La repetición de una forma, la mala fotografía de la sonrisa y de las flores, la limitación obtusa que copia el todo y los detalles, la muerte de la interpretación, de la imaginación y de la creación eran el tope a que había llegado la cultura oficial de España en aquellos años. Era natural que el fascismo surgiera por allí cerca, enarbolando también sus oscuras limitaciones y sus marcos de hierro para someter al hombre.

Aquella vez me levanté de mi lecho de enfermo y corrimos a la sala desierta de la exposición. Solos los dos, Alberto y yo. La desmontamos muchos días antes de que debiera terminarse. De allí nos fuimos a una taberna a beber áspero vino de Valdepeñas. Ya rondaba la guerra por las calles. Aquel vino amargo fue interrumpido por algunos estampidos lejanos. Pronto llegó la guerra entera, y todo fue explosión.

Como campesino de Toledo, como panadero y escultor, apenas llegó la guerra, Alberto dio todo su esfuerzo y su pasión a la batalla antifascista. Llamado por su gran amigo, el arquitecto Luis Lacasa, el escultor Alberto con Picasso y con Miró hace la trinidad que decoró el pabellón de España republicana de 1937 en París. En esa ocasión vimos llegar de manos de Picasso, recién salida de su horno incesante, una obra maestra de la pintura universal, la *Guernica*. Pero Picasso se quedaba largo tiempo distraído mirando a la entrada de la exposición una especie de obelisco, una presencia alargadísima, estriada y rayada como un cactus de California y que en su verticalidad mostraba el acendrado tema que siempre persiguió nuestro gran Alberto: el rostro arrugado y lunario de Castilla. Aquel Quijote sin brazos y sin ojos era el retrato de España. Levantado verticalmente hacia el combate con todo su seco poderío.

Jugándose la suerte con su patria, Alberto fue exilado y acogido en Moscú, y hasta estos días en que nos ha dejado, trabajó allí con silenciosa profundidad.

Primero se sumergió, durante el acerbo último tiempo de Stalin, en el realismo. No era el realismo de la moda soviética, de aquellos días atormentados. Pero él hizo espléndidas escenografías. Su presentación del Ballet de los Pájaros es una gran obra, inigualada, encontrando él la mágica belleza vestimental de los pájaros que tanto amó. También logró entregar al Teatro Gitano espléndidas visiones para las obras del teatro español. Y aquella voz que surge en el film *Don Quijote*, cantando algunas viejas canciones que dan gran nobleza a este film extraordinario, es la voz de Alberto, que seguirá cantando allí para nosotros, es voz de nuestro Quijote que se nos ha ido.

Pintó también numerosas obras. Nunca había pintado al óleo en España y aprendió en Moscú a hacerlo para consumar su realismo. Se trata de naturalezas muertas de gran pureza plástica, hermosas y secas de materia, tiernas en su apreciación de los humildísimos objetos.

Este realismo zurbaranesco en que en vez de monjes pálidos dejó Alberto pintados con exaltación mística ristras de ajos, vasos de madera, botellones que brillan en la nostalgia de la luz española. Estos bodegones son cumbre de la pintura real, y alguna vez el Museo del Prado los ambicionará.

Pero he dicho que aquella época encontró a Alberto recién llegado a Moscú y recibido en plena confraternidad y cariño. Desde entonces, amó apasionadamente a la Unión Soviética. Allí vivió los infortunios de la guerra y la felicidad de la victoria. Sin embargo, como esos ríos que se entierran en la arena de un gran desierto para surgir de nuevo y desembocar en el océano, sólo después del XX Congreso, Alberto volvió a su verdadera, a su trascendente creación.

Allí quedan en su taller del barrio de la Universidad de Moscú, en donde vivía feliz estos últimos años, trabajando y cantando, muchas obras y muchos proyectos. Constituyen su reencuentro con su propia verdad y con el mundo que este gran artista universal contribuyó a crear. Un mundo en que las más ásperas materias se levantan hacia la altura infinita por arte de un extraordinario espíritu inventor. Las obras de Alberto Sánchez, severas y grandiosas, nacidas de la intensa comunicación entre un hombre y su patria, criaturas del amor extraordinario entre un gran ser humano y una tierra poderosa, permanecerán en la historia de la cultura como monumentos erigidos por una vida que se consumió buscando la expresión más alta y más verdadera de nuestro tiempo.

(El escultor español Alberto Sánchez murió en Moscú el 12 de octubre de 1962.)

LAS BORDADORAS DE ISLA NEGRA

En Isla Negra todo florece. Se arrastran por el invierno pequeñísimas flores amarillas, que luego son azules y más tarde, con la primavera, toman un color amaranto. El mar florece todo el año. Su rosa es blanca. Sus pétalos son estrellas de sal.

En este último invierno comenzaron a florecer las bordadoras de Isla Negra. Cada casa de las que conocí desde hace treinta años, sacó hacia afuera un bordado como una flor. Estas casas eran antes oscuras y calladas; de pronto, se llenaron de hilos de colores, de inocencia celeste, de profundidad violeta, de roja claridad. Las bordadoras eran pueblo puro y por eso bordaron con el color del corazón. Se llaman Mercedes, la señora de José Luis, se llaman Eufemia, se llaman Edulia, Pura, Adela, Adelaida. Se llaman como se llama el pueblo: como deben llamarse. Tienen nombres de flores, si las flores escogieran sus nombres. Y ellas bordan con sus nombres, con los colores puros de la tierra, con el sol y el agua, con la primavera.

Nada más bello que estos bordados, insignes en su pureza, radiantes de una alegría que sobrepasó muchos padecimientos.

Presento con orgullo a las bordadoras de Isla Negra. Se explica que mi poesía haya echado aquí sus raíces.

Se verá por estas obras del pueblo, de las manos trabajadoras de sus mujeres, que aquí todo florece.

Primavera de Isla Negra, Salud!

(Septiembre, 1969.)

MEMORIAS AMABLES

Aquí en Isla Negra o en casas de Buenos Aires y Totoral de Córdoba, anduvimos muchas veces juntos, como se verá, con el autor de este libro. Frente al Gran Océano o entre los matorrales argentinos, su presencia ha significado para mí una continua y estimulante alegría. Mi complacencia por su humor salvaje derivó en amistad profunda y admiración por sus virtudes. Humor y virtud se verán en estas páginas memorables. Porque este libro es el proceso a nuestra época y a una sociedad en cuyo activo desorden participa por las buenas o por las malas.

«No es un país serio, tu país», me decía Ehrenburg cuando al llegar al aeropuerto de Santiago de Chile la policía le arrebató sus papeles: un acertijo de palabras cruzadas que vino resolviendo en el avión y una lista de plantas chilenas que pretendió llevar al Jardín Botánico de su patria. «Este nombre es, sin duda, el de un agente bolchevique», decían los esbirros pavoneándose. Se trataba de las palabras *Lapageria Rosea*, nombre con que un botánico francés bautizó al *copihue*, en honor de la Emperatriz Josephine de Lapagerie. La policía —y esto es muy agradable— ignora los mejores misterios y, entre otras cosas, el bellísimo nombre científico de la flor nacional de Chile.

Se verá en estas páginas la falta de *seriedad* de un largo período civil argentino, que pudo muy bien ser brasileño, ecuatoriano o panameño. La narración no da tregua, y en el relato vemos del brazo la elegancia y la crueldad, la ternura de los solidarios, el asombro ante tantos e inútiles desmanes. El libro de Aráoz es también la historia vitalicia del honor. Porque, como su antepasado de la última página, no lo rindieron prisiones, ni lo mandaron las amenazas.

Atraviesan por estas memorias las ráfagas fragantes de la infancia, las herejías de la juventud, sus correrías de argentino desenfadado por la Europa que palpita entre dos diluvios de sangre, y luego las cacerías de chanchos silvestres entre Ongamira de la Sierra y Tulumba, las siestas de Totoral acompañadas por un coro de gigantescos sapos.

Pero fuera de incidencias y accidencias lo alto de este libro es su soberano encanto, encanto que no se interrumpe, agua mágica que corre contando, hilo que nos teje su historia y su memoria. Yo siempre incité a Rodolfo a escribir desde que recibí sus primeras cartas, vivas y sarcásticas, de esas cartas que ya nadie envía porque el estilo epistolar se fue con el reposo que nos daban aquellos muebles de entonces, meditativos.

Lo cierto es que estos recuerdos son como cartas dirigidas al tiempo. Y el tiempo, estoy seguro, le acusará recibo. Tiene el racimo de sus uvas un sabor ácido y eléctrico que persistirá. Y serán leídas, alguna vez y más tarde, como leemos a nuestros clásicos sabrosos, Sarmiento, Mansilla, Pérez Rosales, con melancolía y deleite, envidiando hasta sus padecimientos.

(Isla Negra, agosto de 1967.)

[Prólogo al libro *El recuerdo y las cárceles. (Memorias amables)*, de Rodolfo Aráoz Alfaro, publicado en Buenos Aires en 1967.]

ALGUNAS PALABRAS PARA ESTE *RÍO*

El Río no es exactamente un libro, no es tampoco un río. Es una excrecencia natural, un borbotón de pus y de dolores, la historia abominable, escrita en la materia humana, en la piel de uno de mis pueblos latinoamericanos.

Yo abrí los ojos al mundo, como todos los chilenos, como Gómez Morel, frente a las más elevadas nieves del mundo. Los Andes, desde Santiago de Chile son una estatua yacente que nos acompaña todo el año: de sus senos se desprenden insondables ventisqueros: la cabellera del frío baja desde las alturas: un río ha nacido de sus senos inmóviles: un río que atraviesa vertiginosamente las cumbres y entra en la ciudad: la atraviesa para llegar al mar, para liberarse.

Bajo uno de los puentes de ese río Mapocho (así lo llamaron araucanos y conquistadores) vivieron y padecieron racimos de niños duros acostumbrados al frío, al hambre y a la más maligna inocencia.

El corazón de Gómez Morel fue determinado bajo uno de esos puentes por un gran abandono que lo llevó años más tarde, de delito en delito, hasta la cárcel.

Yo asistí, sin conocer al autor, al nacimiento de estas páginas que un amigo común entraba y sacaba de su calabozo. Publicado hace varios años, sin atender a ningún sentimiento de sensacionalismo, el libro tenía un solo deber esencial para su autor: arrastrar hacia la lejanía, hacia el mar, como aquellas aguas sucias, el daño que encontraron y liberarse en su lucha frente a frente contra sí mismo. El río produjo un gran escalofrío y el hombre salió de la cárcel amarrado a su río.

Han pasado los años y este clásico de la miseria se ha impreso muchas veces. Pero siempre lo ha hecho con su camisa española y hablando, no sólo el idioma, sino la amarga verdad que tuvimos que compartir con horror desde que tuvimos conciencia de los destinos humillados, de la ignominia que mancha las manos de América Latina. Es la primera vez que saca la cabeza más allá de los mares. Ahora se dispone a mirar a los elegantes europeos a los ojos e interrogarlos clavándoles una mirada implacable. No hay exotismo, sino estiércol humano, como dice Gómez Morel en estas páginas. En el país de Mallarmé, en el jardín de Ronsard (que es también la tierra de Zola), cómo será tomado este libro: con piedad, con furia, con asco o con ternura?

Yo espero que a su luz terrible se comprendan no sólo la vida y los sufrimientos de un hombre, sino también la vida, la lucha y la esperanza de nuestros pueblos.

Chile establece en este continente, de manera difícil, atacado por muchos enemigos, los nuevos hechos que contradicen las realidades que el libro de Gómez Morel se encarga de denunciar tan desgarradoramente.

Atención.

Oigamos: la barcarola más amarga aquí comienza. La cantan para ustedes un río amargo y un hombre que no fue vencido por el mal ni por el sufrimiento.

(Prólogo para una edición francesa del libro *El Río*, del escritor chileno Alfredo Gómez Morel, enero de 1973.)

MIGUEL OTERO SILVA Y SUS NOVELAS

Pasé por Ortiz en un día abrasador. El sol venezolano pegaba duro sobre la tierra. Junto a la iglesia en ruinas, habían amarrado con un alambre grueso la vieja campana, que tantas veces escucharon los muertos y los vivos, cuyas vidas y muertes nos relata Miguel Otero Silva. No sé por qué figuraba aún en el mapa aquella aldea, aquellas casas muertas. Un gran silencio y el duro sol era todo lo que existía. Y la vieja campana colgada del sol y del silencio.

Nunca pasé por Oficina n.º 1, pero estoy seguro de que la vida endiablada, el constante movimiento, las fuerzas que crean y las que destruyen, la sociedad humana que por primera vez se reconoce y lucha, todo esto seguirá vivo, como en el libro. Porque este libro contiene, en su desolación y en su vitalidad, la realidad caótica del continente latinoamericano. Y, naturalmente, es una fotografía desgarradora y poética del esqueleto y del alma de Venezuela.

El autor pertenece a una joven generación de venezolanos que, desde que nacieron, aprendieron a vivir intranquilos. Una gran sombra tiránica, una paulatina y violenta hegemonía del terror bajó de las grandes montañas venezolanas y cubrió hasta los últimos rincones; familias enteras eran arrastradas a la cárcel. Los campos y las aldeas eran diezmados por la malaria y la miseria. En Ortiz, entre las casas muertas de aquel poblado que agonizaba, se ven llegar cadenas de presos políticos que atraviesan el silencio hacia otra dirección misteriosa, que era también la dirección de la muerte.

Lo que no dice Miguel Otero Silva es que él pasó por esas calles y atravesó aquel silencio maligno con cadenas en los tobillos hacia las prisiones de Gómez. Entonces tenía el autor 15 o 16 años.

Lo que no dice el autor es que él, ya mayor de edad, emprendedor y apasionado, vivió muchas Oficinas n.º 1, muchos pueblos que surgieron del petróleo, muchos brotes y crecimientos de nuestra asombrosa vida de continente que continúa naciendo. Poeta popular, corazón generoso, integral patriota venezolano, no hay riña de gallos ni sindicato que no hayan visto su figura, no hay tabladillo popular que no lo haya sostenido bailando, mejor que nadie, el joropo, no hay renovación de su país ni sueño de liberación de su patria que no haya incubado, crecido, en Otero Silva.

Para nosotros los americanos del Extremo Sur de América quieta y fría, sólo sacudida por las conmociones telúricas, Venezuela fue una piedra misteriosa, piedra que pesaba sobre el corazón de todos los americanos. Después de aquel tirano que con cuarenta años de reino se fue tranquilamente a la tumba, dejando aún las cárceles llenas, pasaron cosas inesperadas. Un noble poeta, Andrés Eloy Blanco, un tanto ebrio con el desacostumbrado aire de la libertad, propuso recolectar los grillos y las cadenas que formaban la única ley del Tirano de los Andes. En efecto, reunieron aquellos hierros que juntos hacían una montaña, y entre discursos líricos, los tiraron al mar.

Aquellos jóvenes desconocedores de la historia, cuando quisieron ahogar en el olvido las toneladas del suplicio, creyeron que enterraban los dolores de Venezuela. Pero no ha sido así.

Con el petróleo y los establecimientos norteamericanos, no sólo surgió la vida tumultuosa descrita en este libro, sino una nueva casta de gobernantes: los betancures. Éstos aplicaron para su país los decretos de las compañías del petróleo, se hicieron instrumento de la codicia extranjera. Amenazaron, atropellaron y dispararon sobre las masas que reclamaban nuevos derechos. Y cuando la estrella de Cuba brilló como ninguna en el cielo atormentado del Caribe, los betancures se aliaron con los intereses del petróleo para bloquear y traicionar a la limpia revolución de la isla hermana.

Se ve que, en vez de arrojar al mar los grilletes, debieron haberlos conservado como montaña de los recuerdos, como monumento siempre presente.

El autor de este libro es, más que nada, un verdadero y esencial poeta. Sus versos han recorrido la extensión del idioma español y los oí recitar, no sólo en los ateneos y en las academias, sino en las grandes reuniones obreras, en jornadas de lucha, en días de alegría o en tardes de tinieblas. Su transparente poesía le da un dominio que abarca todo el reino de los seres humanos: nombra y describe las extrañas flores y plantas del territorio venezolano con la misma claridad con que define los actos y las inclinaciones de la gente sencilla y escondida que nos va descubriendo.

Estas regiones y estos seres están divididos implacablemente entre la agonía y la salud, entre el pasado y la esperanza, entre el daño y la verdad.

Parecería esquemático, parecería sólo trazo de luz y sombra, pero esta división existe. Esta cicatriz marca cruelmente el rostro deslumbrante y doloroso de la república venezolana. Y en este libro está revelado el origen de estos males, con ternura, a veces, y con realidad despiadada, en otras ocasiones.

Miguel Otero Silva nos sumerge en su mundo, mostrándonos la cara o cruz de la tierra dramática.

ENVÍO. – Acostumbrado a una vida de compañeros y a la profunda milicia de la amistad, echo de menos, de pronto, a los ausentes. No en su conjunto, no en lo que ocupan del espacio. No, sino un rasgo, algo que quedó persistiendo en el aire, en el vacío de la ausencia.

De Miguel Otero Silva echo a veces de menos y, violentamente, su risa. Las dos mejores risas de América son las del poeta andaluz Rafael Alberti, gracioso desterrado, y la de Miguel. Rafael va incubando la risa, va suscitándola hasta que, irresistible, le sacude todo el cuerpo, comprendiendo lo que antes fue su rizada cabellera. Miguel, por el contrario, ríe de una sola vez, con una carcajada interjectiva que, subiendo muy alto, no pierde su ancho y ronco tono. Es una risa que va de cerro en cerro en las alturas de su Venezuela natal, y de calle en calle cuando juntos recorremos el extenso mundo. Es una risa que proclama para los transeúntes el derecho a la gracia, a la libertad de la alegría, aun en las circunstancias más entrecruzadas.

Sobre este libro tan serio, tan bello y tan revelador, veo levantarse la risa de Miguel Otero Silva, como si de sus páginas alzara el vuelo un ave libre y alta.

(Prólogo para la edición checa de las novelas *Casas muertas* y *Oficina n.º 1* de Miguel Otero Silva, 1963.)

LA FAMILIA REVUELTAS

Me escriben que José Revueltas, el novelista, está preso en su patria, México.

La noticia es áspera para quien lo conozca y a mí me provoca recuerdos y tristeza.

Esta familia Revueltas tiene «ángel». En un país de creación perpetua, como el país hermano, ellos se revelaron excelentes y superdotados. Es una familia eficaz en la música, en el idioma, en los escenarios. Pasa como con los Parra de Chile, familia poética y folklórica con talento granado y desgranado.

Una tarde, al regresar de mis trabajos, encontré a un desconocido sentado en la sala de mi casa, en la ciudad de México. Yo no le veía claramente la cara porque se había puesto uno de mis sombreros de paja, pequeño y multicolor, comprado en la Feria. Debajo de sus alas una melena profusa y entrecana protegía su robusto cuello. Más abajo, venían unos hombros de coloso y un traje desaliñado. Junto a él había varias botellas de mi precioso vino chileno, estrictamente vacías.

Se trataba del más grande, más original y poderoso compositor de México: Silvestre Revueltas.

Me senté frente a él y de pronto levantó su cabeza de minotauro. Apenas abrió los ojos, me dijo:

—Tráeme otra botella. Hace ya varias horas que te espero. Se me ocurrió pensar esta mañana que puedo morirme un día de éstos sin haberte conocido. Por eso estoy aquí. Es malo que los hermanos no se conozcan.

Era fantástico, pletórico y pueril. Era el gigante genial de la música de México.

Tres días y tres noches se pasó en mi casa. Yo salía a mis quehaceres y volvía a encontrarlo sentado esperándome en el mismo sillón.

Repasamos nuestras vidas y las vidas ajenas. Conversábamos hasta muy tarde en la noche y luego él se echaba sobre una cama con el traje y los zapatos puestos. Al verlo dormido, yo le dejaba otra botella de vino, abierta, cerca de su inmensa cabeza.

Así como llegó a mi casa, un día desapareció sin despedida y sin ceremonia. Se había ido a dirigir los ensayos de su *Renacuajo paseador*, ballet clásico de nuestra época contemporánea.

Algún tiempo después, la noche del estreno, estaba yo en un palco. En el programa se acercaba el momento en que debía presentarse Silvestre a dirigir su obra. Pero ese momento no llegó. Sentí que desde la sombra me tocaban el hombro. Miré hacia atrás. Su hermano José Revueltas me susurró:

—Vengo de casa. Acaba de morir Silvestre. Eres el primero en saberlo.

Salimos a conversar. Me contó que se había agravado en los últimos días y que poco antes de morir había pedido que colgaran en la pared, frente a su lecho, el sombrerito de paja que se llevó aquella vez. Al día siguiente lo enterramos. Yo leí mi «Oratorio menor», dedicado a su memoria. Nunca un muerto me había oído con más cuidado. Porque mi poema lo sacaba de las circunstancias y del territorio para darle la verdadera dimensión continental que le correspondía.

Hablando de los Revueltas, contaré que en Berlín me invitó Helene Weigel, viuda de Bertolt Brecht, a una función del Berliner Ensemble. Se daba una obra rusa del siglo pasado, en alemán, se comprende, con muchas damas y caballeros cazadores en escena. La protagonista era bella, festejada, fatal y natural. Miré el programa. La actriz era la hermana de los Revueltas, la mexicana morena Rosaura Revueltas. Allí estaba con su mirada negra, echando rayos y centellas y hablando en alemán, en una capital de Europa y en el centro del conjunto teatral más famoso del mundo.

Después de la función, le pregunté:

—Y qué hiciste para aparecer tan blanca en ese teatro de rubios? Pensé que te verías como mosca en leche. Te pintaron?

—No —me respondió—. No te imaginas lo que pasó. Oscurecieron a los otros.

Pero, ahora, nuestro importante Revueltas es José. Contradictorio, hirsuto, inventivo, desesperado y travieso es José Revueltas: una síntesis del alma mexicana. Tiene, como su patria, una órbita propia, libre y violenta. Tiene la rebeldía de México y una grandeza heredada de familia.

Yo siento amor carnal por México con los altibajos de la pasión: quemadura y embeleso. Nada de lo que pasa allí me deja frío. Y a menudo me hieren sus dolores, me perturban sus errores, y comparto cada una de sus victorias.

Se aprende a amar a México en su dulzura y en su aspereza, sufriéndolo y cantándolo como yo lo he hecho, desde cerca y desde lejos.

Por eso, con la tranquilidad que da el derecho ganado con amor, termino así esta prosa:

Señor presidente Díaz Ordaz:

Yo reclamo la libertad de José Revueltas, entre otras cosas, porque seguramente es inocente. Además, porque tiene la genialidad de los Revueltas y también, lo que es muy importante, porque lo queremos muchísimo.

(Carta enviada al presidente de México, señor Díaz Ordaz, en febrero de 1969.)

VENTURELLI RESUCITADO Y ACTIVO

Venturelli es mi amigo de muchos años, aunque yo he pasado los cincuenta y él apenas los treinta. Personalmente es un gigantesco muchacho. No habla mucho. Se sonríe con los ojos y las manos; así lo han hecho siempre los pintores. Nosotros, los poetas, no sabemos mover las manos. Ellos dejan la frase sin terminar, la toman en el aire, la moldean, la llevan contra la pared, la pintan.

Venturelli estuvo enfermo mucho tiempo del pulmón, allá arriba, en un sanatorio de la alta cordillera chilena. Ésa era una época llena de misterio. El pintor se moría, y cuando ya íbamos a enterrarlo no había tal. Nos llegaban docenas de maravillosas pinturas, bocetos iluminados pacientemente con los colores dramáticos que sólo Venturelli posee: amarillos ensangrentados, ocres verdes.

Yo andaba por ahí por las calles, por las minas, por los ríos, armándole guerra a un tiranuelo que molestaba como una mosca a mi país. De cuando en cuando se entrecruzaban sus dibujos y mis poemas, cuando venían bajando de los montes nevados o subiendo desde los archipiélagos botánicos. Y en este cruce de relámpagos yo sentí que se iluminaban mis poemas y que a la vez mi poesía transmigraba a su pintura.

Eran encuentros de viajeros, de guerrillas. Todos somos viajeros y guerrilleros en este territorio que nos dio la vida a Venturelli y a mí. Chile, filudo como espada, con nieve, arena, con desgarraduras mortales de océano y montañas, tiene una primavera marina extensa y dorada y la miseria ladrando de día y de noche junto a las casas de los pobres.

Así, pues, se intercambiaban de paso nuestras ansiedades, nuestras singulares lámparas, y de ahí nació nuestra amistad trabajadora.

Luego yo me hice más misterioso que Venturelli. Me replegué en las entrañas de mi pueblo: la policía me buscaba. Era la policía de aquella mosca, pero, como no debía encontrarme, cambié de casa, de calle, de ciudad. Cambié de humo. Cambié de sombra.

Yo escribía el *Canto General*. Pero las hojas recién hechas podían caer en manos de los persecutores y por eso, apenas las dejaban mis manos, corrían por misteriosos canales a copiarse, a imprimirse.

Venturelli, resucitado y activo, dirigió la edición clandestina y en los secretos «subterráneos de la libertad», como diría Jorge Amado, se acumulaban millares de hojas que fueron formando el libro. Todo estaba a veces a punto de caer en manos de la mosca, los policías interrogaban a todo el mundo, muchas veces lo hicieron sentados sobre montones de pliegos de mi libro. Venturelli seguía llevando y trayendo carillas, corrigiendo las pruebas, ordenando los dispersos sectores del libro, depositados en lugares ocultos, como quien recompone la osamenta de un animal prehistórico.

Pero durante estas idas y venidas de caminante y guerrillero, Venturelli le agregó a mis poemas sus estampas conmovedoras. Retrató al conquistador con la cruz y el cuchillo, al pequeño indio andino, al húsar heroico, a los huelguistas ametrallados. Y dibujó también las efigies locas de mi poesía, el cántaro de greda con una mariposa, la estatua desnuda que voló en una proa.

Venturelli es grande, es infantil y dramático como América. Es terrible de pronto. No ve nada más que el luto y los cuervos. Está desamparado. Mira el abismo y va a morir. Vamos a morir los pueblos, vamos a caer bajo el peso de tantas crueldades, no podemos ya subsistir. Pero, de pronto, Venturelli sonríe. Todo ha cambiado. Sus torturadas figuras han sido borradas por la madurez: la acción es la madre de la esperanza.

(Escrito en 1955.)

NEMESIO ANTÚNEZ

Tengo que hablar geográficamente del pintor Nemesio Antúnez. La gran belleza es una exploración aérea, lunática y terrestre. Sobre todo terrestre.

Si alguien llega al dilatado y angosto recinto de Chile hallará en su primera extensión al Norte Grande, las regiones desérticas del salitre, del cobre: intemperie, silencio y lucha. El extremo del sur de mi patria, las grandes latitudes frías que saltan desde el silencio patagónico hasta el Cabo de Hornos mil veces sobrevolado por el albatros errante, y luego, la resplandeciente Antártica.

Nemesio Antúnez, pintor, es parte de nuestro territorio, entre aquellos extremos. Entre Tarapacá y Aysén situaremos al longitudinal Antúnez. Ni tan seco como tierra salitral, ni tan frío como el continente nevado. Las islas, manifestaciones florales, su ensimismada fecundidad corresponden a la cintura central, en donde se juntan las uvas cargadas de azúcar con los peces, moluscos y frutos salados de la costa. Antúnez tiene esa transparencia lacustre, la fecundidad de un mundo auroral, tembloroso de nacimientos, en que polen, frutos, aves y volcanes conviven en la luz.

No hay desorden en esta creación orgánica ni tampoco miseria rectilínea. El color ha nacido de la profundidad y luego se ha encendido en su propio cenit transformado por las estaciones, vinculado a la cambiante naturaleza. Su estatismo es sólo la máscara del agua profunda: un misterioso pulso circulatorio creó esta transparencia.

Las tierras Antúnez no son espacios vacíos. Hombres y cosas se integraron tiernamente en esta continua existencia y tienen vida, expresión, aroma propios e imborrables.

A Nemesio Antúnez lo conocí verde, lo conocí cuadriculado, fuimos grandes amigos cuando era azul. Mientras era amarillo yo salí de viaje, me lo encontré violeta, y nos abrazamos cerca de la Estación Mapocho, en la ciudad de Santiago; allí corre un río delgado que viene de los Andes, los caminos hacia las cordilleras sostienen piedras colosales, trinan los pájaros fríos del mediodía de invierno, de pronto hay humo de bosques quemados, el sol es un rey escarlata, un queso colérico, hay cardos, musgo, aguas ensordecedoras, y Nemesio Antúnez de Chile está vestido con todas estas cosas, vestido por dentro y por fuera, tiene el alma llena de cosas sutiles, de patria cristalina. Es delicado en sus objetos porque en el campo chileno se teje fino, se canta fino, se amasa tierra fina, y al mismo tiempo está espolvoreado con el polen y la nieve de una torrencial primavera, del amanecer andino.

(Escrito en septiembre de 1959.)

PARA UN GALLARDO JOVEN

El gallardo joven que conocí en 1934 vestido de violenta camisa azul y de corbata como una amapola cumple ahora 70 años sin que le haya sido posible envejecer, aunque ha hecho todo lo posible para llegar a viejo: no se negó a ningún combate, a ninguna disciplina, a ningún trabajo, a ninguna alegría, a ningún exceso.

Ha sido generoso con su poesía y con su vida. No lo derrotó la derrota ni el destierro, ni le crecieron arrugas en el corazón cuando cargó, como un bardo antiguo, con todo el peso de un pueblo, de su pueblo, en el éxodo.

Tuvo un sentimiento magnánimo hacia los injustos y hacia los envidiosos y se mantuvo como una abeja en el áureo y terrestre vaivén de su poesía.

Cuando se escriba la verdadera historia de España, saldrá a relucir su perfil de medalla. Y se verá que ese rostro dorado liberó la poesía hispánica: como un manantial de luz, le agregó la dimensión clásica y popular de su alegría.

La villa de Regio Emilia lo festeja en ausencia de los pueblos de Puerto de Santa María, Jerez, Madrid, España entera. Hacen bien los compañeros italianos en rodear el aniversario de Rafael Alberti, del gran poeta, con el laurel de la tierra italiana.

(Isla Negra, diciembre de 1972.)

NAVEGAR EN EL HUMO

Cuaderno 4

CONDUCTA Y POESÍA

Cuando el tiempo nos va comiendo con su cotidiano decisivo relámpago, y las actitudes fundadas, las confianzas, la fe ciega se precipitan y la elevación del poeta tiende a caer como el más triste nácar escupido, nos preguntamos si ha llegado ya la hora de envilecernos. La dolorida hora de mirar cómo se sostiene el hombre a puro diente, a puras uñas, a puros intereses. Y cómo entran en la casa de la poesía los dientes y las uñas y las ramas del feroz árbol del odio. Es el poder de la edad o es, tal vez, la inercia que hace retroceder las frutas en el borde mismo del corazón, o tal vez lo «artístico» se apodera del poeta y en vez del canto salobre que las profundas olas deben hacer saltar, vemos cada día al miserable ser humano defendiendo su miserable tesoro de persona preferida?

Ay, el tiempo avanza con ceniza, con aire y con agua! La piedra que han mordido el légamo y la angustia florece de pronto con estruendo de mar, y la pequeña rosa vuelve a su delicada tumba de corola.

El tiempo lava y desenvuelve, ordena y continúa.

Y entonces, qué queda de las pequeñas podredumbres, de las pequeñas conspiraciones del silencio, de los pequeños fríos sucios de la hostilidad? Nada, y en la casa de la poesía no permanece nada sino lo que fue escrito con sangre para ser escuchado por la sangre.

LOS TEMAS

Hacia el camino del nocturno extiende los dedos la grave estatua férrea de estatura implacable. Los cantos sin consulta, las manifestaciones del corazón corren con ansiedad a su dominio: la poderosa estrella polar, el alhelí planetario, las grandes sombras invaden el azul. El espacio, la magnitud herida se avecinan. No los frecuentan los miserables hijos de las capacidades y del tiempo a tiempo. Mientras la infinita luciérnaga deshace en polvo ardiendo su cola fosfórea, los estudiantes de la tierra, los seguros geógrafos, los empresarios se deciden a dormir. Los abogados, los destinatarios.

Sólo solamente algún cazador aprisionado en medio de los bosques, agobiado de aluminio celestial, estrellado por furiosas estrellas, solemnemente levanta la mano enguantada y se golpea el sitio del corazón.

El sitio del corazón nos pertenece. Sólo solamente desde allí, con auxilio de la negra noche, del otoño desierto, salen, al golpe de la mano, los cantos del corazón.

Como lava o tinieblas, como temblor bestial, como campanadas sin rumbo, la poesía mete las manos en el miedo, en las angustias, en las enfermedades del corazón. Siempre existen afuera las grandes decoraciones que imponen la soledad y el olvido: árboles, estrellas. El poeta vestido de luto escribe temblorosamente muy solitario.

G. A. B.
(1836-1936)

... allí cae la lluvia
con un son eterno...

Esa mano de madreselva ardiendo inunda el crepúsculo con humo lleno de lluvia, con nieve llena de lluvia, con flores que la lluvia ha tocado.

Grande voz, dulce corazón herido!

Qué enredaderas desarrollas, qué palomas de luto celestial vuelan de tus cabellos? Qué abejas con rocío se establecen en tus últimas sustancias?

Ángel de oro, ceniciento asfodelo!

Las viejas cortinas se han desangrado, el pulso de las arpas se ha detenido por largo tiempo oscuro. Los dolores del amor ponen ahora falanges de cólera y odio en el corazón. Pero las lágrimas no se han secado. Debajo de los nombres, debajo de los hechos corre un río de agua de sal sangrienta.

Triste traje, campana de flores!

Y debajo de las cosas se levanta tu estatua de bordados caídos, lavada por tanta lluvia y tantas lágrimas, tu estatua de fantasma con los ojos comidos por las aves del mar, tu estatua de jazmines borrados por el rayo.

Sol desdichado, señor de las lluvias!

SOBRE UNA POESÍA SIN PUREZA

Es muy conveniente, en ciertas horas del día o de la noche, observar profundamente los objetos en descanso: Las ruedas que han recorrido largas, polvorientas distancias, soportando grandes cargas vegetales o minerales, los sacos de las carbonerías, los barriles, las cestas, los mangos y asas de los instrumentos del carpintero. De ellos se desprende el contacto del hombre y de la tierra como una lección para el torturado poeta lírico. Las superficies usadas, el gasto que las manos han infligido a las cosas, la atmósfera a menudo trágica y siempre patética de estos objetos, infunde una especie de atracción no despreciable hacia la realidad del mundo.

La confusa impureza de los seres humanos se percibe en ellos, la agrupación, uso y desuso de los materiales, las huellas del pie y de los dedos, la constancia de una atmósfera humana inundando las cosas desde lo interno y lo externo.

Así sea la poesía que buscamos, gastada como por un ácido por los deberes de la mano, penetrada por el sudor y el humo, oliente a orina y a azucena salpicada por las diversas profesiones que se ejercen dentro y fuera de la ley.

Una poesía impura como un traje, como un cuerpo, con manchas de nutrición, y actitudes vergonzosas, con arrugas, observaciones, sueños, vigilia, profecías, declaraciones de amor y de odio, bestias, sacudidas, idilios, creencias políticas, negaciones, dudas, afirmaciones, impuestos.

La sagrada ley del madrigal y los decretos del tacto, olfato, gusto, vista, oído, el deseo de justicia, el deseo sexual, el ruido del océano, sin excluir deliberadamente nada, la entrada en la profundidad de las cosas en un acto de arrebatado amor, y el producto poesía manchado de palomas digitales, con huellas de dientes y hielo, roído tal vez levemente por el sudor y el uso. Hasta alcanzar esa dulce superficie del instrumento tocado sin descanso, esa suavidad durísima de la madera manejada, del orgulloso hierro. La flor, el trigo, el agua tienen también esa consistencia especial, ese recurso de un magnífico tacto.

Y no olvidemos nunca la melancolía, el gastado sentimentalismo, perfectos frutos impuros de maravillosa calidad olvidada, dejados atrás por el frenético libresco: la luz de la luna, el cisne en el anochecer, «corazón mío» son sin duda lo poético elemental e imprescindible. Quien huye del mal gusto cae en el hielo.

(Los cuatro poemas en prosa que anteceden fueron publicados por la revista *Caballo Verde para la Poesía*, en España, 1935.)

ME NIEGO A MASTICAR TEORÍAS

Me dice el editor y amigo Enio Silveira que a este libro de mi poesía, traducido generosamente por tres poetas hermanos del Brasil, debo agregar unas palabras antecedentes.

En este caso, como cuando se levanta uno por obligación a brindar entre los comensales de una larga mesa, no sé qué decir ni por dónde comenzar. Tengo ya 53 años y nunca he sabido qué es la poesía, ni cómo definir lo que no conozco. No he podido tampoco aconsejar a nadie sobre esta sustancia oscura y a la vez deslumbrante.

De niño y de grande anduve mucho más entre ríos y pájaros que entre bibliotecas y escritores.

También asumí el deber antiguo de los poetas: la defensa del pueblo, de la pobre gente explotada.

Esto tiene importancia? Yo creo que son fascinaciones comunes a todos los que han escrito, escriben y escribirán poesía. El amor, es claro, tiene que ver con todo esto y debe poner sobre la mesa sus cartas de fuego.

A menudo comienzo a leer disquisiciones sobre la poesía, las que nunca alcanzo a terminar. Una cantidad de personas excesivamente ilustradas se han dispuesto a oscurecer la luz, a convertir el pan en carbón, la palabra en tornillo. Para separar al pobre poeta de sus parientes pobres, de sus compañeros de planeta, le dicen toda clase de encantadoras mentiras. «Tú eres mago», le repiten, «eres un dios oscurísimo». A veces, los poetas creemos tales cosas y las repetimos como si nos hubieran regalado un reino. En verdad, estos aduladores nos quieren robar un reino peligroso para ellos: el de la comunicación cantante entre los seres humanos.

Este mixtificar y mitificar la poesía produce abundancia de tratados que no leo y que detesto. Me recuerdan los alimentos de ciertas tribus polares, que unos mastican largamente para que otros los devoren. Yo me niego a masticar teorías y convido a cualquiera a entrar conmigo a un bosque de robles rojos en el sur de Chile, donde comencé a amar la tierra, a una fábrica de medias, a una mina de manganeso (allí me conocen los obreros) o a cualquiera parte donde se puede comer pescado frito.

No sé si los hombres deben dividirse entre naturales y artificiales, entre realistas e ilusionistas: creo que basta con poner a un lado a los que son hombres y a los que no lo son. Estos últimos no tienen nada que ver con la poesía o, por lo menos, con mis cantos.

Veo que he hablado demasiado y demasiado poco, de pie, en la punta de esta mesa brasilera, en que me pidieron brindar con unas cuantas palabras. No las negué —rompiendo mi desgano hacia prólogos y dedicatorias— porque se trata del Brasil, país poético, terrestre y profundo, que amo y que me atrae.

Yo me crié en el sur de América, bajo la lluvia fría que durante 13 meses del año (dicen los chilenos del Sur) cae sobre pueblos, montañas y caminos, hasta mojar los archipiélagos derramados en el Pacífico, transir las soledades de Patagonia y congelarse en la Antártica pura.

Por eso, el radiante Brasil, que como una infinita mariposa verde cierra y abre sus alas en el mapa de América, me electrizó y me dejó soñando, buscando las señales de su magnetismo misterioso. Pero cuando descubrí su gente dulce, su pueblo fraternal y poderoso, se completó mi corazón con una tierra indeleble.

A esta tierra y a este pueblo dedico con amor mi poesía.

(Prólogo para una edición portuguesa de sus obras publicada en abril del año 1957.)

ESTE LIBRO ADOLESCENTE

Este libro fue escrito hace 36 años (me parece) y aunque separado de él por tantas distancias, he seguido envuelto por aquella primavera marina que lo produjo, por la atmósfera y las estrellas de aquellos días y noches. Los ojos de mujer que en este libro se abren fueron cerrados por el tiempo; las manos que en este libro arden, los labios interrumpidos por el fuego, los cuerpos de trigo que se extendieron en estas páginas, toda esa vida, esa verdad, esas aguas, entraron en el gran río de la vida, palpitante, subterráneo, hecho de otras y de todas las vidas.

Pero la niebla, la costa, el tumultuoso mar del sur de Chile, que aquí en este libro adolescente encontró su camino hacia la intimidad de mi poesía siguen taladrando mi memoria, azotándola con su jerárquica espuma, con su geografía amenazante.

Yo crecí y amé en esos paisajes fluviales y oceánicos, en la más abandonada juventud.

Sin embargo, en el litoral frío de los mares australes, allí en Puerto Saavedra o Bajo Imperial, algo me esperaba.

Niño aún, vestido de negro, desemboqué en pleno verano en un patio en que todas las amapolas del mundo crecían de manera salvaje. Antes, apenas había visto alguna de ellas, sangre o rubí entre los cereales. Aquí, por millares balanceaban sus largos tallos como delgadas serpientes verticales. Las había blancas, nupciales y marinas, como anémonas del mar que las reclamaba con voz de toro negro, algunas a su corola agregaban un borde purpúreo como orilla de herida, otras eran violáceas o violetas, amarillas, coralinas, cibrizas, y hasta las que nunca vi antes, las amapolas negras, supersticiosas como apariciones de aquel patio solitario, en los comienzos de la Antártica, que también reservaba en su dominio final, la última amapola helada: el Polo Sur.

Y todo el puerto con la fragancia lechosa y venenosa de un millón de amapolas que me esperaban en el jardín secreto.

El jardín de los Pacheco. Los pescadores Pacheco, el bote abandonado...

Porque allí se descargaban las grandes tempestades del Pacífico Sur. La población, hace años, vivió de los naufragios, y en el fondo del huerto, entre la inmensidad de las amapolas, una canoa de salvataje de un barco muerto. Allí, mirando hacia arriba el cielo de azul endurecido por el viento frío, perdí muchas veces conciencia de mí mismo: fijo, en el centro de una espiral azul, bajo todo el peso de la verdad desnuda del cielo, mi razón se debatía y se movían alrededor mío las olas del mar.

Fueron escritos estos poemas con aire, mar, espigas, estrellas y amor, amor... Desde entonces andan rondando y cantando... El tiempo les despojó su primera vestidura, el cataclismo de Chile, suspendido siempre como una espada de fuego, cayó sobre Puerto Saavedra y aniquiló mis recuerdos. Entró el mar que resuena en este libro y la marejada arrolló las casas y los pinos. Los muelles quedaron retorcidos y rotos. Una ola gigante azotó las amapolas. Todo fue destruido en este año de 1960.

Todo... Que mi poesía guarde en su copa la antigua primavera asesinada.

París, noviembre de 1960.

(Prólogo para una edición francesa de *Veinte poemas de amor*, 1960.)

SUMARIO

Es éste el primer paso atrás hacia mi propia distancia, hacia mi infancia. Es el primer volver en la selva hacia la fuente de la vida, de mi vida. Ya se olvidó el camino, no dejamos huellas para regresar y si temblaron las hojas cuando pasamos entonces, ahora ya no tiemblan ni silba el rayo agorero que cayó a destruirnos. Andar hacia el recuerdo cuando éstos se hicieron humo es navegar en el humo. Y mi infancia vista el año 1962 desde Valparaíso, después de haber andado tanto, es sólo lluvia y humareda. Vayan por ella los que me amen: su única llave es el amor.

Es claro que estas ráfagas desordenadas nacidas al pie volcánico de cordilleras, ríos y archipiélagos que a veces no tienen nombre todavía tendrán la espadaña desordenada y las arrugas hostiles de mi origen. Es así el patrimonio de los americanos, nacimos y crecimos condicionados por la naturaleza que al mismo tiempo nos nutría y nos castigaba. Será difícil borrar esta lucha a muerte, cuando la luz nos golpeó con su cimitarra, la selva nos incitó para extraviarnos, la noche nos hirió con su frío estrellado. No teníamos a quien acudir. Nadie fue anterior en aquellas comarcas: nadie dejó para ayudarnos algún edificio sobre el territorio ni olvidó sus huesos en cementerios que sólo después existieron: fueron nuestros los primeros muertos. Lo bueno es que pudimos soñar en el aire libre que nadie había respirado y así fueron nuestros sueños, los primeros de la tierra.

Ahora este ramo de sombra antártica debe ordenarse en la bella tipografía y entregar su aspereza a Tallone, rector de la suprema claridad, la del entendimiento.

Nunca pensé, en las soledades que me originaron, alcanzar tal honor y entrego estas parciales páginas a la rectitud del gran impresor, como cuando en mi infancia descubrí y abrí un panal silvestre en la montaña. Supe entonces que la miel salvaje que aromaba y volaba en el árbol atormentado fue alojada en células lineales, y así la secreta dulzura fue preservada y revelada por una frágil y firme geometría.

(Prólogo para el libro *Sumario*, de la editorial italiana A. Tallone, 1962.)

PÁJAROS, PAJARINES...

Desde lo nevado hasta lo arenoso, pasando por volcanes, playas, potreros, ríos, rocas, techos trigales, carreteras, olas, por todas partes pájaros. Pájaros, pajarines, pajarracos, pajarintos, pajarantes! Inmóviles y acechantes; cantantes y silbantes, reluciendo al rayo de oro, y confundiéndose con ceniza o crepúsculo. Y volando! Volando en la libertad del aire, rápidos como flechas o lentos como naves. Volando con estilo diferente, apartando el cielo o atravesándolo con cuchillos, o a veces en la plenaria multitud de la migración llenando el universo con el inmenso fluir de la pajarería. Me detuve de niño en las márgenes del río araucano; el agua y los trinos me enramaban. Mi sangre recogió como esponja cantos y raíces; más tarde ardían los bosques, hoja por hoja, la madera quemada latía por última vez, haciéndose ceniza sin doblegarse y el calor y el olor del incendio entraban en olas de furia en mi sistema. Pero pronto a la luz vegetal nacía y picoteaba de nuevo el ave carpintera, las pesadas bandurrias tronaban entre los canelos. Todo se reintegraba al profundo aroma original.

A la salida del Estrecho de Magallanes, embarcado entre archipiélagos de piedra y hielo, me siguió el gran albatros que casi cubría con sus alas el cuerpo estrecho de Chile y danzaba suspendiéndose en el aire. La masa del océano parecía petróleo, la llovizna picaba la espumante sal, se llenaban los montes de muerte cenicienta: lo único vivo eran las mayores alas del planeta practicando el rito y el orden en mitad de aquellas agonías. Sálvanos, albatros, con tu ferocidad nutricia, con tu voluntad de vuelo! Sálvanos del páramo desesperado, del crepúsculo invasor, del atropello cósmico!

Por fin, hombre derecho pero sin hacer, como se debe ser y continuar, recibí la visita de mínimos cantores, diucas y jilgueros, fringilos, tencas, chincoles. Su profesión era dejarse caer al grano, al gusanillo, al agua desencadenándose en trino, en alegría, en desvarío. Los tomé muchas veces en mi mano, me picaron, arañaron, me consideraron extraña carne humana, hueso desconocido y los dejé partir, exhalarse, irse violentos con sus ojos intrépidos, dejándome en la mano un susurro de aleteo y olor a greda y polen.

Las loicas me mostraron su mancha militar, enseñándome por los caminos su condecoración de sangre.

Todo me lo profesaron los pájaros, pajariles, pajarucos, pajacielos, pero no aprendí ni a volar ni a cantar. Pero aprendí a amarlos vagamente, sin respeto en la familiaridad de la ignorancia, mirándolos de abajo arriba, orgulloso de mi estúpida estabilidad, mientras ellos reían volando sobre mi cabeza. Entonces para humillarlos inventé algunos pájaros para que volaran entre las aves verdaderas y me representaran entre ellas.

Así cumplí la misión que me trajo a nacer en las tierras de Chile, mi patria. Este pequeño libro es parte de mi testimonio. Y si me faltaron, como es natural, más alas y mejores cantos, los pájaros me defenderán.

(Prólogo para su libro *Pájaros*, enero de 1963.)

POETAS DE LOS PUEBLOS

La América del Sur fue siempre tierra de alfareros. Un continente de cántaros. Estos cántaros que cantan los hizo siempre el pueblo. Los hizo con barro y con sus manos. Los hizo con arcilla y con sus manos. Los hizo de piedra y con sus manos. Los hizo de plata y con sus manos.

Siempre he querido que en la poesía se vean las manos del hombre. Siempre he deseado una poesía con huellas digitales. Una poesía de greda para que cante en ella el agua. Una poesía de pan, para que se la coma todo el mundo.

Sólo la poesía de los pueblos sustenta esta memoria manual.

Mientras los poetas se encerraron en los laboratorios, el pueblo siguió cantando con su barro, con su tierra, con sus ríos, con sus minerales. Produjo flores prodigiosas, sorprendentes epopeyas, amasó folletines, relató catástrofes. Celebró a los héroes, defendió sus derechos, coronó a los santos, lloró a sus muertos.

Y todo esto lo hizo a pura mano. Estas manos fueron siempre torpes y sabias. Fueron ciegas, pero rompieron las piedras. Fueron pequeñas, pero sacaron los peces del mar. Fueron oscuras, pero buscaban la luz.

Por eso esta poesía tiene ese sortilegio de lo que ha sido creado entre las cosas naturales. Esta poesía del pueblo tiene ese sello de lo que debe vivir a la intemperie, soportando la lluvia, el sol, la nieve, el viento. Es poesía que debe pasar de mano en mano. Es poesía que debe moverse en el aire como una bandera. Poesía que ha sido golpeada, que no tiene la simetría griega de los rostros perfectos. Tiene cicatrices en su rostro alegre y amargo.

Yo no doy un laurel a estos poetas del pueblo. Son ellos los que a mí me regalan la fuerza y la inocencia que debe informar toda poesía.

Son ellos los que me hacen tocar su nobleza material, su superficie de cuero, de hojas verdes, de alegría. Son ellos, los poetas populares, los oscuros poetas, los que me enseñan la luz.

(Prólogo para el libro *La lira popular*, editado en Santiago de Chile el 6 de marzo de 1966.)

UN «BANDIDO» CHILENO

Tengo la manía de no contestar cuando se me pregunta en qué libro estoy trabajando o cuáles son mis proyectos para el futuro. La experiencia me indica que cuando se habla mucho de algo antes de hacerlo se corre por lo menos un riesgo grave: es el de no hacerlo.

Cuando yo era un poeta muy joven (sólo tenía dieciséis años) encontré un hermosísimo título para un largo poema que anuncié profusamente. Aquel título fue muy aplaudido por mis jóvenes compañeros de poesía. Pronto lo dieron por un hecho. Luego me felicitaban por mi gran éxito. Yo me acostumbré a recibir aquellos elogios. Qué necesidad había, pues, de escribir esos versos? Y allí se quedó ese título solitario, sin ningún verso escrito debajo, por cuarenta y seis años seguidos.

Todo esto para decir que ahora sí puedo hablar de lo que he estado haciendo en estos meses de verano en la costa de Chile. Puedo hablar porque ya está hecho. Es un largo poema. Esta vez tengo todos los versos y lo que me falta es el título.

Se trata de una historia romántica y de brillante color, aunque todo termina en el oscuro color del luto.

Sucede que cuando se propaló por el mundo la noticia del oro en California una muchedumbre de chilenos se trasladó a California en busca del oro. Salían de Valparaíso, que era entonces el puerto más importante del Pacífico Sur. Eran mineros, campesinos, pescadores, aventureros. Sintieron la atracción violenta de aquella deslumbrante aventura. Se habían acostumbrado a vencer en Chile las dificultades de una tierra pobre y áspera.

Lo curioso es que estos chilenos llegaron antes que los norteamericanos al sitio del oro. Parece extraño, pero los yanquis debían atravesar el continente en lentas carretas. Los chilenos, en sus barcos de vela, llegaron más pronto.

Entre ellos llegó el famoso Joaquín Murieta, el más famoso de los bandidos chilenos. Pero fue simplemente un bandido, un fuera-de-la-ley? Éste es el motivo de mi poema.

Murieta fue afortunado. Encontró oro, se casó con una compatriota, y mientras seguía buscando con duro esfuerzo nuevos yacimientos sobrevino la tragedia que cambió su vida.

Mexicanos, chilenos, centroamericanos, vivían en los barrios pobres de los poblados que se desarrollaban como hongos junto a San Francisco. Allí se oía de noche la palpitación de las guitarras y las canciones del continente moreno.

Pronto esta abundancia de extranjeros, de oro, de canciones y de alegría suscitó la violencia. Los norteamericanos formaron asociaciones de guardias blancos que se descargaban de noche sobre estas viviendas, incendiando, arrasando y matando.

Sin duda, allí nació la idea del Ku Klux Klan. Porque el mismo frenético racismo que los distingue hasta hoy tenían aquellos primeros cruzados yanquis que querían limpiar California de latinoamericanos y también, lógicamente, meter mano en sus hallazgos. En una de estas razzias fue asesinada la mujer de Joaquín Murieta.

El chileno estaba lejos de allí y cuando regresó juró vengarse.

Desde aquel momento las humillaciones y asaltos de las bandas racistas no quedaron impunes.

De noche, la banda de vengadores salía a cazar norteamericanos y cayeron éstos desgranados cada vez que se encontraron con Murieta y sus hombres.

Durante más de un año esta guerrilla secreta combatió como pudo, y, según la leyenda de los bandidos generosos, robó al rico para dar al pobre, es decir, devolvía a los desvalijados lo que habían tomado de los desvalijadores.

Joaquín Murieta murió en su ley. Cayó en una escaramuza, acribillado a balazos. Su cabeza cortada fue exhibida en la feria de San Francisco y se hicieron ricos los empresarios que cobraban por ver aquel triste trofeo.

Pero, Murieta, o bien la cabeza de Murieta, cobró una nueva vida. Se hizo una leyenda que aún recorre, después de cien años, la memoria de todos los pueblos que hablan el español. Muchos libros, muchas canciones, muchas poesías populares, mantienen vivo su recuerdo. Los norteamericanos le dieron el título de bandido. Pero la palabra bandido se ennobleció en el recuerdo popular y se pronunció, cuando se trataba de él, con reverencia.

Su sitio de nacimiento se lo disputan México y Chile, aunque yo lo doy por chileno. En la niebla de la leyenda fabulosa los argumentos van y vienen, pero Murieta fue chileno.

Me gustó este tema por la contradicción de razas y por ese cúmulo de codicia y de sangre que rodea la verdad o la leyenda.

Por eso he dedicado con alegría muchas horas de este verano a recordar esta extraña vida y a cantar estos acontecimientos lejanos en el tiempo.

POR QUÉ JOAQUÍN MURIETA?

Yo escribí un libro grande con versos, lo llamé *La Barcarola*, y era como una cantilena, yo picaba aquí y acá en los materiales de que dispongo y éstos son a veces aguas o trigos, sencillas arenas a veces, canteras o acantilados duros y precisos, y siempre el mar con sus silencios y sus truenos, eternidades de que dispongo aquí cerca de mi ventana y alrededor de mi papel, y en este libro hay episodios que no sólo cantan, sino cuentan, porque antaño era así, la poesía cantaba y contaba, y yo soy así, de antaño, y no tengo remedio, bueno, aquel día piqué el pasado, salió polvo como de terremoto, voló la pólvora y apareció un episodio con un caballo con su caballero y éste se puso a galopar por mis versos que son anchos ahora como rutas, como pistas, y yo corrí detrás de mis versos y encontré el oro, el oro de California, los chilenos que lavan la arena, los buques repletos desde Valparaíso, la codicia, la turbulencia, las fundaciones y este chileno vengativo y vengador, descabellado y sonoro, entonces me dijo mi mujer, Matilde Urrutia: pero si esto es teatro. Teatro?, le respondí, y yo no lo sabía, pero ahí lo tienen ustedes, con libro y con escenario vuelve Murieta, se cuentan sus rebeliones, y las hazañas de chilenos agrestes que con patas de perro se soltaron hacia el oro, se apretaron los cinturones trabajando en cuanta cosa y cosita pudieron, para recibir después el pago de los gringos: la soga, la bala y cuando menos el puntapié en la cabeza, pero no sufran porque además hay el amor, con versos que tienen rima como en mis mejores tiempos y de un cuanto hay, hasta cuecas, con música de Sergio Ortega, y además Pedro Orthous, famoso director de escena, metió su cuchara y aquí cortaba y acá me pedía un cambiazo, y si protestaba, aprendí que así hacía con Lope de Vega y con Shakespeare, les meten tijera, los modifican para ustedes, y yo soy apenas aprendiz de teatrero y acepté para que volviera Murieta, para que volara Murieta, como en los sueños, a caballo y con banderita chilena, viva Chile mi-hermosura! y que vuele con caballo y todo como un meteoro que regresa a su tierra porque yo lo llamé, lo busqué entre los materiales, cavando en mis trabajos día a día, frente al mar océano, y de repente saltó el bandolero y echaba chispas de fuego su cabalgadura en la noche de California, le dije, asómate, acércate, y lo hice pasar por la carretera de mi libro para que galopara con su vida y su drama, su fulgor y su muerte, como en un sueño cruel, y esto es todo, éste es mi cuento y mi canto.

(Este artículo así como el que le precede fueron escritos en 1966 a propósito de su obra de teatro *Fulgor y muerte de Joaquín Murieta.*)

UNA VEZ MÁS EN TEMUCO

He llegado una vez más a Temuco. La ciudad ha cambiado de tal manera que es como si la otra se hubiera ido. Las casas de madera color de invierno se han transformado en grandes casas de tristísimo cemento. Anda más gente por las calles, menos caballos y menos carretas se detienen a la puerta de las ferreterías. Ésta era la única de las ciudades de Chile con araucanos en las calles. Me complace que siga siéndolo. Las indias con sus mantos morados. Los indios con sus ponchos negros en que una extraña greca blanca se repite como un relámpago. Antes vinieron sólo a comprar y a vender sus pequeñas mercaderías: tejidos, huevos, gallinas. Ahora hay algo de nuevo. Contaré mi sorpresa.

Vino todo el pueblo al estadio a escuchar mi poesía. Era una mañana de domingo y la gran sala colmada se sentía vibrar con gritos y risas de niños. Los niños son los grandes interruptores y no hay poesía que resista al grito de un niño que recuerda a esa hora su desayuno. Yo subí al tablado mientras el público me saludaba y sentí esa vaga inclinación a Herodes, que puede atacar al ser más paternal. Entonces escuché que se hacía el silencio y dentro de este silencio oí elevarse la más extraña, la más primordial, la más antigua, la más áspera música del planeta. Surgió de un grupo, en el fondo del local.

Eran los araucanos que tocaban sus instrumentos y cantaban para mí sus dolorosas melodías. Nunca en la historia se había presenciado tal cosa, que mis huraños compatriotas participaran con su arte ritual en una ceremonia poética y política. Nunca creí que me tocaría presenciarlo, y que esta acción comunicativa me fuera dirigida. Me conmovía más aún. Los ojos se me empañaron, mientras sus viejos tambores de cuero y sus flautas gigantescas sonaban en una escala anterior a toda música.

Sorda y aguda a la vez; monótona y desgarradora. Era como la voz de la lluvia, combatida por el viento o el gemido de un animal antiguo, martirizado debajo de la tierra.

Esto para contar cómo la Araucanía, o lo que queda de ella, se conmueve, parece salir de su sueño inmemorial y quiere participar en el mundo, que hasta ahora le fue negado.

LA COPA DE SANGRE

Cuando remotamente regreso y en el extraordinario azar de los trenes, como los antepasados sobre las cabalgaduras, me quedo sobredormido y enredado en mis exclusivas propiedades, veo a través de lo negro de los años, cruzándolo todo como una enredadera nevada, un patriótico sentimiento, un bárbaro viento tricolor en mi investidura: pertenezco a un pedazo de pobre tierra austral hacia la Araucanía, han venido mis actos desde los más distantes relojes, como si aquella tierra boscosa y perpetuamente en lluvia tuviera un secreto mío que no conozco, que no conozco y que debo saber, y que busco, perdidamente, ciegamente, examinando largos ríos, vegetaciones inconcebibles, montones de madera, mares del Sur, hundiéndome en la botánica y en la lluvia, sin llegar a esa privilegiada espuma que las olas depositan y rompen, sin llegar a ese metro de tierra especial, sin tocar mi verdadera arena. Entonces, mientras el tren nocturno toca violentamente estaciones madereras o carboníferas como si en medio del mar de la noche se sacudiera contra los arrecifes, me siento disminuido y escolar, niño en el frío de la zona sur, con los colegios en los deslindes del pueblo, y contra el corazón los grandes, húmedos boscajes del sur del mundo. Entro en un patio, muy vestido de negro, tengo corbata de poeta, mis tíos están allí todos reunidos, son todos inmensos, debajo del árbol guitarras y cuchillos, cantos que rápidamente entrecorta el áspero vino. Y entonces abren la garganta de un cordero palpitante, y una copa abrasadora de sangre me llevan a la boca, entre disparos y cantos, y me siento agonizar como el cordero, y quiero llegar también a ser centauro, y pálido, indeciso, perdido en medio de la desierta infancia, levanto y bebo la copa de sangre.

Hace poco murió mi padre, acontecimiento estrictamente laico, y sin embargo, algo religiosamente funeral ha sucedido en su tumba, y éste es el momento de revelarlo. Algunas semanas después, mi madre, según el diario y temible lenguaje, fallecía también, y para que descansaran juntos trasladamos de nicho al caballero muerto. Fuimos a mediodía con mi hermano y algunos de los ferroviarios amigos del difunto, hicimos abrir el nicho ya sellado y cimentado, y sacamos la urna, pero ya llena de hongos, y sobre ella una palma con flores negras y extinguidas: la humedad de la zona había partido el ataúd y, al bajarlo de su sitio, ya sin creer lo que veía, vimos bajar de él cantidades de agua, cantidades como interminables litros que caían de adentro de él, de su sustancia.

Pero todo se explica: esta agua trágica era lluvia, lluvia tal vez de un solo día, de una sola hora tal vez de nuestro austral invierno, y esta lluvia había atravesado techos y balaustradas, ladrillos y otros materiales y otros muertos hasta llegar a la tumba de mi deudo. Ahora bien, esta agua terrible, esta agua salida de un imposible insondable, extraordinario escondite, para mostrarme a mí su torrencial secreto, esta agua original y temible me advertía otra vez con su misterioso derrame mi conexión interminable con una determinada vida, región y muerte.

(1943.)

EL OLOR DEL REGRESO

Mi casa es profunda y ramosa. Tiene rincones en los que, después de tanta ausencia, me gusta perderme y saborear el regreso. En el jardín han crecido matorrales misteriosos y fragancias que yo desconocía. El álamo que planté en el fondo y que era esbelto y casi invisible es ahora adulto. Su corteza tiene arrugas de sabiduría que suben al cielo y se expresan en un temblor continuo de hojas nuevas en la altura.

Los castaños han sido los últimos en reconocerme. Cuando llegué, se mostraron impenetrables y hostiles con sus enramadas desnudas y secas, altos y ciegos, mientras alrededor de sus troncos germinaba la penetrante primavera de Chile. Cada día fui a visitarlos, pues comprendía que necesitaban mi homenaje, y en el frío de la mañana me quedé inmóvil bajo las ramas sin hojas hasta que un día, un tímido brote verde, muy lejos en lo alto, salió a mirarme y luego vinieron otros. Así se transmitió mi aparición a las desconfiadas hojas escondidas del castaño mayor que ahora me saludan con orgullo pero ya acostumbradas a mi retorno.

En los árboles los pájaros renuevan los trinos antiguos, como si nada hubiera pasado bajo las hojas.

La biblioteca me reserva un olor profundo de invierno y postrimerías. Es entre todas las cosas la que más se impregnó de ausencia.

Este aroma de libros encerrados tiene algo mortal que se va derecho a las narices y a los vericuetos del alma porque es un olor a olvido, a recuerdo enterrado.

Junto a la vieja ventana, frente al cielo andino blanco y azul, por detrás de mí siento el aroma de la primavera que lucha con los libros. Éstos no quieren desprenderse del largo abandono, exhalan aún rachas de olvido. La primavera entra en las habitaciones con vestido nuevo y olor a madreselva. Los libros se han dispersado locamente en mi ausencia. No es que falten sino que han cambiado de sitio. Junto a un tomo del austero Bacon, vieja edición del siglo XVII, encuentro *La Capitana de Yucatán*, de Salgari, y no se han llevado mal, a pesar de todo. En cambio, un Byron suelto, al levantarlo, deja caer su tapa como un ala oscura de albatros. Vuelvo a coser con trabajo lomo y tapa, no sin antes recibir en los ojos una bocanada de frío romanticismo.

Los caracoles son los más silenciosos habitantes de mi casa. Todos los años del océano pasaron antes y endurecieron su silencio. Ahora, estos años le han agregado tiempo y polvo. Sin embargo, sus fríos destellos de madreperla, sus concéntricas elipses góticas o sus valvas abiertas, me recuerdan costas y sucesos lejanos. Esta inestimable lanza de luz sonrosada es la *Rostellaria*, que el malacólogo de Cuba, mago de profundidad, Carlos de la Torre, me otorgó una vez, como una condecoración submarina. Aquí está, un poco más descolorida y empolvada, la «oliva» negra de los mares de California y, de la misma procedencia, la ostra de espinas rojas y la de perlas negras. Allí casi naufragamos en aquel mar de tantos tesoros.

Hay nuevos habitantes, libros y cosas que salen de cajones largo tiempo cerrados. Éstos de pino vienen de Francia. Sus tablas tienen olor al Mediodía, y, al levantarlos, crujen y cantan, mostrando un interior de luz dorada, desde donde salen las tapas rojas de Victor Hugo. *Los miserables*, en su antigua edición, llegan a poblar con múltiples y desgarradoras existencias los muros de mi casa.

Pero de este largo cajón parecido a un ataúd sale un dulce rostro de mujer, altos senos de madera que cortaron el viento, unas manos impregnadas de música y salmuera. Es una figura de mujer, un mascarón de proa. La bautizo «María Celeste» porque trae el misterio de una embarcación perdida. Yo encontré su belleza radiante en un «bric-à-brac» de París, sepultada bajo la ferretería en desuso, desfigurada por el abandono, escondida bajo los sepulcrales andrajos del arrabal. Ahora, colocada en la altura navega otra vez viva y fresca. Se llenarán cada mañana sus mejillas de un misterioso rocío o lágrimas marinas.

Las rosas florecen precipitadamente. Yo antes fui enemigo de la rosa, de sus interminables adherencias literarias, de su orgullo. Pero viéndolas surgir, resistiendo al invierno sin vestidos ni sombreros, cuando asomaron sus pechos nevados o sus fuegos solferinos entre los troncos duros y espinosos, me he llenado poco a poco de enternecimiento, de admiración por su salud de caballos, por la desafiante ola secreta de perfume y luz que extraen implacablemente de la tierra negra, en la hora debida, como milagros del deber, como ejercicios exactos de amor a la intemperie. Y ahora, las rosas se levantan en todos los rincones con seriedad conmovedora que correspondo, alejadas, ellas y yo, de la pompa y de la frivolidad, cada uno trabajando en su personal relámpago.

Pero de todas las capas del aire llega un suave y tembloroso vaivén, una palpitación de flor que entra en el corazón. Son nombres y primaveras idas, y manos que apenas se tocaron y altaneros ojos de piedra amarilla y trenzas perdidas en el tiempo: la juventud que golpea con sus recuerdos y su más arrobador aroma.

Es el perfume de las madreselvas, son los primeros besos de la primavera.

(Publicado en el periódico mexicano *Novedades*, en 1952.)

VÁMONOS AL PARAGUAY

Vivo detrás de Notre-Dame, junto al Sena. Las barcas areneras, los remolcadores, los convoyes cargados pasan, lentos como cetáceos fluviales, frente a mi ventana.

La Catedral es una barca más grande que eleva como un mástil su flecha de piedra bordada. Y en las mañanas me asomo a ver si aún está, junto al río, la nave catedralicia, si sus marineros tallados en el antiguo granito no han dado la orden, cuando las tinieblas cubren el mundo, de zarpar, de irse navegando a través de los mares. Yo quiero que me lleve. Me gustaría entrar por el río Amazonas en esta embarcación gigante, vagar por los estuarios, indagar los afluentes, y quedarme de pronto en cualquier punto de la América amada hasta que las lianas salvajes hagan un nuevo manto verde sobre la vieja catedral y los pájaros azules le den un nuevo brillo de vitrales.

O bien, dejarla anclada en los arenales de la costa del Sur, cerca de Antofagasta, cerca de las islas del guano, en que el estiércol de los cormoranes ha blanqueado las cimas: como la nieve dejó desnudas las figuras de proa de la nave gótica. Qué imponente y natural estaría la iglesia, como una piedra más entre las rocas hurañas, salpicada por la furiosa espuma oceánica, solemne y sola sobre la interminable arena.

Yo no soy de estas tierras, de estos bulevares. Yo no pertenezco a estas plantas, a estas aguas. A mí no me hablan estas aves.

Yo quiero entrar por el río Dulce, navegar todo el día entre las enramadas, asustar las garzas para que levanten su repentino relámpago de nieve. Yo quiero a esta hora ir a caballo, silbando, hacia Puerto Natales, en la Patagonia. A mi lado izquierdo pasa un río de ovejas, hectáreas de lana rolliza que avanzan lentamente hacia la muerte, a mi derecha palos quemados, pradera, olor a hierba libre.

Dónde está Santocristo? Venezuela me llama, Venezuela es una llama, Venezuela está ardiendo. Yo no veo las nieblas de este gran otoño, yo no veo las hojas enrojecidas. Detrás de París, como un fanal de faro, de luz multiplicada, arde Venezuela. Nadie ve esta luz en las calles, todos ven edificios, puertos y ventanas, personas apresuradas, miradas que enceguecen. Todos van sumergidos en el gran otoño. No es mi caso.

Yo detrás de todo veo a Venezuela como si detrás de mi única ventana se debatiera con toda la fuerza del fuego una gran mariposa. Dónde me llevas? Quiero entrar en esa tela del mercado de México, del mercado sin nombre, del mercado número mil. Quiero tener ese color quemado, quiero ser tejido y destrenzado, quiero que mi poesía cuelgue de los árboles del pueblo, como una bandera, y que cada verso tenga un peso textil, defienda las caderas de la madre, cubra la crin del agrarista.

Yo no conozco el Paraguay. Así como hay hombres que se estremecen de delicia al pensar que no han leído cierto libro de Dumas o de Kafka o de Balzac o de Laforgue, porque saben que algún día lo tendrán en sus manos, abrirán una a una sus páginas y de ellas saldrá la frescura o la fatiga, la tristeza o la dulzura que buscaban, así yo pienso con delicia en que no conozco el Paraguay, y que la vida me reserva el Paraguay, un recinto profundo, una cúpula incomparable, una nueva sumersión en lo humano.

Cuando el Paraguay sea libre, cuando nuestra América sea libre, cuando sus pueblos se hablen y se den la mano a través de los muros de aire que ahora nos encierran, entonces, vámonos al Paraguay. Quiero ver allí dónde sufrieron y vencieron los míos y los otros. Allí la tierra tiene costurones resecos, las zarzas salvajes en la espesura guardan jirones de soldado. Allí las prisiones han trepidado con el martirio. Hay allí una escuela de heroísmo y una tierra regada con sangre áspera. Yo quiero tocar esos muros en los que tal vez mi hermano escribió mi nombre y quiero leer allí por primera vez, con primeros ojos, mi nombre, y aprenderlo de nuevo, porque aquellos que me llamaron entonces, me llamaron en vano y no pude acudir.

Soy rico de patria, de tierra, de gentes que amo y que me aman. No soy un patriota desdichado, ni conozco el exilio. Mi bandera me envía besos de estrella cada día. No soy desterrado porque soy tierra, parte de mi propia tierra, indivisible, espacioso.

Cuando cierro los ojos, para que por dentro de mí pase como un río la circulación del sueño, pasan bosques y trenes, desiertos, camaradas, aldeas. Pasa América. Pasa dentro de mí como si yo pasara un túnel o como si este río de mundos y de cosas adelgazara su caudal y de pronto todas sus aguas entraran en mi corazón.

Mi corazón tiene tierra, y en esta tierra hay árboles y en estos árboles un aroma tenaz. Es a veces el olor frío del laurel austral, que cuando cae desde su torre de cuarenta metros, en la selva, golpea como un trueno y desplaza cien toneladas de perfume invisible. O es el olor de caoba, esa fragancia roja de Guatemala, que vive en cada casa, que te espera en las oficinas y en las cocinas, en los parques y en los bosques. Y aun otros aromas.

—Indeleble perfume. Dónde me llevas? Ignoras el océano?

—No, no ignoro el océano. Pero soy tu cabellera, soy tu penacho, te sigo y te circundo, soy tu cola de cometa y de planeta, soy tu único anillo de única boda, soy tu vida.

Sí, eres mi vida, eres mi raza, eres mi estrella. Eres la gran caracola de sangre y nácar que suena y resuena en mis oídos. Quien escuchó tu mar no tiene otro mar, quien nació junto a tus ríos irá con ellos naciendo cada día, quien creció con las araucarias de Lonquimay tiene un deber impuesto, cantará en la tempestad.

Y es así, señores, como cuando despierto, y veo levantarse, hueso y ceniza, sobre el Sena, la barca de Notre-Dame de París, atacada y castigada por el océano del tiempo, augusta, grave, sentada en su antiguo poderío, yo sólo pienso, sólo sueño

irme hacia tus riberas, oh América mía, en esta embarcación o en alguna otra,

vivir entre tu gente que es la mía, entre sus hojas,

luchar junto a cada uno de mis hermanos, vencer,

para que mi victoria sea extensa y tuya, como nuestra tierra ancha, llena de paz y aroma,

y allí, algún día, sobre un nuevo barco fluvial, sobre una máquina, sobre una biblioteca, sobre un tractor

(porque nuestras catedrales serán ésas, nuestras victorias serán esas anchas victorias)

yo también pueda, después de haber luchado y vencido, ser también tierra, sólo tierra, sólo tierra, sólo tierra tuya.

(Publicado en la revista *Pro Arte*, en Santiago de Chile, el 30 de noviembre de 1950.)

AMÉRICA, NO APAGUES TUS LÁMPARAS

Siempre para mí existió vuestra patria, pero no como todos los territorios en que el hombre vive, sueña, padece, triunfa y canta. Para mí, el Perú fue matriz de América, recinto cercado por altas y misteriosas piedras, por dentelladas de espuma singular, por ríos y metales de cauce profundísimo. Los Incas dejaron no una pequeña corona de fuego y martirio en las manos atónitas de la historia, sino una amplia, extensa atmósfera cincelada por los dedos más finos, por las manos capaces de conducir los sonidos hacia la melancolía y la reverencia y de levantar las piedras colosales frente al tiempo infinito.

Pero dejaron también, con fuerza equinoccial, impreso en el rostro de América una ternura pensativa, un gesto delgado y conmovedor que desde las vasijas, las joyas, las estatuas, los tejidos y el silencio labrado, iluminó para siempre el camino de la profundidad americana. Cuando mi tierra recibió las olas de fértiles conquistadores incaicos que trajeron a las sombras enronquecidas de Arauco el contacto textil de la liturgia y del vestido; cuando las palpitaciones anímicas de los bosques tutelares y australes tocaron la turquesa sagrada y la vasija rebosante de contenido espiritual, no sabemos hasta qué punto las aguas esenciales del Perú invadían el despertar de mi patria, sumergiéndola en una madurez telúrica de la cual es simple expresión mi propia poesía.

Más tarde, el viejo conquistador hace su guarida de rayos en donde estuvo el mayor esplendor de nuestra vida legendaria. En el Perú se sustituyen como capas geológicas la tierra, el oro y el acero; la tierra transformada en formas tan diáfanas y vitales como las mismas semillas esenciales cuyo crecimiento llenará los cántaros que calmarán la sed del hombre; el oro cuyo poderío desde el sitio secreto de su estatua enterrada traerá, a través del tiempo y del océano, a los hombres de otros planetas y de otros lenguajes; y el acero en cuyo resplandor sustancial se formará lentamente el lamento y la raza.

Hay algo cósmico en vuestra tierra peruana, algo tan poderoso y tan lleno de fulgor, que ninguna moda ni ningún estilo han podido cubrir, como si bajo vuestro territorio una inmensa estatua yacente, mineral y fosfórica, monolítica y orgánica estuviera aún cubierta por telas y santuarios, por épocas y arenas, y asomara su vigorosa estructura en la altura de las piedras abandonadas, en el suelo deshabitado que tenemos el deber de descubrir. América es vuestro Perú, vuestro Perú dieciochesco y primitivo, vuestra patria misteriosa, arrogante y antigua, y en ninguno de los Estados de América encontraríamos las concreciones americanas que, como el oro, y el maíz, se derraman en vuestra copa para darnos de América una perspectiva insondable.

Americanos del Perú, si he tocado con mis manos australes vuestra corteza y he abierto la fruta sagrada de vuestra fraternidad, no penséis que os dejo sin que también mi corazón se acerque a vuestro estado y a vuestra magnitud actuales. Perdonadme, entonces, que, como Americano esencial, meta la mano en vuestro silencio.

Desde hace años, de toda la América silenciosa os contemplan dos países que son los atalayas y las levaduras de la libertad en América. Estos dos pueblos se llaman Chile y México.

La geografía los colocó en los extremos duros del continente. A México correspondió ser el baluarte de nuestra sangre cuando la vida de América le exigió gallardamente imponer las materias fundamentales de la América nuestra, frente al gran país materialista del Norte. Y también a México correspondió levantar las primeras banderas cuando la libertad amenazada en todo nuestro planeta se veía defendida por la alta estirpe de los americanos del Norte.

Chile ha conocido la libertad, como lo predijo Simón Bolívar. En el sacrificio de las tierras más duras, en el conocimiento de los obstáculos más impenetrables, mi patria, con las mismas manos ardientes y delicadas que resistieron las faenas y los climas más crueles de nuestras latitudes, pudo tocar el corazón del hombre, levantarlo como una copa radiante hacia la libertad. La historia de mi país caminó pesada y duramente hacia la aurora y en eso estamos empeñados los chilenos de hoy, en disipar cada día las tinieblas que nos correspondieron.

Desde estos dos puntos, antártico el uno, musical y explosivo el otro, miramos hacia el Perú en la esperanza de que sus pasos se encaminen hacia la responsabilidad que nos da el título de americanos. Si en vuestras manos el difícil destino histórico de América enciende una luz de libertad que el viento de mañana pueda dejar sepultado para siempre, está en vuestro deber no sólo hacia vuestra tierra, sino hacia el resto de la magnitud americana conservar, fortalecer y mantener esta luz esencial. Si miramos en las mañanas la carta geográfica de América con sus bellos ríos y sus espléndidos altares volcánicos notaréis que existen zonas en que las lágrimas ponen un cerco de hielo a las tiranías, advertiréis que en los más prósperos, en el más rico, en el más poderoso de nuestros Estados de América, acaban de nacer nuevos tiranos. Y estos nuevos tiranos son exactamente iguales a los que padecimos con el corazón acongojado; tienen charreteras y usan el látigo y el sable. Vemos cómo los menores vestigios de la libertad son acechados por los tigres y los caimanes de nuestra espantosa fauna cosmogónica. Entonces, peruanos, chilenos, colombianos, todos aquellos que respiráis el aire de la libertad que nos dejan los monstruos de nuestra prehistoria, tened cuidado, tened mucho cuidado. Tengamos cuidado de la antigua fauna apoplética que ya parecía encasillada en los museos con sus inmensos huesos defensivos, sus condecoraciones y sus miembros sangrientos. Está viva aún en el mundo la sed de dominio y la voluntad del tormento y nuestros verdugos nos acechan desde la mañana a la noche. Pero tened también cuidado de nuestros falsos libertadores, de aquellos que, no comprendiendo el espíritu de esta época, pretenden hacer de la violencia un ramo de flores para entregarlo en el altar de las libertades del hombre.

El hijo de la libertad de América, como Sucre, como Bolívar, como O'Higgins, como Morelos, como Artigas, como San Martín, como Mariátegui, es odiado al mismo tiempo por la reacción cavernaria y por la demagogia estéril. La libertad en América será hija de nuestros hechos y de nuestros pensamientos.

(Escrito en 1943 viajando por el Perú.)

RAMÓN LÓPEZ VELARDE

Casi por los mismos días del año 1921 en que yo llegaba a Santiago de Chile desde mi pueblo, se moría en México el poeta Ramón López Velarde, poeta esencial y supremo de nuestras dilatadas Américas. Por supuesto que yo no supe ni que se moría ni que hubiera existido. Por entonces y por ahora nos llenábamos la cabeza con lo último que llegaba de los transatlánticos; mucho de lo que leíamos pasó como humo o vapor para nuestro carnívoro apetito, otras revelaciones nos deslumbraron y con el tiempo sostuvieron su firmeza. Pero no se nos ocurrió preguntar nada en México. Nada más que el eco de sus Revoluciones nos despertaba aún con su estampido. No conocíamos lo singular, lo florido de aquella tierra sangrienta.

Muchísimos años después me tocó alquilar la vieja villa de los López Velarde, en Coyoacán, a orillas del Distrito Federal de México. Alguno de mis amigos recordará aquella inmensa casa, plantel en que todos los salones estaban invadidos de alacranes, se desprendían las vigas atacadas por eficaces insectos y se hundían las tablas de los pisos como si se caminara por una selva humedecida. Logré poner al día dos o tres habitaciones y allí me puse a vivir a plena atmósfera de López Velarde, cuya poesía comenzó a traspasarme.

La casa fantasmal conservaba aún un retazo del antiguo parque, colosales palmeras y ahuehuetes, una piscina barroca, cuyas trizaduras no permitían más agua que la de la luna, y por todas partes estatuas de náyades del año 1910. Vagando por el jardín se las hallaba en sitios inesperados, mirando desde adentro de un quiosco que las enredaderas sobrecubrían, o, simplemente, como si fueran con elegante paso hacia la vieja piscina sin agua, a tomar el sol sobre sus rocas de mampostería.

Entonces sentí con ansiedad no haber llegado a tiempo en la vida para haber conocido al poeta. No sé por qué me parece que le hubiera ayudado yo a vivir, no sé cuánto más, tal vez sólo algunos versos más. Sentí como pocas veces he sentido la amistad de esa sombra que aún impregnaba los ahuehuetes. Y fui también descifrando su breve escritura, las escasas páginas que escribiera en su breve vida y que hasta ahora, como muy pocas, resplandecen.

No hay poesía más alquitarada que su poesía. Ha ido de alambique en alambique destilando la gota justa de alcohol de azahar, se ha reposado en diminutas redomas hasta llegar a ser la perfección de la fragancia. Es tal su independencia que se queda ahí dormida, como en un frasco azul de farmacia, envuelta en su tranquilidad y en su olvido. Pero al menor contacto sentimos que continúa intacta, a través de los años, esta energía voltaica. Y sentimos que nos atravesó el blanco del corazón la inefable puntería de una flecha que traía en su vuelo el aroma de los jazmines que también atravesó.

Ha de saberse, asimismo, que esta poesía es comestible, como turrón o mazapán, o dulces de aldea, preparados con misteriosa pulcritud y cuya delicia cruje en nuestros dientes golosos. Ninguna poesía tuvo antes o después tanta dulzura, ni fue tan amasada con harinas celestiales.

Pero bajo esta fragilidad hay agua y piedra eterna. Cuidado con engañarse. Cuidado con superjuzgar este atildamiento y esta exquisita exactitud. Pocos poetas con tan breves palabras nos han dicho tanto, y tan eternamente, de su propia tierra. López Velarde también hace historia.

Por ese tiempo, cuando Ramón López Velarde cantaba y moría, trepidaba la vieja tierra. Galopaban los centauros para imponer el pan a los hambrientos. El petróleo atraía a los fríos filibusteros del Norte. México fue robado y cercenado. Pero no fue vencido.

El poeta dejó estos testimonios. Se verán en su obra como se ven las venas al trasluz de la piel, sin trazos excesivos: pero ahí están. Son la protesta del patriota que sólo quiso cantar. Pero este poeta civil, casi subrepticio, con sus dos o tres notas del piano, con sus dos o tres lágrimas verdaderas, con su purísimo patriotismo, completa así la estatua del cantor imborrable.

Es también el más provinciano de los poetas, y conserva hasta el último de sus versos inconclusos el silencio, la pátina de jardín oculto de aquellas casas con muros blancos de adobe de las cuales sólo emergen puntiagudas cimas de árbol. De allí viene también el líquido erotismo de su poesía que circula en toda su obra como soterrado, envuelto por el largo verano, por la castidad dirigida al pecado, por los letárgicos abandonos de alcobas de techo alto en que algún insecto sonoro interrumpe con sus élitros la siesta del soñador.

Supe que hace diez siglos, entre una guerra y otra, los custodios de la Corona Real de una monarquía ahora difunta, dejaron caer el Objeto Precioso y se quedó para siempre torcida la antigua cruz de la Corona. Muy sabios, los viejos reyes conservaron la cruz torcida sobre la Corona fulgurante de piedras preciosas. Y no sólo así siguió custodiada, sino que la cruz torcida pasó a los blasones y a las banderas: es decir, se hizo estilo.

De alguna manera me recuerda este antiguo episodio el modo poético de López Velarde. Como si alguna vez hubiera visto la escena de soslayo y hubiera conservado fielmente una visión oblicua, una luz torcida que da a toda su creación tal inesperada claridad.

En la gran trilogía del modernismo es Ramón López Velarde el maestro final, el que pone el punto sin coma. Una época rumorosa ha terminado. Sus grandes hermanos, el caudaloso Rubén Darío y el lunático Herrera y Reissig, han abierto las puertas de una América anticuada, han hecho circular el aire libre, han llenado de cisnes los parques municipales, y de impaciente sabiduría, tristeza, remordimiento, locura e inteligencia los álbumes de las señoritas, álbumes que desde entonces estallaron con aquella carga peligrosa en los salones.

Pero esta revolución no es completa si no consideramos este arcángel final que dio a la poesía americana un sabor y una fragancia que durará para siempre. Sus breves páginas alcanzan, de algún modo sutil, la eternidad de la poesía.

(Isla Negra, agosto de 1963.)

SHAKESPEARE, PRÍNCIPE DE LA LUZ

Goneril, Regan, Hamlet, Augus, Duncan, Glansdale, Mortimer, Ariel, Leontes...

Los nombres de Shakespeare, estos nombres, trabajaron en nuestra infancia, se cristalizaron, se hicieron materia de nuestros sueños. Detrás de los nombres de Shakespeare, cuando aún apenas si podíamos leer, existía un continente con ríos y reyes, clanes y castillos, archipiélagos que alguna vez descubriríamos. Los nombres de sombríos o radiantes protagonistas nos mostraba la piel de la poesía, el primer toque de una gran campana. Después, mucho tiempo después, llegan los días y los años en que descubrimos las venas y las vidas de estos nombres. Descubrimos padecimientos y remordimientos, martirios y crueldades, seres de sangre, criaturas del aire, voces que se iluminan para una fiesta mágica, banquetes a los que acuden los fantasmas ensangrentados. Y tantos hechos, y tantas almas, y tantas pasiones y toda la vida.

En cada época, un bardo asume la totalidad de los sueños y de la sabiduría: expresa el crecimiento, la extensión del mundo. Se llama una vez Alighieri, o Victor Hugo, o Lope de Vega o Walt Whitman.

Sobre todo, se llama Shakespeare.

Entonces, estos bardos acumulan hojas, pero entre estas hojas hay trinos, bajo estas hojas hay raíces. Son hojas de grandes árboles.

Son hojas y son ojos. Se multiplican y nos miran a nosotros, pequeños hombres de todas las edades transitorias, nos miran y nos ayudan a descubrirnos: nos revelan nuestro propio laberinto.

En cuanto a Shakespeare, viene luego una tercera revelación, como vendrán muchas otras: la del sortilegio de su alquitarada poesía. Pocos poetas tan compactos y secretos, tan encerrados en su propio diamante.

Los sonetos fueron cortados en el ópalo del llanto, en el rubí del amor, en la esmeralda de los celos, en la amatista del luto.

Fueron cortados en el fuego, fueron hechos de aire, fueron edificados de cristal.

Los sonetos fueron arrancados a la naturaleza de tal manera, que desde el primero al último se oye cómo transcurre el agua, y cómo baila el viento, y cómo se suceden, doradas o floridas, las estaciones y sus frutos.

Los sonetos tienen infinitas claves, fórmulas mágicas, estática Majestad, velocidad de flechas.

Los sonetos son banderas que una a una subieron a las alturas del castillo. Y aunque todas soportaron la intemperie y el tiempo, conservan sus estrellas de color amaranto, sus medialunas de turquesa, sus fulgores de corazón incendiado.

Yo soy un viejo lector de la poesía de Shakespeare, de sus poemas que no nos dicen nombres, ni batallas, ni desacatos, como sus tragedias. Está sólo la blancura del papel, la pureza del camino poético. Por ese camino, interminablemente se deslizan las imágenes como pequeños navíos cargados de miel.

En esta riqueza excesiva en que el urgente poder creativo se acompasa con toda la suma de la inteligencia, podemos ver y palpar a un Shakespeare constante y creciente, siendo lo más señalado, no su caudaloso poderío, sino su forma exigente.

Mi ejemplar de los *Sonetos* tiene mi nombre escrito y el día y el mes en que compré aquel libro en la Isla de Java, en 1930.

Hace, pues, 34 años que me acompaña.

Allí en la lejana Isla, me dio la norma de una purísima fuente, junto a las selvas y a la fabulosa multitud de los mitos desconocidos, fue para mí la ley cristalina. Porque la poesía de Shakespeare, como la de Góngora y la de Mallarmé, juega con la luz de la razón, impone un código estricto, aunque secreto. En una palabra, en aquellos años abandonados de mi vida, la poesía shakespereana mantuvo para mí abierta comunicación con la cultura occidental. Al decir esto, incluyo naturalmente en la gran cultura occidental a Pushkin y a Carlos Marx, a Bach y a Hölderlin, a Lord Tennyson y a Maiakovski.

Naturalmente, la poesía está diseminada en todas las grandes tragedias, en las torres de Elsinor, en la casa de Macbeth, en la barca de Próspero, entre el perfume de los granados de Verona.

Cada tragedia tiene su túnel por el que sopla un viento fantasmagórico. El sonido más viejo del mundo, el sonido del corazón humano va formando las palabras inolvidables. Todo esto está desgranado en las tragedias, junto a las interjecciones del pueblo, a las insignias de los mercados, a las sílabas soeces de parásitos y de bufones, entre el choque de acero de las panoplias enloquecidas.

Pero a mí me gusta buscar la poesía en su fluir desmedido, cuando Shakespeare la ordena y la deja pintada en la pared del tiempo, con el azul, el esmalte y la espuma mágica, amalgama que las dejará estampadas en nuestra eternidad.

Por ejemplo, en el idilio pastoril de *Venus and Adonis*, publicado en 1593, hay muchas sombras frescas sobre las aguas que corren, insinuaciones verdes de la floresta que canta, cascadas de poesía que cae y de mitología que huye hacia el follaje.

Pero, de pronto, aparece un potro y toda irrealidad desapareció al golpe de sus cascos cuando «sus ojos desdeñosos relumbran como el fuego, mostrando su caliente valor, su alto deseo».

Sí, porque se ve que si un pintor pintara ese caballo «tendría que luchar con la excelencia de la naturaleza», «lo viviente sobrepasará a los muertos». No hay descripción como la de este caballo amoroso y furioso golpeando con sus patas verdaderas los estupendos sextetos.

Y lo menciono cuando en su bestiario quedaron rastros de muchas bestias y en el herbario shakespereano permanece el color y el olor de muchas flores, porque este potro piafante es el tema de su oda, el movimiento genésico de la naturaleza captado por un gran organizador de sueños.

En los últimos meses de este otoño me dieron el encargo de traducir *Romeo y Julieta*.

Tomé esta petición con humildad. Con humildad y por deber, porque me sentí incapaz de volcar al idioma español la historia apasionada de aquel amor. Tenía que hacerlo, puesto que éste es el gran año shakespereano, el año de la reverencia universal al poeta que dio nuevos universos al hombre.

Traduciendo con placer y con honradez la tragedia de los amantes desdichados, me encontré con un nuevo hallazgo.

Comprendí que detrás de la trama del amor infinito y de la muerte sobrecogedora, había otro drama, había otro asunto, otro tema principal.

Romeo y Julieta es un gran alegato por la paz entre los hombres. Es la condenación del odio inútil, es la denuncia de la bárbara guerra y la elevación solemne de la paz.

Cuando el Príncipe Escalus recrimina con dolorosas y ejemplares palabras a los clanes feudales que manchan de sangre las calles de Verona, comprendemos que el Príncipe es la encarnación del entendimiento, de la dignidad, de la paz.

Cuando Benvolio reprocha a Tybaldo su pendenciera condición, diciéndole: «Tybaldo, no quieres la paz en estas calles?», el fiero espadachín le responde:

«No me hables de paz, esa palabra que odio.»

La paz era, pues, odiada por algunos en la Europa isabelina. Siglos más tarde, Gabriela Mistral, perseguida y ofendida por su defensa de la paz, expulsada del diario chileno que publicaba desde hacía 30 años sus artículos, escribió su recado famoso: «La paz, esa palabra maldita.» Se ve que el mundo y los órganos de prensa continuaron gobernados por los Tybaldos, por los espadachines.

Una razón más, pues, para amar a William Shakespeare, el más vasto de los seres humanos. Siempre tendríamos tiempo y espacio para explorarlo y extraviarnos en él, para ir muy lejos alrededor de su estatura, como los diminutos hombres de Lilliput en torno a Gulliver. Para ir muy lejos sin llegar al fin, volviendo siempre con las manos llenas de fragancia y de sangre, de flores y de dolores, de tesoros mortales.

En esta ocasión solemne me toca a mí abrir la puerta de los homenajes, levantando el telón para que aparezca su deslumbrante y pensativa figura. Y yo le diría a través de cuatro siglos:

«Salud, Príncipe de la luz! Buenos días, histriones errantes. Heredamos tus grandes sueños que seguimos soñando. Tu palabra es honor de la tierra entera.»

Y, más bajo, al oído, le diría también:

«Gracias, compañero.»

(Escrito en 1964, año shakespereano en que Neruda traduce *Romeo y Julieta.*)

IRREALIDAD Y MILAGRO

El sol negro salió de los montes de Chuquicamata y produjo sombras, cicatrices, triángulos y heridas en los grandes arenales de Chile.

Luego produjo islas, dioses, ventisqueros, bestias de color violeta, edificios, pescadores de río y de mar, escarabajos.

Cuando más tarde el navegante solitario Max Ernst descubrió al amanecer la Isla de Pascua y lo publicó en los primeros documentos collages de aquellas épocas, ya todo el continente americano era una antigua convulsión, y los ríos corrían cubiertos de fugitivos sombreros que se sometían a las descargas de los cazadores, que acechaban de Este a Oeste la procesión de los sombreros. No sólo sucedía naturalmente un hecho tan extraño, sino que varios acontecimientos políticos de las Repúblicas —como el extraño fallecimiento del dictador paraguayo Dr. Francia, mientras estudiaba en su telescopio la simetría del cielo estrellado— demuestran de manera evidente la influencia del Conde de Lautréamont, uruguayo de origen, en ese acontecimiento misterioso. (Debo agregar que los despojos mortales del terrible tirano —que, a la vez, fue un iluminado— estuvieron por semanas cubiertos de naranjas, haciendo imposibles las indagaciones sobre su desaparición.)

En fin, es demasiado prematuro saber de dónde vino, si de América o de París, el viento que desvirtuó los viejos mitos haciéndolos tomar nuevas formas y la vitalidad que ejerce hasta la hora presente. Dejo esta tarea a los historiadores y también a los exploradores de este lado y del otro.

Mientras tanto, celebremos la irrealidad y el milagro: el hombre prueba su existencia entrando y saliendo de las puertas oscuras.

(Escrito para una exposición surrealista en París, mayo de 1972.)

REFLEXIONES DESDE ISLA NEGRA

Cuaderno 5

CONTESTANDO UNA ENCUESTA

Se pregunta usted qué pasará con la poesía en el año 2000. Es una pregunta peluda. Si esta pregunta me saliera al paso en un callejón oscuro me llevaría un susto de padre y señor mío.

Porque, qué sé yo del año 2000? Y sobre todo, qué sé yo de la poesía? De lo que estoy seguro es de que no se celebrará el funeral de la poesía en ese próximo siglo.

En cada época han dado por muerta la poesía, pero ésta se ha demostrado centrífuga y sempiterna, se ha demostrado vitalicia, resucita con gran intensidad, parece ser eterna. Con Dante pareció terminar. Pero poco después Jorge Manrique lanzaba una centella, especie de sputnik, que siguió destellando en las tinieblas. Y luego Victor Hugo parecía arrasar, no quedaba nada para los demás. Entonces se presentó correctamente vestido de dandy el señor Charles Baudelaire, seguido del joven Arthur Rimbaud, vestido de vagabundo, y la poesía comenzó de nuevo. Después de Walt Whitman, qué esperanza!, ya quedaron plantadas todas las hojas de hierba, no se podía pisar en el césped. Sin embargo, vino Maiakovski y la poesía parecía una casa de máquinas: se dieron pitazos, disparos, suspiros y sollozos, ruido de trenes y de carros blindados. Y así sigue la historia.

Es claro que los enemigos de la poesía siempre pretendieron asestarle una pedrada en un ojo o un golpe de garrote en la nuca. Lo hicieron en diversas formas, como mariscales individuales, enemigos de la luz, o regimientos burocráticos que con paso de ganso marcharon en contra de los poetas. Lograron la desesperación de algunos, la decepción de otros, las tristes rectificaciones de los menos. Pero la poesía siguió brotando como una fuente o manando como una herida, o construyendo a brazo partido, o cantando en el desierto, o levantándose como un árbol, o desbordándose como un río, o estrellándose como la noche en las mesetas de Bolivia.

La poesía acompañó a los agonizantes y restañó los dolores, condujo a las victorias, acompañó a los solitarios, fue quemante como el fuego, ligera y fresca como la nieve, tuvo manos, dedos y puños, tuvo brotes como la primavera, tuvo ojos como la ciudad de Granada; fue más veloz que los proyectiles dirigidos, fue más fuerte que las fortalezas: echó raíces en el corazón del hombre.

No es probable que comenzando el año 2000 los poetas encabecen una sublevación mundial para que se reparta la poesía. La poesía se repartirá como consecuencia del progreso humano, del desarrollo y del acceso de los pueblos al libro y a la cultura. No es probable que los poetas lleguen a dictaminar o a gobernar, aunque algunos de ellos lo están haciendo, algunos muy mal y otros menos mal. Pero los poetas serán siempre buenos consejeros y cuidado con desoírlos. Muchas veces los gobiernos tienen comunicaciones públicas con sus pueblos. La poesía tiene comunicación secreta con los sufrimientos del hombre. Hay que oír a los poetas. Es una lección de la historia.

Es probable que en el año 2000 el poeta más novedoso, más a la moda en todas partes, sea un poeta griego que ahora nadie lee y que se llamó Homero.

Yo estoy de acuerdo y con este fin voy a comenzar a leerlo de nuevo. Voy a buscar su influencia, dulce y heroica, sus maldiciones y sus profecías, su mitología de mármol y sus palos de ciego.

Preparando el nuevo siglo trataré de escribir a la manera de Homero. No me quedará mal un estilo tan fabuloso y tan empapado del mar ilustre.

Luego saldré con algunas banderas de Ulises, rey de Ítaca, por las calles. Y como los griegos ya habrán salido de sus presidios, me acompañarán también para dar las normas del nuevo estilo del siglo XXI.

ME LLAMO CRUSOE...

Chile atrae ciertos acontecimientos insólitos. Nuestro territorio seco, hirsuto, arenoso, húmedo, enmarañado, tiene fosforescencias magnéticas. Aquí vinieron, hace algunos días, los profesionales de terremotos a trazar un mapa —siempre superficial— de nuestros secretos terrestres. La patria conoció, antes que nadie, las sacudidas atómicas. Estamos resguardados y amenazados por un cinturón de volcanes cuyo interior es tan desconocido como el fuego de los lejanos planetas.

La cuestión es que nuestra contextura ferruginosa atrae ciertos sucesos de tipo inaudito. El motín de Cambiaso, en las noches heladas de Punta Arenas, nos da la visión de un emperador sanguinario, de uniforme rojo y dorado sobre caballo blanco y pabellón con calavera ondulando en la ventisca.

No pasan en todas partes estas salidas de sangre.

Me he preguntado muchas veces por qué Robinson Crusoe llegó hasta nuestra isla del Pacífico a especializarse en soledades.

Voy a revelarlo.

Porque ya la conocía. No se trataba de su primera visita. Y no estoy seguro de que no haya vuelto después.

Porque el 10 de enero de 1709, Alejandro Selkirk (un año después de haber sido rescatado de su reclusión en Juan Fernández) fue nombrado contramaestre de la fragata *Bachelor*, que merodeaba por nuestros mares. Selkirk-Crusoe sabía lo que hacía o bien era atraído por el imán de la isla.

Hay que examinar por qué *Robinson Crusoe*, libro entre muchos libros, fascinó, siguió y sigue fascinando a medio mundo.

El hombre no quiere aislarse. La soledad es contra natura. El ser humano tiene curiosidad diurna y nocturna por el ser humano. Los animales apenas se miran o se advierten. Sólo los perros, los hombres y las hormigas demuestran irresistible curiosidad por su propia especie y se miran, se palpan, se huelen.

La insoportable soledad del marinero escocés, que comienza a construir un mundo solitario, sigue siendo motivo de la inteligencia y enigma que nos pertenece.

El capitán Woodes Rogers cuenta en su Diario de Viaje la liberación de Alejandro Selkirk. Es un buen periodismo, y el capitán trata el hecho como un reportaje singular. Imaginemos que sólo en el día de ayer fue descubierto y rescatado Robinson Crusoe y no de otra manera lo habríamos leído en *El Mercurio* o en *El Siglo*. Escribe el capitán Rogers:

> Poco después volvió la barcaza con cantidad de langostas y un hombre vestido con pellejos de cabras que parecía más salvaje que esos animales. Era un escocés llamado Alejandro Selkirk, que había sido contramaestre a bordo del navío *Los Cinco Puertos* y que el irascible capitán Stradling había abandonado en esa isla desde hacía cuatro años y cuatro meses.
>
> Nos dijo que él hubiera querido entregarse a los franceses si alguno de sus navíos hubiera llegado a la isla o hubiera preferido morir en ella, antes de caer en manos de los españoles, que no habrían dejado de matarlo ante el temor de que pudiera servir a los extranjeros en el descubrimiento de los mares del Sur. Abandonado en esa isla con alguna ropa, su cama, un fusil, un tarro de pólvora, balas, tabaco, un hacha, un cuchillo, una olla, una Biblia, sus instrumentos y sus libros de marina, se divirtió tratando de arreglárselas como le fuera posible. Pero, durante los primeros meses, le costó mucho vencer su melancolía y sobrepasar el horror que le causaba una soledad tan espantosa.
>
> Después de haber desterrado su melancolía, hallaba solaz en grabar su nombre en los árboles con la fecha de su exilio. O bien cantaba con toda su voz en la soledad, o enseñaba a gatos y cabras salvajes a bailar con él. Los gatos y los ratones le hicieron al comienzo una guerra cruel: se habían multiplicado, sin duda, por medio de algunos de su especie salidos de los barcos que por agua y leña tocaron en la isla. Los ratones venían a roerle los pies y la ropa mientras dormía. Para combatirlos se le ocurrió darles a los gatos algunos buenos pedazos de carne de cabra, lo que hizo que tanto se acostumbraran a él, que venían a dormir por cien-

> tos alrededor de su cabaña, protegiéndolo de sus enemigos. Así fue que por un designio de la providencia y el vigor de su juventud, puesto que cuando lo encontramos sólo tendría treinta años de edad, se puso por encima de todas las dificultades de su triste abandono y pudo vivir a gusto en su soledad.

Cuando el abandonado creó su pequeño mundo, no se dio cuenta de que cumplía una infinita aspiración humana, la de dominar la naturaleza venciéndola por la gravitación de la inteligencia. Su lema de solitario tuvo que ser: «Por la razón y por la razón, siempre por la razón», el mismo lema que proponía Unamuno a los chilenos. El marinero que se transformó en Robinson y enseñó a bailar a los gatos y a las cabras, fue un nuevo Adán, sin Eva, pero poderoso. Su canto solitario era como el himno a la creación recién comenzada.

Extraño destino que nos asombra aún. Y cuando Selkirk retorna a su amada Escocia, contando la hazaña de taberna en taberna, comienza a sentir la nostalgia de su gran claustro de cielo y mar. El Océano Pacífico, irreal, superabundante y extenso, lo sigue llamando con los coros más insistentes. Lo sigue transformando hasta darle el toque de la suprema transfiguración.

Un escritor imponderable, Daniel Defoe, oye hablar del marino solitario, de la naturaleza lejanísima, del magnetismo de las islas chilenas.

Murió Alejandro Selkirk. Pero en un navío de papel impreso —que hasta ahora sigue navegando— regresó a Juan Fernández un nuevo marinero.

—Quién eres? —le preguntaron.

—Me llamo Robinson Crusoe —respondió.

ESCARABAGIA DISPERSA

A UN ESCARABAJO...

También llegué al escarabajo
y le pregunté por la vida:
por sus costumbres de otoño,
por su armadura lineal.
Lo busqué en los lagos perdidos
en el Sur negro de mi patria,
lo encontré entre la ceniza
de los volcanes rencorosos
o subiendo de las raíces
hacia su propia oscuridad.
Cómo hiciste tu traje duro?
Tus ojos de zinc, tu corbata?
Tus pantalones de metal?
Tus contradictorias tijeras?
Tu sierra de oro, tus tenazas?
Con qué resina maduró
la incandescencia de tu especie?
(Yo hubiera querido tener
un corazón de escarabajo
para perforar la espesura
y dejar mi firma escondida
en la muerte de la madera)
((Y así mi nombre alguna vez
de nuevo irá tal vez naciendo

por nuevos canales nocturnos
hasta salir por fin del túnel
con otras alas venideras.))
«Nada más hermoso que tú,
mudo, insondable escarabajo,
sacerdote de las raíces,
rinoceronte del rocío»,
le dije, pero no me dijo.
Le pregunté y no contestó.
Así son los escarabajos.

(Punta del Este, 1968.)

En mi infancia temuquesina escribí una pequeña elegía «A un escarabajito que inadvertidamente aplasté con los pies». Por ahí anda en un grueso librote que sigue en poder de mi hermana Laura y que contiene mis execrables primeros versos. De cuando en cuando alguien los descubre y publica dándome puñaladas retrospectivas.

Ahora lo he advertido al escribir en Punta del Este otro pequeño poema, nada elegíaco, sino más bien eléctrico, a otro escarabajo que encontré allí entre las raíces de los pinares. Era de una familia diferente y con un cuerno hacia arriba, como una mínima fiera de otra edad zoológica. No lo identifiqué. Pero nada extraño que no lo conociera, ya que los entomólogos pretenden clasificar la totalidad coleóptera en trescientas mil especies. Posiblemente se equivoquen, pues siempre habrá más coleópteros, porque son tan duros, tan enigmáticos y tan bellos que el mundo estaría incompleto sin su multitudinaria presencia. Y aunque Leonov no me lo dijo cuando pasó por mi casa de Isla Negra, estoy seguro de que vio la Tierra desde lejos como si fuera un gran coleóptero, azulado y volante.

En aquellos bosques del Sur, que ya fueron asesinados a vista y paciencia de nuestros gobernadores, me embelesó descubrir la silenciosa vida de los bichos, debajo de piedras grandes o de troncos caídos, cuando no a caballo sobre una corola o entrenadando en una ciénaga.

Allí aprendí a venerar y temer a los cárabos dorados o *peorros*. Esbeltos y ovoidales, con el traje más elegante de la selva, algunos van vestidos de carmín áureo, otros de esmeralda dorada, otros de zafiro amarillo. Pero todos, al pretender recogerlos para mi caja colegial, me hicieron retroceder varios metros lanzándome una ejemplarizadora pestilencia.

Las madres de la culebra *(Ancistrotus Cumingi)*, de siete a ocho centímetros, adosadas ferruginosamente a los antiguos árboles, me dieron la satisfacción de recogerlas con facilidad, a pesar de su evidente grandeza. Mi problema era mantenerlas vivas en la caja perforada, tirándoles hojas molidas y vestigios de madera. Llegué a tener un minúsculo rebaño de ellas: he sido un pastor singular de coleópteros.

Pero el más ligado a mi vida en la Frontera fue nuestro maravilloso ciervo volante *(Chiasognathus granti Steph)*. Esta bizarra bestia envuelta en jade duro nos asombra con su cornamenta verde y su fulgor bruñido. Alhaja de los bosques, radiante belleza que se fue o se irá con la selva sacrificada.

Lo cierto es que escribí, después de cincuenta años, unos versos con el tema remoto, los que esta vez no tuvieron la suerte de ser sepultados en el álbum de mi hermana.

Justo al terminar de escribirlos se interrumpió mi trabajo-descanso en Punta del Este. Me habían descubierto los periódicos. Cuando levanté la vista, contento de mis versos al pequeño e insólito escarabajo, vi avanzar hacia mí a un ser humano que me miraba desde el sitio que debía ocupar su cabeza. Sus ojos eran dos extrañas protuberancias formadas por espesos *cristales* de su teleobjetivo. Me asusté. Parecía un *escarabajo*. Las antenas de este invasor nos retrataron profusamente, tanto a mi tema poético, que se defendía con sus numerosas patas, como a mí, indefenso protector y cantor de escarabajos.

UNA SEÑORA DE BARRO

Que me perdone Marta Colvin, pero la mejor obra escultórica chilena que yo conozco es una «mona con guitarra», de greda, una de las tantas que se han hecho en el ombligo mundial de la cerámica: Quinchamalí. Esta señora de la guitarra es más alta y más ancha que las acostumbradas. Es difícil la ejecución de este gran tamaño, me contaron las artesanas, las loceras. Ésa la hizo una campesina de casi cien años, que murió hace ya tiempo. Resultó tan bella, que viajó a Nueva York en esos años, y se mostró en la Exposición Universal. Ahora me mira desde la mesa más importante de mi casa. Yo no dejo de consultarla. La llamo la Madre Tierra. Tiene redondez de colina, sombras que dan las nubes de estío sobre el barbecho y, a pesar de haber navegado por los mares, conserva ínclito olor a barro, a barro de Chile.

Me contaron las loceras que para su trabajo deben mezclar la greda con hierbas, y que ese negro puro y opaco de los cacharros quinchamaleros se lo dan quemando bosta de vaca. Se me quejaron entonces de lo caro que les cobraba por la bosta silvestre el dueño de los fundos. Nunca pude alcanzar tanta influencia como para rebajar el precio del estiércol de vaca para las escultoras de Quinchamalí. Y aunque sea humildísima esta petición a los poderes mayúsculos, ojalá que la Reforma Agraria regale este producto a las transformadoras del barro con tanta sencillez como lo haría una vaca. La verdad es que esta cerámica nuestra es lo más ilustre que tenemos. El único regalo que le hice a Picasso fue un chanchito negro, alcancía, juguete, aroma chillanejo, creación de la insigne locera Práxedes Caro.

Con espuelas y ponchos, con pulseras de Panimávida, con sirenas de Florida, cantaritos de Pomaire, se alimenta nuestro orgullo perezoso. Porque se producen como el agua, se divulgan sin hacer ruido, son artes ilustres y utilitarias, desinteresadas y olorosas, que viven no se sabe cómo, ni se sabe de qué, pero que nos representan en humildad, en profundidad, en fragancia.

Por eso pienso que entre los tristísimos museos de Santiago el único encantador es el que luce sus tesoros en el Cerro Santa Lucía. Lo creó el escritor Tomás Lago, hace muchos años, en un acto de amor que ha seguido proliferando en tantas bellas colecciones reunidas. Yo mismo anduve en tierras mexicanas buscando con el genial Rodolfo Ayala, el loco Ayala, por iglesias y mercados, palacios y cachureos, objetos escogidos y violentos, que hoy engrandecen a este museo de la delicia.

Yo he sido apasionado de estas creaciones anónimas y me catalogo, a veces, en cuanto a mi poética, como alfarero, panadero o carpintero. Sin mano no existe el hombre, no hay estilo. Pretendía siempre que mi poesía fuera artesánica, antilibresca, porque hasta los sueños nacen de las manos. Y este arte popular, que fue guardado y expuesto con orgullo y amor en nuestro mejor museo, revela, más allá de los museos históricos, que lo más verdadero es lo viviente, y que las obras del pueblo tienen una eternidad no menos ardiente que las de los héroes.

La patria es destruida constantemente. Los destructores están adentro de nosotros. Nos alimentamos del incendio y del aniquilamiento. Las selvas cayeron quemadas: el maravilloso bosque chileno es sólo una mancha de lágrimas en mi corazón. Las rocas más hermosas del mundo estallan dinamitadas en nuestro litoral. Ostiones, choros, perdices, erizos, son perseguidos como enemigos, para extirparlos pronto, para borrarlos del planeta. Los ignorantes dicen de nuestras depredaciones: «Le salió el indio.» Mentira. El araucano nombró al canelo rey de la tierra. Y no combatió sino a los invasores. Los chilenos combatimos todo lo nuestro y, por desdicha, lo mejor. Nunca he sentido tanta vergüenza como cuando vi en los libros de ornitología, en donde queda indicado el *habitat* de cada especie, una descripción del loro chileno: «*Tricahue. Especie casi extinguida.*» No digo aquí el sitio donde se ocultan los últimos ejemplares de este pájaro magnífico, para evitar su exterminio.

Ahora me cuentan que en estos días una chispa de nuestra «revolución cultural» ha llegado hasta el Museo de Arte Popular y pretende destruirlo.

Que el canelo araucano, dios de las selvas, nos proteja.

UNA NOVELA

Tengo un libro apergaminado y amarillo que siempre me atrajo por su locura y su verdad. Es la historia de los amores de don Henrique de Castro y la escribió don Francisco de Lamarca, quien en realidad se llamó Loubayssin de La Marque, caballero francés del que muy poco sabemos, pero que, según parece, fue un gascón que escribió la narración directamente en lengua española.

Se trata de amores tan idos y venidos y consumidos por el fuego caballeresco del Amadís de Gaula, que el hilo de la novela se dispersa entre los continentes. Y pasa desde el Ducado de Milán al Reino de Nápoles y hasta las Islas Molucas, entre infantas, saraos, bailes y banquetes, por entre turcos, pastores, chambelanes, príncipes y guerreros.

Pero lo grande de este libro es que su acción comienza en plena guerra de Arauco, en nuestra tierra. Y entre su profusa galantería retórica la tierra de Chile le da la solemnidad que no hubiera tenido de haber sido sólo el relato de los amores de don Henrique, de Sicandro, de Leonora, de don Esteban, de don Diego y de doña Elvira.

Así comienza la *Historia Tragicómica*:

> En la Antártica región hay una provincia llamada Chile, cuyos límites confinan en la parte del oeste con el mar Océano, y de la banda del Este con una grande y alta sierra.

Más adelante traza el retrato de Lautaro: «Tenía por paje Valdivia un hijo de un cacique al cual quería y amaba como a uno de sus hijos.» Cuando el joven guerrero abandona a Valdivia para encabezar el ejército araucano, cambiando el curso de la guerra, La Marque lo caracteriza y lo enaltece:

> ¿De qué hombre se puede leer prueba de valor tan grande? ¿Ni en qué libro antiguo o moderno se ha hallado que estando uno de la parte victoriosa, se pase a la contraria del vencido? Y que sólo el valor de un bárbaro muchacho haya podido arrebatar, por fuerza, a una nación tan belicosa como la española una tan grande e insigne victoria, de las manos.

No menos grandiosa es la descripción de la muerte de Pedro de Valdivia, derrotado por Lautaro en el momento culminante de su empresa:

> En acabando estos postreros acentos cayó Valdivia muerto entre los pies de los caballos, sin que ninguno de los suyos se hallara presente para poder ayudarle en aquel trance.

Y por matar al conquistador, increpa a la muerte con estas graves palabras:

> ¿Por qué eres de condición tan extraña que nunca das sino para quitar? Testigo es este pobre capitán Valdivia que mil veces te ha llamado cuando sudando por el peso de las armas y atormentado por el hambre iba caminando como un pobre soldado (sin dinero, sin vestidos y alguna vez herido), debajo de una bandera. Y ahora que la potestad, la riqueza y el contento le tenían puesto en la cumbre, le pronuncias tu rigurosa sentencia.

Harto me ha conmovido encontrar a través de las 880 páginas del olvidado novelón el paisaje y los nombres fragantes del sur de Chile: Penco, Concepción, Imperial, el valle de Tucapel, los ríos araucanos, «la tierra de Chile, con más llamas que el Etna».

Termina el libro contando las aventuras de don Lorenzo de Castro que, entre Pizarros y Almagros y Atabalibas o Atahualpas, forma en las legiones invasoras, sin que falte, por cierto, el ermitaño de las fábulas, ni el zahumerio que encadenará a los amorosos.

Así, pues, deben saber los que ignoran y comprobarlo los eruditos, si es ésta la primera novela chilena escrita por alguien que nunca conoció esta tierra y sólo vio su resplandor a través de los diamantinos versos de *La Araucana*. Aunque lo cierto y lo importantísimo es que sus muchísimos idilios y episodios se tejen y destejen entre el estampido de las guerras de Chile y el olor a sangre y a lluvia del territorio austral.

Para que lo sepan: se imprimió este libro en París, en la imprenta de Adrián Tisseno, el 19 de enero de 1617.

LA CAZADORA DE RAÍCES

Ehrenburg, que leía y traducía mis versos, me regañaba: demasiada *raíz*, demasiadas *raíces* en tus versos. Por qué tantas?

Es verdad. Y esto me lo decían mucho antes de que saliera del suelo el cuarto tomo de mi *Memorial*. Éste se llama *El cazador de raíces*.

Las tierras de la frontera metieron sus raíces en mi poesía y nunca han podido salir de ella. Mi vida es una larga peregrinación que siempre da vueltas, que siempre retorna al bosque austral, a la selva perdida.

Allí los grandes árboles fueron tumbados a veces por setecientos años de vida poderosa o desraizados por la turbulencia o quemados por la nieve o destruidos por el incendio. He sentido caer en la profundidad del bosque los árboles titánicos: el roble que se desploma con un sonido de catástrofe sorda, como si golpeara con una mano colosal a las puertas de la tierra pidiendo sepultura.

Pero las raíces quedan al descubierto, entregadas al tiempo enemigo, a la humedad, a los líquenes, a la aniquilación sucesiva.

Nada más hermoso que esas grandes manos abiertas, heridas y quemadas, que atravesándose en un sendero del bosque nos dicen el secreto del árbol enterrado, el enigma que sustentaba el follaje, los músculos profundos de la dominación vegetal. Trágicas e hirsutas, nos muestran una nueva belleza: son esculturas de la profundidad: obras maestras y secretas de la naturaleza.

Todo esto lo recuerdo porque la señora Julia Rogers, como un hada forestal, me ha enviado de regalo una raíz de roble, de cien kilos de peso y de quinientos años de edad. De inmediato comprendí con su regalo que esas raíces pertenecían a un pariente mío, a un padre vegetal que de alguna manera se hacía presente en mi casa. Tal vez alguna vez yo escuché su consejo, su múltiple murmullo, sus palabras verdes en la montaña. Y tal vez ahora llegaban a mi vida, después de tantos años, a comunicarme su silencio.

Una cazadora de raíces!

Imaginarla husmeando sobre el húmedo humus entre la intensa fragancia de las *tricuspidarias* y las *labrinias*, allí donde la *araucaria imbricata*, las *cupresinias*, los *libocendrus* o el *drimis winterey* se enseñorean como torres. Cruzar a caballo las agujas de la llovizna, enterrar los pies en el barro, oír el idioma gutural de los choroyes, quebrarse las uñas acechando cada vez una raíz más importante, más entrelazada, más lakoónica.

La señora Rogers me escribe que a veces los árboles desraizados han permanecido cien años al viento, a la intemperie, a pleno invierno. Esto da a las obras maestras que ella busca texturas arañadas, colores de platería cenicienta, y, por sobre todo, la imponente belleza hirsuta y desgarradora que formaban los pies del árbol.

El gran sur forestal se va extinguiendo totalmente, arrasado, quemado y combatido. El paisaje se monotoniza y adquiere la vestimenta industrial que necesita la «Papelera». Se terminan los bosques sustituidos por los pinares con sus infinitas hileras de impermeables verdes. Tal vez estas raíces chilenas que la cazadora decidió reservar para nosotros serán algún día reliquias, como las mandíbulas de los megaterios.

No sólo por eso celebro su pasión, sino porque ella nos revela un complicado mundo de formas secretas, una lección estética que nos da una vez más la tierra.

Hace años, andando con Rafael Alberti entre cascadas, matorrales y bosques, cerca de Osorno, Rafael me hacía observar que cada ramaje se diferenciaba, que las hojas parecían competir en la infinita variedad del estilo.

—Si parecen escogidas por un paisajista botánico para un parque estupendo —me decía.

Aún después y en Roma recordaba Rafael aquel paseo y la opulencia natural de nuestros bosques.

Así era. Así no es. Pienso con melancolía en mis andanzas de niño y de joven entre Boroa y Carahue, o hacia Toltén en la cerrerías de la costa. Cuántos descubrimientos! La apostura del canelo y su fragancia después de la lluvia, los líquines, cuya barba de invierno cuelga de los rostros innumerables del bosque.

Yo empujaba los rostros caídos, tratando de encontrar el relámpago de algunos coleópteros: los cárabos dorados, que se habían vestido de tornasol para un minúsculo ballet bajo las raíces.

O más tarde, cruzando a caballo la cordillera hacia el lado argentino, bajo la bóveda verde de los árboles gigantes, un obstáculo: la raíz de uno de ellos, más alta que nuestras cabalgaduras, cerrándonos el paso. Trabajo de fuerza y de hacha hicieron posible la travesía. Aquellas raíces eran como catedrales volcadas: la magnitud descubierta que nos imponía su grandeza.

Todo esto pensando en la apasionada existencia de una nueva cazadora de raíces. Importante tarea, como sería la de coleccionar volcanes o crepúsculos.

Lo cierto es que las raíces, que siempre aparecieron en mi poesía, han vuelto a establecerse en mi casa como si hubieran caminado bajo la tierra, persiguiéndome y alcanzándome.

UNA CARTA PARA VÍCTOR BIANCHI

El litoral se estremeció con las marejadas de julio. El mar arrasó con muchas habitaciones de las orillas. Los cercos derribados quedaron esparcidos como los fósforos de una caja aplastada por los pies de una muchedumbre. Fue fantástico ver embarcaciones atravesadas en una calle de Algarrobo.

El gran peñón de Punta de Tralca sostuvo todo el embate marino. Parecía un león de cabellera blanca. Las inmensas olas lo sobrepasaban y lo cubrían. Gran avanzada de la costa se mantuvo nevado y crepitando bajo el fuego frío de las grandes espumas. Frente al Trueno de Tralca el mar era un ejército de artillería infinita, de cósmicas caballerías. El gran océano continuó sus asaltos durante toda la noche y durante todo un día espléndido y azul.

Me mantuve embelesado, ansioso, abrumado y anhelante frente al terrorismo de la naturaleza.

No me pareció extraño cuando noté, Víctor, que estabas junto a mí. Te estaba esperando.

Porque siempre fuiste, Víctor Bianchi, el espectador activo de proezas y desastres, de la circunstancia excepcional, de la conmoción misteriosa, del ámbito más estrellado.

Ya habías experimentado el pánico celeste en la corona misma del Aconcagua, entre muertos y sobrevivientes de una jornada terrible. Y luego los grandes ríos tropicales te vieron pasar en piragua. O las islas incógnitas que con tu pequeña estatura exploraste hundiéndote en las grietas desconocidas. Otra vez fueron las solfataras del desierto. O las minas geométricas de sal gema. O las secretas cataratas de azogue colombiano.

Me parece que vestido de pingüino emperador, llevado por tu curiosidad violenta, te deslizaste entre millones de pingüinos en las praderas antárticas, y aprendiste secretos y lenguajes que nadie más que tú conoció.

Tenías la guitarra aventurera. Ni Jorge Bellet ni los compañeros anónimos de mi travesía pudieron extrañarse cuando tú amarraste a la montura, para cruzar los Andes conmigo, sólo una frazada y tu guitarra. Y cuánto nos ayudó aquella caja sonora, cómo cantaste y encantaste en San Martín de los Andes, adonde llegamos como aerolitos chilenos, cubiertos de polvo andino que es como polvo de estrellas.

Pero siempre fuiste clarísimo y meticuloso: eras una ráfaga controlada por el conocimiento. Al despuntar el alba, o de noche aún, te ibas solitario a explorar el camino de mi exilio. Ibas marcando bajo los huraños bosques, rocas y arboledas, abismos y cascadas, la ruta que nos tocaría recorrer algunas horas más tarde. Te levantabas temprano para trazar el mapa del camino en tu cabeza. Te habías embarcado, sin que te hubiéramos llamado, en la insólita aventura. Siempre llegaste a tiempo con tu sabiduría donde te esperaban, sin saberlo, los que te necesitaban. Ése fue tu don. Y lo prodigaste con tal exactitud y con tanta generosidad que así has cambiado de planeta, tal vez sin darte cuenta, saltando de un camino al amanecer hacia otro sitio desconocido con tu guitarra en la mano.

Por eso cuando caía sobre la roca del Trueno la sal y la nieve de la marejada, y se estremecía el litoral a plena luz de sol, y cielo y océano se reunían en la catástrofe azul, oí un pequeño ruido a mi lado, y ahí estabas.

Es natural. Cuando sentiste el oleaje, habrás pensado: «Aquí hacen falta mis ojos. Hay que hacer algo. Hay que servir.»

Miré, y habías llegado con tu guitarra.

Dinámico y sonoro, servir y cantar fueron los polos de tu destino. Y cuando me dijeron que, en Antofagasta, en la niebla del amanecer de la pampa, en un camino, un camión te había arrebatado hacia el otro mundo, pensé para mí: «Qué hacerle! Otra vez Víctor Bianchi, mi buen compañero, nos da una nueva sorpresa. Una vez más se ha ido con su música a otra parte.»

LA NOCHE DE LOS ESCULTORES

Voy a explicar por qué, siéndome obligatorio, no me presenté cierta noche a la función de gala del Gran Teatro de Viareggio. Era función de honor dedicada a los premiados, entre los cuales me contaba yo. Como mi Premio era el Internacional tal vez era justo que me esperaran. El palco en que se sentó Matilde tenía guirnaldas que iluminaban los focos de televisión. Esto pasó en 1967. Mi pecado me ronda todavía.

Marino Marini me invitó a comer aquella noche. Este escultor de los caballos mágicos, con el pintor Morandi, Beato Angélico de las botellas, forman el dúo supremo de las artes italianas. Nos dividimos, y acompañados por mi editor me presenté a la casa de Marini, pensando llegar más tarde a sentarme con Matilde entre las guirnaldas de Viareggio. No pasó así, por cierto.

Era una fiesta con unos pocos amigos y señoras largamente vestidas.

Nos sentamos frente al jardín con las copas de rigor. Lejos, en el fondo, una valla de árboles oscuros extendía el espacio hacia la profundidad de la noche. Marino Marini me pareció más fino y penetrante, más ciudadano de calles y casas de lo que yo pensaba. En el desconocimiento, el nombre forma al hombre. Y con tanto mar en el nombre, lo había imaginado más marinero o más terrestre. La levedad ágil de su cuerpo, su cortesía sutil, el toque sonriente de su inteligencia, me siguieron sorprendiendo durante la comida. Ésta se pasó bajo la enramada. Todo era bueno y bello de comer y oír, de ver y de beber. Se sentó a mi lado la florentina más bella, de anchos ojos dorados que hacían juego con un vestido árabe que la cubría desde el mentón a los tobillos.

—Pensar —dije a mi vecina— que si bien Marino Marini tiene toda mi admiración, yo debiera de estar comiendo ahora con otro escultor por ciertos deberes estrictamente australes.

—Cómo es eso? —me preguntó la florentina deslumbrante. Le conté entonces que existía una ciudad, Valdivia, en un país lejanísimo, Chile, y que en aquella ciudad, hace casi ciento cincuenta años, un Byron del mar, llamado Lord Cochrane, había llegado a tales proezas que los chilenos no podemos olvidar. Desde allí había emprendido la liberación del océano. Ahora queríamos levantar en Valdivia un monumento a su memoria. Y habiendo venido de Gran Bretaña el navegante, pensamos que debía ser un inglés, Henry Moore, el escultor elegido.

—Así es que usted quiere ver a Henry Moore? —me asestó la de ojos dorados.

—No es posible, vive en Inglaterra —respondí—. Por esta noche es bastante para mi archivo estar entre ustedes, y Marino Marini. Si sobrevivo buscaré al inglés.

Ella se levantó, dejando un vacío reverberante. Ya estábamos tomando el café. Volvió pronto y me dijo al oído:

—Lo espero en mi automóvil. Podrá ver a Henry Moore. Despídase sin decir adónde vamos.

Seguí detrás de su resplandor. Luego fue el viaje a través de la noche desconocida y florida. Cruzábamos aldeas, franjas luminosas, oscuridades selváticas, aldeas otra vez, caminos de asfalto o tierra. Adelante! Lord Cochrane me esperaba. Es decir, el escultor para Lord Cochrane.

Llegamos a una finca que se me antojó mítica y patriarcal, especie de Dominio del gran Meaulnes. El hada de oro traspasó los portones. Diez personas se apartaron dejándome solo en el círculo con Henry Moore y mis funestos presentimientos. Qué pasaría en Viareggio? Y Matilde, la televisión y las guirnaldas?

Henry Moore sí que era marinero de aspecto. Corto, ancho, cordial y poderoso. Naturalmente nunca había oído hablar de Valdivia. Antinaturalmente tampoco de Lord Cochrane. Accedió a mi petición. La Ciudad del Agua encargaría el monumento. Libertad absoluta. Tal vez en forma de mástil. Tal vez en forma de ola.

Estuve elocuente. Me parece que le gustó la idea.

A mí me agradan las obras de encargo. El artista asume con ello responsabilidad y puntualidad. Está claro que no le pediremos al escultor grandioso esculturas polémicas, ni al modesto poeta de treinta y cinco libros crónicas polemistas.

No sé cómo nos enredamos en una conversación extraña para mi conversación. No toco nunca el tema. Pero el hecho es que durante aquella media hora, y no se sabe por qué, con Henry Moore sólo hablamos de la Muerte. Moore reflexionaba con gran simplicidad. Tuve la sensación de estar con un gran picapedrero que conoce el más acá y el más allá de la dureza: es decir, la piedra infinita. Me parece recordar que la idea mortal no lo atajaba: que no lo abrumaría jamás el pensamiento de morir. En esa madurez estábamos de acuerdo. La plenitud de la vida hace menos desgarradora la aceptación inevitable.

La noche se había llenado de sonidos: perros y ranas, distantes bocinas. Y me di cuenta de que estábamos solos. Nuestra conversación era irresistible pero interminable. Busqué los ojos fosforescentes de mi amiga de Florencia. Me llevaron de regreso a través de estrellas y viñedos, rutas sombrías, silencio lleno de música, hasta la noche de gala de Viareggio.

Cuando llegamos me susurró:

—Está ahora contento de su Mata-Hari?

Aunque ella condujo con velocidad de astronauta llegamos tarde a la puerta del Gran Teatro. Ya el alcalde y su comitiva se retiraban.

El público no me conocía tal vez, pero por precaución me quedé esperando en la sombra hasta que se dispersó la gente. Restablecida la soledad, salí a buscar a Matilde.

Todavía está enojada.

CARACAS VIBRATORIA

Venezuela toma con amor furioso sus actos electorales. Tantos eclipses tuvieron éstos en su atormentada historia, que ahora brillan con papel, bengalas, aviones, amén de ruidos infernales.

Caracas se ha convertido en feria multicolor. Cuelgan millones de tiras y retratos, de volantes verdes o blancos o celestes o rojos. Vote por el Ancla o por la Llave o por el Caballo. Vote por el Amarillo, vote Verde, vote Blanco. Vote por Burelli, por Prieto, por Caldera, por Gonzalo. Y por Arturo, por Gustavo, por Wolfgang, por Miguel Otero.

La radio, la televisión, los diarios, los teléfonos, ensordecen con una gran alegría. Salen a bailar Hitler, Bolívar, Fidel Castro, Frei.

Fuimos a la playa con Inocente Palacios, gran señor de las artes; Miguel Otero Silva, que cumplía sus sesenta años, y sus compañeras.

Matilde entró a las pequeñas olas tibias con los venezolanos. Yo me quedé escribiendo en la bellísima casa de madera bruñida. Cuando volvió le pregunté:

—Qué tal? Nadaron?

—Yo nadé —me contestó—, pero ellos se dedicaron a hablar de política entre ola y ola.

La cita de la noche venezolana con el pintor Alejandro Otero produjo un milagro encendido, difícilmente descriptible. Colosales estructuras, escaleras del cielo, torres centelleantes, esferas estrelladas, pueblan un punto de Caracas comunicándonos un estremecimiento diferente, una sacudida planetaria.

Lo fenomenal es que el pintor de pureza geométrica, el vencedor de una línea que pareció perderse en la oscuridad individual, haya renacido en este arte público, de fascinación totalitaria. Los inmensos objetos, parecidos a proyectiles espaciales, nos deslumbran de inmediato.

La *Torre Vibrante*, con más de veinte metros de altura, nos transmite el movimiento y la luz como si tuviera una circulación misteriosa. Millones de luciérnagas, abejas de plata trabajando en la colmena vertical. La *Novia del Viento* oscila en una rotación de pureza astronómica, sumándose al distante ritmo, a la respiración de la noche. El *Rotor* o la *Integral*, de vidas propias, oscilaciones y resplandor diferentes, reverberan y se mueven en forma perezosa, como objetos cósmicos, cuidadosamente estructurados, caídos en el corazón de Caracas.

Todas las revelaciones del arte óptico y añético, arte que de alguna manera se desprende de la luz venezolana, me han dado siempre el regocijo de un gran juego puro, de una limpieza esencial. El placer deriva de una sorpresa preclara, sin posible mixtificación. Tales artes de la claridad no necesitan teoría: son la respuesta de la verdad en el término del laberinto.

Pero hay que entender que si las resplandecientes obras de Le Parc o Soto, por la gravitación del dinero, corren a esconderse en las colecciones o en los museos, tal arrinconamiento debe sobrepasarse. Resulta intolerable la oscuridad para objetos tan activos, para una conciencia tan luminosa.

Y ésta es la gran aventura: la inauguración espacial de Alejandro Otero.

Veo en Brasilia, en Filadelfia, en los Santiago de Chile y de Cuba, en la Plaza Roja de Moscú, en los parques de Francia, frente al desfile de la multitud, estas estalactitas construidas con pasión, determinando la fe en el destino del hombre a través de la alegría creadora.

EN BRASIL

En Río visité a Burle Marx, el Conquistador de la flora, Libertador de jardines, Héroe Verde del Brasil, que con Niemeyer y Lucio Costa forman la trilogía procreadora de las ciudades radiantes. Me pasea bajo hojas inmensas, me muestra raíces espinosas que se defienden bajo la tierra, troncos con sarpullido, asombrosas quermelias marmoratas, ilairinas misteriosas y especialmente el tesoro de sus bromelias, recogidas del Brasil profundo o investigadas en Sumatra. Son kilómetros de esplendor en los que florecen el escarlata, el amarillo, el violeta, hasta que volvemos a casa con una nimphea purísima que vibra como un relámpago azul en manos de Matilde.

Pero Jorge Amado me llama desde Salvador y volamos al mercado de Bahía, a comer batapé y beber cerveza en la ciudad encaracolada de la magia. Como lo hice en Río, vuelvo a leer mis versos al público abierto, muchachos y muchachas, a estampar centenares de autógrafos que me abruman.

Recorro con Jorge los retorcidos entrepechos de Salvador, bajo la luz perforante. Subimos al avión saturados del cítrico aroma de Bahía, de la emanación marina, del fervor estudiantil. Dejamos abajo, en la losa del aeropuerto, a los Amado: robusto, Jorge, siempre dulce Celia, a Paloma y João: mi familia en Brasil.

Al aire! Al anchísimo celeste! Desde la altura: la ciudad blanca, la ciudad Venus: BRASILIA!

El diputado Marcio me abre todas las puertas. Pero Brasilia no tiene puertas: es espacio claro, extensión mental, claridad construida. Los sectores comunes pululan de niños, sus palacios dan dignidad inédita a las instituciones. El arquitecto Italo, compañero de Niemeyer, tiene ya diez años de Brasilia y nos señala el nuevo Itamaraty, el Congreso, el Teatro inconcluso, la Catedral, rosa férrea que abre en la altura grandes pétalos hacia el infinito.

Brasilia, aislada en su milagro humano, en medio del espacio brasilero, es como una imposición de la suprema voluntad creadora del hombre. Desde aquí nos sentiremos dignos de volar a los planetas. Niemeyer es el punto final de una parábola que comienza en Leonardo: la utilidad del pensamiento constructivo: la creación como deber social: la satisfacción espacial de la inteligencia.

DIARIO DE VIAJE

De Ipanema, con azul océano, islas y penínsulas, montes jorobados, trepidación circulatoria, Vinícius de Moraes me lleva a Belo Horizonte (inmensa Antofagasta de la meseta), luego a Ouro Preto, colonial y calcárea, con el aire más transparente de América del Sur y una basílica en cada uno de sus diez cerros que se elevan como los dedos de las manos en la reconcentrada mansedumbre. Aquí vive Elisabeth Bishop, gran poetisa norteamericana que conocí hace años en lo alto de una pirámide de Chichén Itzá. Como no estaba en Brasil, le escribí un pequeño poema en inglés, un poema con errores, como debe ser.

El libertador de esclavos e independentista Tiradentes mira las iglesias desde una altísima columna, en el centro de la plaza donde fue descuartizado. Tiradentes —Sacamuelas, porque era dentista— encabezó una revolución derrotada en el corazón clerical y esclavista de la monarquía. Ahora lo han dejado, pequeñísimo, en una columna ridícula, encaramado en la gloria, en vez de ponerlo en medio de la gente blanca y negra que se pasea por la plaza de Ouro Preto.

Pero en Congonhas; adonde llegamos a ver las estatuas del Aleijadinho, nos encontramos de pronto adentro de una romería con esos cánticos que, con voz de bronce, dirige un sacerdote desde el templo, y niños, mujeres, vendedores callejeros, la muchedumbre, en fin, cantando o comiendo fritanga, los chicos sentados sobre los profetas de piedra de nuestro Miguel Ángel americano.

Cortando el pobrerío, como se corta un queso, nos acercamos, y Matilde me retrata con Isaías, con Daniel, con Ezequiel, y no me siento mal junto a cada uno de ellos, sólo que ellos fueron mejores poetas que yo y ahora se muestran, en sus retratos de piedra, poderosos o pensativos, iracundos o dormidos. Jonás tiene un pequeño pez, del que sólo divisamos la cola entre las cabecitas negras y blancas de los romeros de la romería. Me acerco para ver si es una sirena (qué belleza sería ver un profeta en la red de una hija del mar), pero no. Sólo se trata de una ballena, de su ballena, que el Aleijadinho le puso sonriente junto a la cintura para que no la deje olvidada en los vagones ferroviarios del cielo.

Más tarde, a través de la tarde, cruzamos selvas, ríos grandes, caminos que atraviesa de pronto una mariposa Marpho, dándonos un escalofrío azul, y árboles junto a la ruta, cubiertos de fuego escarlata, de frutas que cuelgan de las ramas como sandías aéreas, de montículos de hormigas termites, las que inventaron los rascacielos, y más tarde, de noche, cansados de tanto esplendor, a dormir en Petrópolis, en la ciudad fresca del Brasil, donde Gabriela Mistral vivió tal vez las horas más felices y las más desdichadas de su existencia. Buenas noches, Gabriela!

COLOMBIA ESMERALDINA

Desde el restaurante de un piso 46, en São Paulo —donde el almuerzo transcurría casi entre las nubes—, aviones jet o mosquitos de cuatro plazas me sacudieron, levantaron y depositaron en Manizales.

Veinticinco años hace que visité Colombia.

Reconozco desde arriba su linaje cordillerano, el entrecruzamiento de montes y ríos, valles y vapores: una geografía de esmeraldas mojadas que suben y bajan del cielo.

Debo presidir un Jurado de Teatro Universitario Latinoamericano.

El avioncetín baja a una pista de cuatro metros de anchura, entre dos abismos: el filo de una navaja andina.

Manizales estaba irreconocible, moderna, crecida, limpia como ninguna ciudad.

Me sumergí en el escenario cotidiano con teatro nuevo cada día del Perú, Brasil, Venezuela, Argentina, Ecuador, Colombia. Teatro lírico o zumbón, experimental o satánico, popular o intelectualizante. En todo caso, vivo y vital, trabajado y meritorio. Me pasé una semana adentro de la Sala oscura, viviendo con extraños personajes, arlequines y desharrapados, esquizofrénicos y papis ejecutivos.

A mí me gustó más que nada una pieza brasileña tomada de los teatros de marionetas populares que recorren el Brasil.

Los actores reviven en tres actos los movimientos peleles, y la vampiresa, el negrito sabio, el hacendado enamorado, llegan hasta el cielo pendientes de cuerdas que no existen.

Frescura y raíces de pueblo se reúnen en esta unidad teatral que mereció el premio por unanimidad.

(Luego de mi regreso a Bogotá, una conspiración palaciega dio la «Máscara de Oro» a una obra norteamericana, vomitativamente obscena.)

Mi vida en Manizales seguía por la calle de día, el teatro de la noche: perseguido por muchísimos cazadores de firmas entré a cortarme el pelo en la peluquería local, y allí estuve rodeado por cincuenta espectadores firmando libros y papelitos mientras el paciente peluquero apartaba cabezas para entrarme tijeras.

De vuelta en Bogotá, la poesía mayor de Colombia, los Rojas, Zalameas, Carranzas, De Greiff, Camachos y Castro-Saavedras, me hace guardia para impedir la curiosidad y los álbumes.

Renuncio a seguir a México, con el amor que le tengo y lo mucho que allí me aguarda. Pero corre la sangre estudiantil y la Antorcha Olímpica se apaga para mí.

Por esos mismos días muere acribillado en las montañas colombianas un guerrillero solitario: se llama Ciro. Para la biografía policial es un bandido. Para muchos, un héroe. Lo acorraló un batallón y el muchacho murió dando balazos. Gran tristeza entre la emoción de la amistad y de la claridad poética de Colombia.

Cuando no quiero ser condecorado por el señor Lleras Restrepo, no faltan quienes se dan por ofendidos.

Contesto: nada me apartará del corazón verde de Colombia. Una medalla más o una medalla menos significa poca cosa. Mi poesía seguirá celebrándote, Esmeralda.

Luego el Museo del Oro Precolombino, con sus máscaras, collares, caracoles, mariposas, ranitas refulgentes. Nuestra América enterrada vive aquí acusando a sus cristianos crucificadores. Y su orfebrería milagrosa no tiene voz: es un callado relámpago de oro. Ojalá hubiera, a la salida del Museo, un gran cuenco de oro para dejar las lágrimas.

Mañana volaremos a Venezuela.

ADIÓS A TALLONE

Desde Alpignano, cerca de Turín, me escribe Bianca: «Nuestro Alberto no alcanzó a leer tu carta, ni a imprimir tu nuevo libro. Hace dos meses que se nos fue para siempre.» Alberto Tallone, impresor, debió imprimir la prosa de Leonardo da Vinci y viajó a la comarca de Leonardo, para sentirlo y vivirlo. Allí vio pasar a Bianca, entre campo y calle, por un instante la encontró tan leonardesca que la siguió de inmediato para expresarle su amor. Se casaron allí mismo algunos días después.

He pasado días felices en esa casa italiana entre Alberto impresor y Bianca impresora.

La imprenta estaba allí mismo, ancha y clara, montada como la de Gutenberg para el trabajo manual, para la demostración preclara de la tipografía.

Yo me sentí honrado y dignificado porque alguno de mis libros fue impreso por el que considero maestro moderno de la tipografía. Y también porque tal vez escogió, por capricho, mi poesía: hizo poca excepción de escritores contemporáneos. Pero en la publicación de los clásicos estableció un nuevo jardín espacioso, severo y puro. Los caracteres Tallone, dibujados por él, florecen en el papel Magnani di Pescia. Las letras Garamond triunfan sobre el esplendor del Rives filigranado o del Japón de Hosho.

La severidad se impuso en la inmaculada belleza de sus ediciones. Tuvo como dictamen las palabras de Charles Péguy: «La verdadera belleza de un libro debe surgir de la belleza de la obra escrita, de la ausencia de ilustraciones, de la belleza de la tipografía, de la belleza del tiraje, de la ausencia de policromía, de la belleza del papel.»

Nosotros impulsamos el libro multitudinario que alcance a todos los ojos, a todas las manos. Que se reparta por millones por ciudades, campiñas, talleres, minas y pescaderías. Pero tenemos los poetas la obligación de defender la perfección del libro, su cuerpo luminoso. Algunos pequeños sectarios han usado su invectiva contra algunos de mis propios libros, porque ellos demostraron que también la imprenta de Chile puede competir en decoro con otras más afamadas. No me importaron estos amargadísimos reproches: se publican también mis libros en las ediciones más populares y seguramente de más mínimo precio. Yo impulso unas y otras, y por razones diferentes. Lo demás lo disponen los editores.

Junto con imprimir los más bellos libros de nuestra época, Tallone tenía la sencillez, la poesía y la picardía de los antiguos artesanos, a cuya insigne familia pertenecía. Me entusiasmó su conversación. Tenía en su casa, en vez de comedor, una *trattoria* con mesón y mesitas, como un pequeño restaurante. Me explicó que su padre, pintor retratista de la Corte, era un bohemio de magnitud. Pintaba retratos de los niños del rey, pero tardaba tanto que cuando ya terminaba los príncipes habían envejecido notablemente. El dinero recibido servía para adquirir grandes y lujosos muebles, pero luego el pintor desaparecía rodeado de alegres amigos y la justicia se llevaba todo el mobiliario de los Tallone. Por eso Alberto comió pocas veces y sólo por breves temporadas en el comedor familiar. Su madre en esos períodos de desmantelamiento llevaba a sus hijos a comer a crédito al vecino restaurante. Por tanto, de grande y ya impresor famoso, tuvo en su casa su propia *trattoria*, en la que más de una vez comimos alegremente.

Coleccionaba locomotoras y las amaba. Sin saberlo, una vez Matilde y yo nos llevamos un gran susto, porque, cuando entramos por el jardín, encontramos de pronto unos rieles y más allá una locomotora grande que echaba humo negro y cuantioso. Nos creímos equivocados de ruta, tal vez habíamos llegado a la estación de la aldea. Pero aparecieron sonrientes Bianca y Alberto Tallone: el humo era en honor nuestro. Yo tengo el Petrarca, las rimas de Dante, los amores de Ronsard, los sonetos de

Shakespeare, las rimas de Cino da Pistoia, Pitágoras, Anaxágoras, Zenón de Elea, Diógenes, Empédocles, impresos por sus maravillosas manos.

Los nuevos originales llegaron tarde para que él los elevara a la extensa tipografía. Bianca, heroica y sola, me anuncia que lo hará ella.

Leo en mi ejemplar de Galeazzo di Tarsia (1520-1553), impreso por Tallone, año 1950, estos versos espléndidos:

... Donna, che viva gia portavi i giorni
Chiari negli occhi ed or le notti apporti...

Adiós, Alberto Tallone, gran impresor, buen compañero: antes llevabas la luz en tus ojos, ahora la noche viaja en ellos. Pero en tus libros, pequeños castillos del hombre, se quedaron viviendo la belleza y la claridad: por esas ventanas no entrará la noche.

LA *ESMERALDA* EN LENINGRADO

La *Esmeralda* ha llegado! La *Esmeralda* ha llegado! Salen caras por las ventanas de las cocinas, los fogoneros asoman la cabeza desde sus maestranzas, los niños corren como si la primavera llegara, viejos señores de barba, bastón y pantalón rayado se detienen. Todos miran hacia un punto. Salen de sus madrigueras todos los habitantes secretos, toda la gente invisible, las cincuenta colinas del puerto miran hacia un solo punto. Todos los ojos de Valparaíso, aun aquellos que no tuvieron tiempo de mirar las flores y las estrellas, miran al mismo tiempo: es un punto blanco que se va agrandando, es una paloma que va creciendo, es un velero como una rosa blanca, es la *Esmeralda*.

Para comprender mi país hay que conocer la *Esmeralda*. Chile es un país amontañado, encumbrado, lleno de aristas y de vertiginosos abismos. Los minerales erizaron de cobre y hierro las alturas. Encima de ellas vive la nieve blanca. Chile es un balcón titánico y estrecho. Las cordilleras nos rechazan. Los chilenos nos ponemos en fila para ver nuestro mar, el espacio iracundo, las olas del océano. Y en esta dura magnitud, la *Esmeralda* es nuestro lujo, es la piedra lunar de nuestro anillo marino.

Tuvimos antes otros barcos que llevaron este nombre. Fueron barcos heroicos o transitorios: el nombre subsistirá no sólo por su recuerdo: lo seguirán llevando los navíos más bellos, porque es una palabra de color verde.

Pero es el último el más bello, el mejor.

Desde que Lord Cochrane, el escocés portentoso, liberó con tripulaciones chilenas estos mares del Sur, los chilenos vieron abrirse un gran camino: el camino del mar. El imperio español había puesto candados a las puertas del océano: los cerrojos cayeron fulminados en las acciones de Callao y Valdivia. El comercio asumió sus banderas de paz. Esperamos y despedimos en Valparaíso a todas las naves del mundo.

El mar Pacífico! Honor del planeta! Inmensidad misteriosa!

Quisimos que el mar se llenara de infinitas rutas, que entre las bienvenidas y los adioses cambiaran de sitio flores y minerales, canciones y maquinarias, esperanzas y cereales. Los estampidos de la guerra, las batallas navales, parecieron fugaces, desaparecieron entre las olas inmensas. Las descargas atómicas quedaron como cicatrices en nuestra conciencia, pero el océano mismo las dejó sumergidas. Es que este océano es profético y comunicativo, quiere acercar las distancias, quiere nuevas naves, civilizaciones, revoluciones, ideas, lenguajes que se comuniquen y se multipliquen.

En estos momentos nuestra pequeña nave blanca resbala con las velas hinchadas por el férreo viento báltico. Se acerca a Leningrado, la ciudad más bella del Norte, con la estatua de Pedro el Grande en su sitio central, y la imagen de Lenin en el corazón y las fábricas.

Nuestros muchachos bajarán hacia la Perspectiva Newsky, entre las sombras de Dostoievski y de Pushkin. Verán los más bellos cuadros del mundo y las joyas de los emperadores en el Hermitage. Subirán a un barco más pequeño que la *Esmeralda* y cuyos cañones ayudaron a cambiar la historia del mundo. Se llama *Aurora*, este pequeño barco, y cuando lo visité, hace ya muchos años, su capitán contribuyó a mi orgullo porque conocía mis versos.

Celebro esta llegada de la *Esmeralda* a los puertos soviéticos.

También se detendrán algunos en la calle, viejos habitantes que resistieron el hambre y el frío durante el sitio memorable, niños que respiran el aire espacioso de la humanidad naciente. Ellos mirarán y pensarán en mi patria lejanísima, situada entre los más altos minerales y las más profundas simas del mar. Verán que todos los caminos llegan a recorrerse, y que el florido mes de mayo de Rusia se ha comunicado con nosotros a través de nuestro barco primaveral. Y cuando regrese la *Esmeralda* y se despueblen los ojos de Valparaíso para divisar la rosa blanca que vuelve de los mares, veremos en su proa y en sus grandes pétalos blancos una nueva dimensión en la amistad y en el conocimiento de los pueblos.

DOS RETRATOS DE UN ROSTRO

El azar reunió en una pared de mi casa los retratos de dos adolescentes nacidos en épocas y países diversos. Sus destinos y sus idiomas se contraponen. Sin embargo, los dos retratos producen a quienes los miran juntos en mi casa la sensación de un asombroso parecido. Se diría la misma persona. Los dos tienen cierta calidad indomable en la mirada. Los dos sostienen mechones hirsutos en las cabezas. Las mismas cejas, la misma nariz, los mismos jóvenes rostros desafiantes.

Se trata de una fotografía de Rimbaud, hecha por Carjat, cuando el poeta francés tenía diecisiete años, y de un retrato de Maiakovski, hecho al joven poeta soviético en 1909, cuando estudiaba en la Escuela de Arte Aplicado Stroganov.

Tienen estas dos imágenes adolescentes el carácter común que les dio la contradicción en la primera etapa de la vida, un ceño de desdén y dureza: son dos rostros de ángeles rebeldes.

Los unirá tal vez algún signo secreto que revela de alguna manera la sustancia de los descubridores.

Ambos lo son. Rimbaud reorganiza la poética haciéndola alcanzar la más violenta belleza. Maiakovski, soberano constructor de poesía, inventa una alianza indestructible entre la revolución y la ternura. Y estos dos rostros de jóvenes descubridores se unieron por casualidad en un muro de mi casa, mirándome ambos con los mismos ojos con que exploraron el mundo y el corazón del hombre.

Pero, hablando de Maiakovski, sabemos ahora que por estos días cumpliría setenta y cinco años de edad. Habríamos podido encontrarlo y conversar, tal vez hubiéramos sido amigos.

Este sentimiento me produce una impresión extraña. Es casi como si me probaran que hubiera podido conocer a Walt Whitman. Tanto han andado la gloria y la leyenda del poeta soviético, que me cuesta verlo entrar, en la imaginación, al restaurante Aragby de Moscú, o simplemente contemplar su gran estatura en un escenario, recitando esos versos escalonados que parecen regimientos que asaltan posiciones con el ritmo crepitante de sus olas sucesivas, envueltas en pólvora y pasión.

Es verdad que su imagen y su poesía quedaron como un ramo de flores de bronce en las manos de la Revolución y del nuevo Estado. Son flores indestructibles, está claro, bien armadas, metálicas y firmes, pero no menos fecundas por eso. Acarreadas por el viento de la transformación las estrofas de Maiakovski tomaron parte en la transformación y ésa es la grandeza de su destino.

Es una posición privilegiada: la integración de un cantor verdadero con la más importante época histórica de su patria. En esto se separa para siempre su poesía con la de Rimbaud: Rimbaud es un grandioso derrotado, el más glorioso de los insurgentes perdidos. Maiakovski, a pesar de su trágica muerte, es elemento sonoro y sensible de una de las más grandes victorias del hombre. En esto se parece más bien a Whitman. Forman parte de la lucha y del espacio de grandes épocas. Whitman no es un elemento decorativo de la guerra emancipadora de Lincoln: su poesía se desarrolla con la sombra y la luz de la batalla. Maiakovski sigue cantando en el paisaje urbano de fábricas, laboratorios, escuelas y agriculturas de su país. Su poesía tiene el dinamismo de los grandes proyectiles interespaciales.

Setenta y cinco años hubiera cumplido en estos días Vladimir Maiakovski. Qué dolor que no esté entre nosotros!

LAS CASAS PERDIDAS

Me asustan las casas que yo habité: tienen abiertos sus compases de espera: se lo quieren tragar a uno y sumergirlo en sus habitaciones, en sus recuerdos. Yo enviudé de tantas casas en mi vida y a todas las recuerdo tiernamente. No podría enumerarlas y no podría volver a habitarlas porque no me gustan las resurrecciones. El espacio, el tiempo, la vida y el olvido, no sólo invaden con telarañas las casas y los rincones, sino que trabajan acumulando lo que se sostuvo en ciertas habitaciones: amores, enfermedades, miserias y dichas que no se convencen de su estatuto: aún quieren existir.

No hay fantasmas más terribles que aquellos de los antiguos jardines. Verlaine tiene un poema saturniano que empieza «*Dans le vieux parc solitaire et glacé...*». Allí dos fantasmas han sido condenados a visitar sus propios jardines y el pasado resurrecto los busca para matarlos de nuevo.

No quiero ver los árboles que me conocieron. No sólo crecieron algunos años con mi crecimiento, sino que crecieron solos después, porque ningún árbol necesita indispensablemente de un hombre. Les basta la tierra, el agua, las nubes y la luna. Uno está de más, es ajeno a su atmósfera, a los anillos de su morfología, a su espacio vital de hojas y raíces.

Sin embargo, esas raíces y esas ramas quieren seguir creciendo en el alma de uno. Por eso está perdido el que regresa a los viejos jardines abandonados.

Sólo una vez quise volver a una casa en que viví. Fue después de largos años, en la isla de Ceilán.

Es que la casa se me había perdido. Sabía el nombre del barrio: Wellawatha, un suburbio entre la ciudad de Colombo y Mount Lavinia. Allí, a plena costa reverberante, había alquilado un pobre bungalow. Frente a mí los arrecifes de coral, en los que se estrellaba la fosforescencia marina. Las barcas conocían los caminos y canales que debían cruzar para sobrepasar los floridos arrecifes blancos. La espuma estallaba en el cercano horizonte azul.

Tal vez en aquella casa, solitaria como ninguna otra, tuve más tiempo yo de conocerme. Me saludaba apenas levantado y durante el día me hacía numerosas interrogaciones. Tuve con seguridad una intimidad conmigo mismo que pocas veces he alcanzado. Me ayudaron en esa comprensión los grandes movimientos del océano tórrido, las sacudidas del tifón que hacía desprenderse los cocos de las palmeras con un estruendo de bombardeo verde. Y este conocerme y reconocerme, este largo ensimismamiento, con viento, frutos y mar, está contenido en mi pequeño libro *Residencia en la tierra*, diccionario atormentado de mis indagaciones personales.

La verdad es que allí viví en la más exagerada pobreza: la de cónsul de elección con US $ 166,66, que no me llegaban nunca.

Un cónsul con hambre no se estila. Entre gente vestida de etiqueta no se puede decir: «un sandwich, por favor, que me desmayo». Por eso me sonrío cuando me llaman diplomático en las cronologías. En algunas, por ejemplo, en la revista *Esquire*, me suponen antiguo embajador. Los embajadores, según tengo entendido, tienen la alimentación asegurada y algo más. Yo sólo fui un cónsul perdido en sus pobrezas.

Encontré la calle. No tenía un nombre, sino un número antirromántico: 42th Lane. Tal vez por eso lo había olvidado. Anduvimos con Matilde la callejuela, la misma que cuarenta años antes me llevaba cada día hacia la ciudad de Colombo.

Extraño: todas las casas eran parecidas, pequeñas construcciones de una o dos piezas y ese jardín suburbano de los trópicos que se avergüenza por su pequeñez frente a la jardinería general, de color y esplendor.

Y más extraño aún: al día siguiente iban a demoler la casa, mi casa.

Así, pues, aquellas habitaciones me habían seguido gobernando sin que yo lo supiera. Me habían dado cita y sin saberlo yo acudía puntualmente al último día de su vida.

Entré: la pequeña salita y después aquel estrecho dormitorio en que sólo tuve un catre de campaña para tantos años de mi residencia en la tierra. Luego, tal vez, en el fondo, la sombra de Brampy, mi servidor, y la de *Kiria*, mi mangosta.

Salí con ímpetu desde los recuerdos hacia el sol, hacia la vida.

Mi experiencia había sido mortal. Había caído en la trampa que me tendió la casa en que viví, la casa que quería morir. Por qué me había llamado?

Estos asuntos quedarán en el misterio mientras existan las casas y los hombres.

LOS DÍAS DE CAPRI

Sitio de predilección para mis trabajos fueron aquellos días de Capri. La isla tiene dos caras bien bruñidas y delineadas. El verano de Capri es turistencial, superpoblado y lleno de lugares de perdición que, desgraciadamente, nunca conocí. No estaban fuera de mi alcance, sino de mis bolsillos.

Para el invierno guarda Capri su lado mejor: su cara pobre, de gente trabajadora, hospitalaria y sutil. Además, en invierno, las alturas de Anacapri se tiñen de morado por la tarde. La vegetación, matorrales, yerbajos y gramíneas, sale por todas partes saludando al amigo fiel que se quedó en invierno a vivir con la otra isla, la isla verdadera, piedra sencilla rodeada por la espuma tirrenal. Allí escribí gran parte de uno de mis libros más desconocidos: *Las uvas y el viento.*

Llegaba muy temprano por la mañana la señora campestre que nos hacía cocina y limpieza. Vestida de gris, indefinible de edad, menuda y rápida. La bauticé «Olivito», porque parecía un pequeño olivo desplazándose en las habitaciones como movida por el viento invisible que soplaba desde la Marina Maggiore.

Todo quedaba listo en la casa y poco después de mediodía desaparecía con su ropa de olivo.

—Por qué se va tan temprano? —le preguntaba Matilde.

—Estoy construyendo mi casa, *signora* —contestaba—. *Una donna senza proprietà non vale niente.*

Con sus propias manos, frágiles y formidables, estaba levantando una *casetta* de piedra. Nos invitó una vez a ver su construcción. No había tal *casetta*. Era una edificación de piedra de dos pisos, arcos y balcones. Cuando llegamos a verla recién terminaba la alberca. Nos saludó alegremente, con las manos llenas de barro y cemento.

Yo escribía todas las mañanas en hojas sueltas. Aquella vez mi tema era «El Viento en el Asia», un largo poema sobre China, sobre la revolución, sobre Mao, que me parecía entonces grandioso. Había también capítulos sobre las *cicadas*, chicharras chinas que se venden en minúsculas jaulas hasta formar rascacielos.

El caso es que noté una vez que mi *laboro* había desaparecido. Lado abajo de la mesa estaba el canasto de los papeles en donde a veces caían mis originales. La eficiencia de Olivito no podía llegar a la adivinación: mis papeles sobre la mesa eran *laboro*, los papeles dentro del canasto eran basura.

Pusimos el grito en el cielo. Con Olivito y un inspector municipal, designado especialmente para escarbar, nos trasladamos a los basurales de Capri. Horror! Las basuras no sólo formaban promontorios, sino cordilleras. El funcionario indicó vagamente una montaña bajo la cual podían yacer mis ardientes estrofas. Pero aquel volcán siguió apagado. Ninguna combustión interna reveló la existencia de buenos o malos versos.

Y tuve que reconstruir el largo poema que se tragó la basura.

Valdría la pena?, me he preguntado muchas veces después, pero no por razones poéticas.

Hasta mi casa en Capri llegaba de Nápoles el fogoso, elocuente y energético Mario Alicatta y Sarah, su mujer.

Alicatta escuchó cierta vez mi entusiasmo por la cebolla, que él compartía. Mientras más yo conversaba sobre sus preparaciones diferentes, sabores y olores, más se arqueaban las cejas protuberantes de Mario Alicatta, hasta que sin contenerse me interrumpió con una cascada de elocuencia:

—Cómo te atreves tú, recién llegado al uso y al culto de la cebolla, a darme una lección sobre este fundamento de la cocina mediterránea? Nosotros, fenicios, etruscos, levantinos, romanos, elaboramos mil preparaciones de la *cipolla* antes de que ustedes fueran descubiertos y muchos siglos antes de que comprendieran lo que es una cebolla.

Contesté con no menos brío:

—No siempre se trata de la invención. El Nuevo Mundo dio magnitud, pluralidad y vigor a la cebolla. La hizo más poderosa y extensa, le entregó reinos inexplorados. La cebolla, agradecida, se hizo más jugosa, más transparente y más esencial que en parte alguna. Nosotros, americanos, no podemos vivir sin ella, ni ella sin nosotros.

Los desafiamos a que sucesivamente en mi casa y en la suya, acompañados de jueces inexorables, dirimiéramos tan importante controversia, presentando cada uno su *menú* de cebolla.

Llegó puntualmente con los jueces. Matilde y yo habíamos preparado cebollas en escabeche de vino tinto, ensalada a la pluma cebollina, empanadas fritas encebolladísimas, y seviche de camarones caprenses recargados de cebolla morada.

Antes de terminar el cebolleo, Mario, con los ojos fuera de las órbitas y las manos en alto, prorrumpió: «Basta, basta! Es innecesaria mi comida. Te declaro vencedor. Es humillante reconocerlo, pero saben ustedes más que los fenicios. Y pueden enseñarles a comer cebolla a los romanos.»

Pero, en realidad, la vencedora fue Matilde. Sus buenas lágrimas le costó la batalla de la cebolla.

De allí, de Capri, salieron también *Los versos del Capitán*, libro secreto que Paolo Ricci, pintor napolitano, amigo entrañable y juez de la cebolla, publicó en edición bellísima de 50 ejemplares.

El primer suscriptor fue el gran Togliatti. El libro anduvo sin padre conocido por muchos años. Dio la lucha por su cuenta hasta que se hizo hombre. Lo reconocí cuando ya llevaba muchas ediciones. Tenía la edad madura para salir de la oscuridad y nacer de nuevo.

Aquellos días de Capri fueron fecundos, amorosos y perfumados por la dulce cebolla mediterránea.

UNA PIERNA PARA FERNAND LÉGER

El general Santa Anna, mexicano, fue un guerrero afortunado, un soldado del pueblo.

Le tocó guerrear en esas interminables escaramuzas, cabalgatas, motines, pasadas a cuchillo, que jalonan la historia de México. Al general le tocaron combates en tierras secas y espinudas de la frontera. Muchas de sus acciones son milagro, sangre y leyenda, porque México da tal resplandor a su historia que los taumaturgos y los minotauros brotan como apariciones volcánicas que se transforman después en acrisoladas medallas.

Lo cierto es que Santa Anna estuvo en los combates entre mexicanos y gringos y en los que invasores e invadidos llegaron a tener ecuanimidad de victorias. Pero por fin la tarasca norteamericana terminó de engullir en varios tarascones grandes parcelas territoriales del México lindo y bravío.

Ahora bien, una bala de cañón, de esos balones antiguos que se disparaban con dedicatoria, destrozó en plena batalla una rodilla del general. El cirujano militar dispuso la amputación de la pierna. Y hay que pensar en esas guerras del siglo pasado, en aquellos climas devoradores, en el afiebrado general a la luz de los candiles, mientras le aserraban los huesos bajo la transparencia de las estrellas, en medio del coro selvático regido por las cigarras exorbitantes y rayado por las fosfóricas luciérnagas.

El general Santa Anna, a fuerza de fuerza y por la suerte de la suerte, estaba en la cumbre de su destino. Y en esa cumbre prometeica el destino le arrancaba una pierna de un picotazo. Sus armas le habían hecho dictador, y los aduladores que como champiñones brotaban bajo los ahuehuetes de Chapultepec le confirieron el título de Alteza Serenísima. He visto retratos de aquel tiempo, retratos en que Su Alteza muestra una nazarénica barba y una mirada de ojos oscuros de cuervo. Sin duda brillaba en él esa majestad que los confabulados del culto confieren en cada época a la personalidad de rapiña que manda más que los otros. Allí, pues, en aquellas encrucijadas, al pie de montañas crueles, entre el olor a sangre recién vertida y pólvora quemada, a Su Alteza Serenísima y por manos del cirujano le fue cortada una pierna que comenzaba a gangrenarse. Es casi seguro que sin anestesia resistió y sobrevivió a la amputación aquel soldado colosal. Y cuando ya se descartaba el peligro de muerte, sobrevino una batalla inesperada e insólita.

El cirujano estaba a punto de echar al tacho de la basura aquel miembro cercenado cuando alguien, un político, lo impidió, diciéndole: «Va usted a tirar así no más este fragmento del cuerpo de Su Alteza?» Tal vez respondería el médico: «Qué quiere que haga con él?» «Esto merece reflexión», corearon los acólitos. Esta pierna ejecutó innumerables proezas, incursionó por territorio enemigo y conquistó tantos laureles como el resto del cuerpo del general. Hay que tener más respeto.

Como la discusión entre científicos y cortesanos se prolongaba y parecía no terminar, el cirujano decidió meter la pierna en un frasco de alcohol esperando que la luz del nuevo día pusiera de acuerdo a los disputantes.

Pero se complicaron las cosas.

Las noticias propagadas con excesiva rapidez dividieron aparentemente a los ciudadanos. Se formó el partido de la pierna y un contrapartido más sensato, pero menos entusiasta. Editoriales de periódicos de Chihuahua y de Tehuantepec llamaban a los patriotas a impedir el desacato: Aquella extremidad era sacra, tan sagrada como la barba o el pensamiento militar del dictador. Los antipierna, por su parte, habían perdido la fe en las barbas desde aquel momento en que el general había impuesto a sus guardias de Palacio el uniforme medieval de los guardias suizos del Vaticano. Como estos nuevos guardias suizos eran indios lampiños, con los uniformes se importaron también barbas profusas. Tal vez aquellas barbas introdujeron nuevos motivos de burla y desconfianza a los iconoclastas. Lo cierto es que el partido antipierna pareció ganar terreno en algunas provincias.

Sin embargo, prevaleció la ortodoxia, la ciencia fue derrotada y se ordenó el primer monumento funeral a una pierna.

Estupendos artesanos hicieron en cerámica la historia y hazañas de la extremidad del general. El mosaico así producido cubrió el monumento piramidal. Y llegado el día y la hora de la sepultación, un imponente cortejo avanzó por las calles de la ciudad.

Siete bandas con trombones y trompetas adelantaban las exequias. Luego de los dragones montados en corceles blancos, sobre una cureña revestida de brocado y oro iba la augusta pierna. Más atrás, en silencio, la carroza de Su Alteza Serenísima precedía a los grupos ministeriales, diplomáticos, clericales, alcaldicios y fiscales que obligatoriamente participaban en la ceremonia.

Habló el Ministro de la Guerra haciendo el panegírico de la pierna. Luego el decano del Cuerpo Diplomático; el Embajador de Inglaterra dijo unas breves palabras sin referirse al trozo anatómico que se inmortalizaba. Fue un ejemplo de sobriedad.

Veintiún cañonazos y marchas militares finalizaron el entierro singular. El pueblo, de ojos oscuros, sin voz ni voto, se dispersó sin participar en regocijos, duelos o ceremonias. Todo volvió a la normal anormalidad.

Pasó el tiempo y el pueblo de ojos oscuros recobró el ímpetu mexicano. Se incendió su llama iracunda y una revolución como un río desbordado inundó, una vez más, la vida de México. Fatigado de la tiranía, de la miseria y de la farsa, irrumpió con violencia en todas partes. Los disparos sonaban por la capital y por las provincias. Los jinetes revestían sus cananas y partían veloces.

Hacia dónde? Desgraciadamente, la multitud, tantas veces equivocada, no dejó de equivocarse esta vez. Grandes avalanchas se precipitaron hacia el antiguo cementerio, en donde derribaron y destruyeron el único y maravilloso monumento ejecutado en cerámica azteca en honor y gloria de una pierna.

Mientras tanto, Su Alteza Serenísima tuvo tiempo de escapar, tal vez a Miami, donde vivió largos y felices años sin una batalla más y con una pierna menos.

* * *

A Fernand Léger le gustaba mucho este cuento. En todas partes me pedía: «*Maintenant raconte-nous cette histoire de la jambe.*» Quería que yo la escribiera y se hiciera de ella un ballet. Él se propuso concebir el decorado y los trajes para esta historia fantástica. Yo nunca la escribí, pero ahora que lo hago, ya muerto mi gran amigo y gran pintor de Francia, se la dedico a su memoria.

RAMÓN

Escribo en Isla Negra,
construyo
carta y canto.
El día estaba roto
como la antigua estatua
de una diosa marina
recién sacada de su lecho frío
con lágrimas y légamo,
y junto al movimiento
descubridor
del mar y sus arenas,
recordé los trabajos
del Poeta,
la insistencia radiante de su espuma,
el venidero viento de sus olas.
Y a Ramón
dediqué
mis himnos matinales,
la culebra
de mi caligrafía
para que cuando
salga
de su prolija torre de carpincho
reciba la serena
magnitud de una ráfaga de Chile

y que le brille al mago el cucurucho
y se derramen todas sus estrellas.

De *Navegaciones y regresos*, 1959.
(Fragmento.)

España es un país de descubridores perdidos, de inventores ignorados. El español no nace sino en España, y esto por razones prenatales, de voluntad anterior, o porque lo rechazaron en todas las tierras y no tuvo más remedio que arreglárselas para nacer allí. Hay pocos españoles que se equivocaron de nacimiento, y uno de ellos fue el español don Cristóbal, que no alcanzó a llegar al Levante español, donde estaba indicado que naciera. Ya decidido este punto, el español se entrega a la difícil profesión de serlo, con todos los poros, con la alegría trágica que ha sustentado España.

Así, pues, este país tan serio no toma en serio a sus representantes, y éstos hacen el viaje del mundo hasta que después de muertos se les enseña desde afuera su estatura.

Pienso que como en Gaudí y en Picasso, sin ir más lejos en la historia del arrepentimiento, volvemos a encontrar el caso en el poderoso ingenio llamado Ramón Gómez de la Serna.

Existen esas aves que depositan sus huevos en lejanos nidos, y los movimientos de la cultura toman a veces ese aspecto demoníaco. De la conmoción dadaísta quedó sólo una grande obra. El huevo de donde salió a volar el *Ulysses* se abrió en Dublín, lejos de Zurich y París, y el ave grandiosa empapó sus alas en las neblinas atrasadas, en los callejones y recovecos irlandeses.

Así también la gran figura del surrealismo, entre todos los países, ha sido Ramón. Es verdad que sobrepasa a tal escuela, porque es anterior y posterior, y porque su tamaño caudaloso no cabe aún en una escuela de tantos pisos.

Este español, que no ha sido tomado en serio aún, es el que desbarata sin acritud el Parnaso republicano, tan lleno de escritores acrisolados.

La revolución ramoniana no es una escaramuza, es una batalla a fondo, que nos revela el valor verdadero, el erario del idioma. Con esa salud de paleto dio tales paletadas en el amanecer oscuro, que todo comenzó a relumbrar, y tengo para mí que es oro todo lo que relumbra y lo que no relumbra en Ramón.

Toda su obra es su automoribundia. A pesar de lo desgranada que parece, va férreamente unida por la luz espectral del inventario. Abrió Ramón la cajonería del mundo y fue catalogando las cosas y los seres, los más harapientos y los más eminentes y con su tinta bautismal inauguró de nuevo el mundo. Pero este mundo, que parecía intransferible por lo español y por lo personal, ha resultado hereditario, como el reino de un gran rey.

Nuestro idioma seguirá contando con sus invenciones y sus greguerías, con sus invocaciones enlutadas, a las únicas a que acude el Greco, a la atlética gimnasia con que deshumedeció la osamenta gramatical para que la lengua asumiera los auténticos colores del desvarío.

Cuidado, sin embargo! Porque hay tanta verdad y tanta razón en el ajetreo monumental de Ramón, que poco a poco se irán descubriendo sus verdades y razones.

Como poeta americano, poblador de otras tierras en donde hay más ríos y árboles que personas y personajes, me concedo yo el honor de hablar de Ramón para incitar a su continuo descubrimiento, a convivir con sus dones fabulosos.

No sé por qué lo hago. Tal vez por un apasionado deber.

SE HA PERDIDO UN *CABALLO VERDE*

La casa Aguilar, de Madrid, prepara una antología de Julio Herrera y Reissig, el poeta de la decadencia y de la grandeza poética uruguaya. Para esto se necesita un número de mi revista *Caballo Verde para la Poesía*. Este número estaba íntegramente dedicado al uruguayo. Pero la revista no aparece por parte alguna. Contaré lo que pasó y lo que no pasó.

Yo llevé la pasión herrerayrreissigiana a Madrid, a mi generación. Es verdad que algún brillante erudito se preocupó alguna vez de él: Existía la erudición, pero no la pasión. Nada más apasionante que la poesía de este uruguayo fundamental, de este clásico de toda la poesía. Así fue que leí a Vicente Aleixandre, y luego a Federico, a Alberti, a Altolaguirre, a Cernuda, a Miguel Hernández y a algunos otros más, las décimas góticas de Herrera y Reissig. Yo contrapuse al disparatado criollo, con su centelleo de imágenes perturbadoras, al también uruguayo Lautréamont, cuyo delirio sigue incendiando la poesía del mundo.

Herrera y Reissig sublima la cursilería de una época, reventándola a fuerza de figuraciones volcánicas. Sólo podría compararse al arquitecto Gaudí, que hace estallar el arte del 900 con su sistemático paroxismo, necesario como una gruta marina para la repoblación de la belleza. Lautréamont corta en frío sapos, saurios y resentimientos, con cruel premeditación. Los *Cantos de Maldoror* son el crimen más perfecto de la poesía universal.

Quise honrar preferencialmente a Herrera y Reissig, porque entre los modernistas tiene fosforescencia propia, de luciérnaga. Si Rubén Darío es el rey indudable de la marmolería modernista, Julio del Uruguay arde en un fuego subterráneo y submarino y su locura verbal no tiene parangón en nuestro idioma. A Rubén Darío se le pagó en España la moneda discipularia del reconocimiento, pero el inmortal uruguayo pasó desapercibido: no tuvo corifeos, ni fue imitado con la intensidad creadora de los seguidores de Rubén.

Herrera y Reissig es vertebrado y fatídico y su arte es una relojería de consecuencias exactas, un torbellino con los relámpagos de la exactitud. Asume de tal manera el gran disparate poético que nada le arredra y es difícil ir más allá en el absurdo:

... Se hizo un arco el desenfreno
de aquel cuadrúpedo erróneo...

Al leer a mis compañeros españoles *La tertulia lunática* salían chispas verdes, sulfúricos diamantes, y mientras más arreciaban las sorprendentes ecuaciones de las décimas julianas, más fuertemente se comunicaba el poder poético del uruguayo.

Decidí entonces publicar un doble número —5 y 6— de mi revista *Caballo Verde* y dedicarlo íntegramente a Herrera y Reissig. Recuerdo que Ramón Gómez de la Serna escribió, con su estilo egregio, página y media en que destacaba la silueta del grandioso poeta. Vicente Aleixandre me entregó su homenaje: un poema de larga cabellera. Miguel Hernández y otros escribieron sus ditirambos magníficos. Federico lo hizo con más conocimiento que nadie, puesto que, ya en Buenos Aires, habíamos cotejado nuestras predilecciones y habíamos decidido ir juntos a la tumba uruguaya del poeta llevando una corona. Yo escribí mi poema «El hombre enterrado en la Pampa».

Manuel Altolaguirre imprimió el número doble de la revista en esos grandes caracteres bodónicos en que la poesía parece resplandecer. Todo se hallaba listo y se coserían los pliegos al día siguiente cuando estalló la Guerra Civil. Ésta venía del África y España se llenó de fusiles. No hubo ya tiempo para libros. Comenzaron los primeros bombardeos. Luego el desastre.

Y, por todas partes, la muerte de los poetas. Federico en Granada, Machado en la frontera francesa, Miguel Hernández en un presidio.

Así, pues, la guerra se lleva hombres y ventanas, muros y mujeres, y deja tumbas y deja heridas. Pero también se lleva en su sanguinario ventarrón, libros, hojas de papel que no quieren volver.

Así puede haber pasado, así pasaría con mi *Caballo Verde*. Los coleccionistas me escriben desde Chicago, desde las Filipinas. Quieren leer este último número, estas honras reissigianas.

La imprenta funcionaba en la casa misma de Altolaguirre. Todos nos metíamos en el taller, en la cocina, en los versos, en la intimidad de mi compañero admirable. Todos salimos de allí volcados por la guerra, exiliados, malheridos.

Altolaguirre se dedicó a la cinematografía. Volvió a España a mostrar su primer film y saliendo de Burgos el coche que manejaba se destrozó con él en mortal accidente.

El misterio de *Caballo Verde*, de su última entrega, sigue tal vez rondando por la calle Viriato, en Madrid, ciudad que, desde entonces, desde aquella guerra, no he vuelto a ver ni a vivir.

Existirá en algún sótano, inanimada y amarillenta, mi mejor revista de poesía? Hasta ahora nadie ha podido saberlo. No sólo los coleccionistas que me escriben la saben inencontrable, sino que yo la presiento incorpórea, vestida con sus páginas fantasmales atravesando la noche de la guerra y la noche de la paz.

ERRATAS Y ERRATONES

Mi próximo libro entra y sale de las imprentas sin decidirse a mostrarme la cara. Se ha visto envuelto en la antigua guerra de las erratas. Éste es el sangriento campo de batalla en que los libros de poesía comienzan a doler al poeta. Las erratas son caries de los renglones, y duelen en profundidad cuando los versos toman el aire frío de la publicación.

Hay erratas y erratones. Las erratas se agazapan en el boscaje de consonantes y vocales, se visten de verde o de gris, son difíciles de descubrir como insectos o reptiles armados de lancetas encubiertos bajo el césped de la tipografía. Los erratones, por el contrario, no disimulan sus dientes de roedores furiosos.

En mi nombrado libro me atacó un erratón bastante sanguinario. Donde digo *el agua verde del idioma* la máquina se descompuso y apareció *el agua verde del idiota*. Sentí el mordisco en el alma. Porque para mí, el idioma, el idioma español, es un cauce infinitamente poblado de gotas y sílabas, es una corriente irrefrenable que baja de las cordilleras de Góngora hasta el lenguaje popular de los ciegos que cantan en las esquinas. Pero ese «idiota» que sustituye al «idioma» es como un zapato desarmado en medio de las aguas del río.

La novela puede pasar por encima de los traviesos errores de composición y linotipia. Pero la poesía es sensible y tropieza en los lancinantes obstáculos. La poesía se resiente a menudo del ruido de las cucharillas de café, de los pasos de la gente que entra y sale, de la risotada a destiempo. La novela tiene una geografía más montañosa y subterráneos donde se guardan trajes prehistóricos y equivocaciones artificiales.

Mi amiguísimo Manuel Altolaguirre, poeta gentil de España, que imprimió mi revista poética en Madrid, fue un impresor glorioso, que con sus propias manos formaba las cajas con estupendos caracteres bodónicos. Manolito hacía honor a la poesía con la suya y con sus manos de arcángel trabajador. Él tradujo e imprimió con belleza singular el *Adonais*, de Shelley, elegía a la muerte del joven Keats. Cuánto fulgor despedían las estrofas áureas y esmaltinas del poema en la majestuosa tipografía que destacaba cada palabra como si estuviera haciéndose de nuevo en el crisol.

Sin embargo, Altolaguirre procreaba erratas y erratones, y hasta llegó a colocarlas en la portada, donde se advirtieron después de estar los libros derramados por las librerías. A él, a mi queridísimo Manuel Altolaguirre, pertenece aquella proeza en el campo de los errores que contaré. Porque se trataba de un rimbombante y melifluo rimador cubano, jacarandoso como él solo, para quien y en muy pocos ejemplares imprimió mi amigo una pequeña obra maestra tipográfica.

—Errores? —preguntó el poeta.

—Ninguno, por cierto —contestó Altolaguirre.

Pero al abrir el elegantísimo impreso, se descubrió que allí donde el versista había escrito: «Yo siento un fuego atroz que me devora», el impresor había colocado su erratón: «Yo siento un fuego atrás que me devora.»

Jacarandoso autor y culpable impresor tomaron juntos una lancha y sepultaron los ejemplares en medio de las aguas de la bahía de La Habana.

No pude hacer lo mismo cuando una imprenta, en mi *Crepusculario*, en vez de *besos, lecho y pan*, colocó, *besos, leche y pan*. Muchas veces vi traducida a otros idiomas la erratísima y ese *milk* me costaba lágrimas. Pero la edición en español, donde apareció originalmente, era piratesca y no pude dar con el editor para embarcarnos en una lancha y arrojar a la bahía el erratón.

Ciertas erratas del pasado me traen la nostalgia de calles y caminos que ya no existen. Se trata de las que se conservan aún en las reimpresiones de mi libro *Tentativa del hombre infinito*.

Por aquel tiempo abolíamos, como ahora se vuelve a hacer, signos y puntuación. Queríamos, en nuestra poesía, una pureza irreductible, lo más aproximado a la desnudez del pensamiento, al íntimo trabajo del alma.

Así, cuando tuve en mis manos las primeras pruebas de aquel pequeño libro que editaba don Carlos Nascimento, divisé con placer un cardumen de erratas que palpitaban entre mis versos. En vez de corregirlas devolví intactas las pruebas a don Carlos, que, asombrado, me dijo:

—Ninguna errata?

—Las hay y las dejo —respondí con soberbia.

Mi primer editor estaba acostumbrado a mis desplantes, que no le producían gran efecto. Así es que con su escéptica sonrisa se guardó en las faltriqueras los versos y las erratas. Mi juventud hallaba en las funestas equivocaciones una fuente espontánea que ayudaba a mi creación enigmatizando mis versos. Hasta pensé en publicar un libro en que cada palabra fuera errata o erratón.

Ya muy lejos de aquel romanticismo, las persigo ahora con podadora, insecticida y escopeta.

Pero siempre, emboscada en una estrofa, como detrás de una mata, la errata o erratón me mostrará sus orejas.

Reconozcamos también los escritores que la brusca interrupción del error ajeno en una línea nos lleva también a una verdad desconocida: al intestino de la imprenta, a sus vísceras de hierro, a sus membranas, a su gástrica negra. Las erratas nos llevan derecho al trabajo humano. Tenemos que descender de nuestro castillo verbal y comprender la infinita labor que se ocultó bajo cada línea: movimiento de ojos y manos: los socios anónimos del pensamiento: los trabajadores que desde Gutenberg siguen perteneciendo al ejército que combate con nosotros.

EN LA NOCHE DE TODO EL MUNDO

Hace más de treinta años me tocó llegar a Saigón en un automóvil —limousine negra— de suprema elegancia, acharolada como un ataúd. Me conducía un impecable chofer francés ataviado de importante uniforme. Ya en el centro de la ciudad, le pregunté:

—Cuál es el mejor hotel de la ciudad?

—El Gran Hotel —me contestó.

—Y cuál es el peor? —continué interrogándolo. Me miró sorprendido.

—Uno que conozco en el barrio chino —me dijo—. Tiene todas las incomodidades.

—Lléveme a ése —le respondí.

De mal talante cambió de rumbo hacia la ciudad china y allí, frente a una puerta, dejó caer mi polvorienta valija. La largó de arriba abajo, demostrándome su desdén. Me había tomado, equivocadamente, por un caballero.

No obstante, la habitación, aunque destartalada, era espaciosa y agradable. Había una cama cubierta con un mosquitero, un velador. Al otro extremo se hallaba una tarima de madera con una almohada de porcelana.

—Para qué es eso? —pregunté al camarero chino.

—Para fumar opio —me respondió—. Te traigo una pipa?

—Por ahora no —le contesté, para darle alguna esperanza de aumentar su clientela.

Estaba, pues, en el corazón de la chinería. Las ciudades de Oriente, desde Calcuta a Singapur, desde Penang a Batavia, eran vagos y oficiales establecimientos europeos de los colonizadores, circundados por inmensas barriadas chinas, bancarias, artesanales, multitudinarias.

Es un principio sagrado para mí, en cada nueva ciudad que piso, entregarme a las calles, a los mercados, a los vericuetos soleados o sombríos, al esplendor de la vida. Pero aquella vez, demasiado fatigado, me tendí bajo la gasa del mosquitero protector y me quedé dormido.

El viaje había sido duro en un pobre autobús tambaleante que había sacudido mis huesos a través de la península indochina. Por fin el carromato no quiso continuar, se paralizó en medio de la selva y allí, sin dormir, en la oscuridad extraña, me recogió un automóvil que pasaba. Tocó que se trataba del mismísimo coche del gobernador francés. Así se explica mi llegada a Saigón en gloria y majestad.

En aquella cama china yo dormí infinitamente, perdido en los sueños, asomándome por sus ventanas a los ríos del Sur, a la lluvia de Boroa, a mis escasas obsesiones. De pronto me despertó un cañonazo. Un olor a pólvora se coló por el mosquitero. Sonó otro cañonazo, y otro más, diez mil detonaciones. Cornetas, campanillas, bocinas, campanadas, charangas, aullidos. Una revolución? El fin del mundo?

Era algo mucho más simple: era el Año Nuevo chino.

Toneladas de pólvora ensordecían y cegaban. Salí a la calle. Los fuegos de artificio, los cohetes y las bengalas derramaban estrellas azules, amarillas, amarantas. Lo que me asombró fue una torre desde la que caían cascadas de fuego policolor, hasta que, despejándose, se divisó en la altura un acróbata bailando rodeado por el fuego esférico de una jaula encendida. El acróbata se contorsionaba danzando en el chisporroteo a treinta y cinco metros de altura.

Años más tarde me tocó andar peligrosamente en la noche de Año Nuevo por las calles de Nápoles. De cada ventana, de cada una de las ventanas de cada casa napolitana, brotaban los fuegos artificiales, las bengalas y los cohetes. Qué competencia sin igual en la locura fosfórica! Lo grave para mí, transeúnte perdido en aquellas calles, fue que después de reconstituido el silencio y apagados los estallidos de la luz, comenzaron a caer a mi alrededor toda clase de objetos indescriptibles. Mesas cojas, librotes y botellas, desvencijados sofás, marcos desdorados con fotografías bigotarias, cacerolas agujereadas. Los napolitanos tiran por el balcón sus pobrezas del año. Se desprenden con alegría de los trastos inútiles y asumen en cada resurrección del tiempo el deber de la limpieza sin concesiones.

Pero para vivir la Noche del Año, lo mejor es Valparaíso. El espectáculo es luminoso y naval. Entre los navíos empavesados a fuego limpio, la pequeña *Esmeralda* es el velero alhaja: sus palos son cruces de diamante y quedan bien en el cuello celeste de la noche festival. Todos los barcos nos dan esa noche no sólo la exaltación del fuego, sino unas voces recónditas: todas las bocinas de Neptuno, reservadas para los peligros del océano, en esa noche se disponen a roncar con alegría.

Sin embargo, la maravilla son los cerros, que apagan y encienden el circundante alumbrado, dando una réplica de luz y sombra al entusiasmo de la iluminación marina. Conmueve ver esta pulsación de los cerros que contestan con todos sus ojos el saludo de los navíos.

El abrazo del Año Nuevo en Valparaíso permanecerá inolvidable. También allí, de alguna manera, quemamos nuestras pobrezas y a golpes de luz y fuego esperamos limpiamente los días venideros.

UN LIBRO DE SIETE COLORES

Dos libros he recibido de Elsa Triolet, casi al mismo tiempo. Una novela: *El ruiseñor se calla al amanecer*. El otro es *La mise en mots*.

No sé cómo traducir este título. El ajuste, la presentación de las palabras? Es algo más que eso este libro. Es el proceso íntimo, la ordenación del pensamiento escrito. Es el drama del escritor, la dicha del escritor. Es el drama y la dicha de Elsa Triolet, escritora bilingüe, rusa y francesa, escritora de carne y hueso, con el alma dividida en dos idiomas, en dos patrias. «Ser bilingüe es ser bígama», confiesa Elsa Triolet. La portentosa Elsa: clarividente, de ojos incomparables, que le vienen del Este y más tarde educados en la luz de Francia.

Pero el libro de las palabras, impreso por Skira, no sólo es textualmente asombroso, sino que editorialmente mágico: es blanco, como una paloma blanca; es liso, como un cuerpo de mármol, y vuela, como una mariposa de siete colores. Vuela con las palabras de Elsa Triolet, vuela en contra del tiempo, con alas duras, impecables y perdurables.

«Se entiende, me he engañado a menudo en la vida. O más bien, no me engañé, sino que me engañaron. Cegada por el sol de la confianza, no veía más que el fuego, el sol. Pero eso nunca fue parte de mis escritos. Me atuve a lo que podía palpar. He marchado con las manos tendidas como una ciega tratando de reconocer mi camino», dice la autora.

En este libro se entrecruzan las insistencias vitales de Elsa, su examen llevado con la mayor rectitud hacia su propia condición, hasta las pinturas de Francis Bacon, de Paul Klee. De pronto un cielo de Nicolas de Staël, con todos los azules del azul, trae un Brasil luminoso a sus páginas, así como un fragmento de Piero di Cosimo o del Greco aportan el susurro mágico de las edades.

Envidio los bellísimos libros y éste es uno de ellos, que me gustaría para mí, para que mis dedos pudieran tocar mi propia poesía.

Por nuestros andurriales, por nuestro gran suburbio americano, no circulan como debieran los libros que hacen la obra larga y hermosa de Elsa Triolet. Esto no sólo concierne a los editores: el reproche va hacia el silencio de nuestras revistas, con sólo espacio para pasajerísimas modas. Desde *Bon soir, Thérèse*, siguiendo con los *Caballo Blanco* y *Rojo*, pasando por las *Rosas a crédito*, el *Luna-Park*, la *Cita de los extranjeros*, Elsa Triolet es una estela enérgica de reflexión y emoción: en el cielo de Francia, una Vía Láctea de centelleantes estrellas. Tanto peor para nosotros si no la conocemos.

Defensora de la vida de Maiakovski, es también defensora de su herencia, no sólo de su poesía, sino de sus amores, de su verdad. Nadie como ella nos ha revelado la turbulenta intimidad del gran poeta de la Revolución, y nadie ha tenido palabras más justas y tajantes que ella cuando los impostores, aun ahora, han pretendido herir a la que más amó el poeta. Parecería que la proyección maiakovskiana, su sacudida poética integral, hubiera bastado para silenciar para siempre a los envidiosos. Pero la envidia adquiere fuerzas inhumanas. Tenemos que agradecer a Elsa su valerosa posición justiciera.

Elsa Triolet es aún algo más. Aragon sostiene que Elsa, su mujer, hizo posible para él apartarse de sus quimeras, de los impedimentos que sobrellevaba, de las razones negativas que le perseguían. Ella, dice Aragon, me devolvió el valor de ser y, aun más, la fuerza de llegar a ser.

Muchas veces pasé viendo vivir o viviendo con los Aragon. Es natural que la inteligencia creadora, la sutileza y la alegría, la pasión y la verdad, nos dejen siempre una lección.

A mí, por lo menos, me hacen reconocer mis propias y desesperantes limitaciones.

Pero lo que más admiré en esta pareja de trabajadores fue el trabajo. El trabajo constante, apasionado, ininterrumpido, fecundo, ilimitado, inagotable, como si sacara fuerzas de su propia función. El trabajo como el más grande deber del amor y de la conciencia.

El gran poeta Reverdy, poco antes de morir, hablándome de los comienzos de otra pareja ilustre de escritores, Sartre y Simone de Beauvoir, me contaba cómo los veía entrar, desconocidos entonces, al café de los *Deux Magots*. Cada uno llevaba un rollo de papel blanco bajo el brazo, me decía. Cada uno salía con un rollo de papel negro de tinta bajo el brazo, después de algunas horas.

Tanto Aragon como Elsa Triolet nos han dado en papel negro de tinta deslumbrante poesía, esperanza en los días más hostiles, confianza en el destino del hombre.

Se lamenta en este libro Elsa Triolet de no poder decir más de lo que es posible decir con las palabras. Sin embargo, ella ha cargado las palabras con una aventura infinitamente expresiva. Esta mujer bilingüe ha hablado para todas las latitudes, para todos los seres.

CON CORTÁZAR Y CON ARGUEDAS

No es bueno que la irritación llegara a tomar el sitio de la meditación en el entrevero suscitado entre Cortázar y Arguedas. Se trata de un debate tan profundo como interminable. Y es difícil dar la razón o quitarla a nuestros dos egregios opinantes.

Yo he sostenido siempre que el escritor en nuestros países abandonados debe quedarse en ellos, para defenderlos. Los formidables libros de la costa del Pacífico que denuncian el martirio de los indios habrían sido tal vez imposibles de concebir desde el destierro, sin ese pegarse en la cabeza con los dolores de cada día de estos pueblos. Por eso tal vez mi vida ha sido un salir y regresar, un partir para volver. Pude quedarme en muchos sitios. Pero me quedo aquí.

En los libros de Cortázar, de Vargas Llosa, de Fuentes y de García Márquez hay una constantísima preocupación americana, una tónica temal enraizada en nuestras verdades, un ámbito que nos pertenece y que ellos nos han restituido en forma varias veces grandiosa. Es esto lo que hay que tomar en cuenta. Son desde lejos, exiliados o no, más americanos que muchos de sus compatriotas que viven de este lado del mar.

Yo desconfié de una generación anterior y aristocratizante que olvidaba fácilmente en Europa nuestra cuna de barro. Aquellos escritores hacían sus maletas, partían a conquistar París y, en seguida, con dificultad o sin ella, se dedicaban a escribir en francés. Yo combatí acerba y sectariamente este desdoblamiento cultural. Sin embargo, me conmueven hasta ahora muchos versos de Huidobro escritos en francés, y para qué hablar del maravilloso y olvidado poeta ecuatoriano Gangotena, desaparecido en plena juventud y que no escribió en otro idioma.

Por otra parte, vale la pena validar la existencia de aquellos de nuestros escritores que soportaron tanta dureza, penurias, envidias y ofensivas que forman el pan de cada día en cada uno de nuestros provinciales países. A mí muchas veces me ha entrado una comezón en el alma y un deseo de arrancarme lejos. La guerrilla literaria en América Latina forma parte de la atmósfera y en ella se adiestran los profesionales del denuesto. Yo tuve desde muy joven familias literarias enteras, que de padres a sobrinos se dedicaron a embestirme.

Por otro lado, la envidia es reproductiva, endémica e inmortal en tierras literarias semicoloniales. Posee tal poder de resurrección que brota en configuraciones diferentes sin tomar nunca, por supuesto, forma de espiga o condición de pan. Es eminentemente destructiva y amarga: no alimenta.

Si han sido grandes los novelistas que como Arguedas, Ciro Alegría, Icaza y otros han permanecido aguantándose en este áspero territorio, cobra un nuevo sentido territorial el hecho de que una nueva formación de escritores nos represente desde lejos con la verdad luminosa o la fantasía terrestre de García Márquez. Igual puedo decir de los que conozco, como el mágico Cortázar o el extraordinario Vargas Llosa.

Porque lo importante son las esencias. Y estos escritores nos han otorgado una contribución *esencial*: eso es lo que cuenta. Por eso el debate puede y debe extenderse aminorándole, naturalmente, los personalismos productivos o por producirse. La dignidad de quienes sacudieron estas tesis es demasiado seria para que pudiera derivar en la camorra literaria que tantos cultores ha tenido en el continente.

El asunto en su profundidad tiene más complicada implicación.

«La tentación del mundo», llamó Ehrenburg a mi inclinación a lo universal en contraposición a un poeta folklórico cubano.

Esa tentación del mundo hacia la integración participante del clasicismo antiguo y del nuevo experimento puede llevarnos también al cosmopolitismo ambiental. Puede derivarnos a la superficialidad pasajera. Es un peligro.

Pero, cómo desligarnos de la imperiosa y tantalizante Europa? Por qué cortar los nudos de la elegancia que nos atan a ella?

Además, es fácil para el criollista, y aun para el medular americano, sumergirse no en el océano, sino en la charca, y limitarse en la forma hasta repetir sin remordimiento la dirección del pasado. Es otro peligro.

Ese peligro no cortará nuestras raíces. Sucede que cuanto más nos ahondemos más nos renovaremos, y cuanto más locales seamos podemos llegar a ser los más universales. Un pequeño gran libro no se preocupó sino de una mínima región de España, llamada la Mancha. Y llegó a ser la novela más espaciosa que se ha escrito en nuestro planeta.

Todos tienen razón. Y de estas razones nacerán otras nuevas. El humanismo antiguo o nuevo se fortificó y proliferó en la contienda, cuando las batallas mantuvieron la dignidad y hurgaron en la profundidad.

Estoy seguro de que el encontrón entre Cortázar y Arguedas no sólo nos dará nuevos grandes libros, sino nuevos grandes caminos.

DESTRUCCIONES EN CANTALAO

Durante grandes años compartí mi vida con el mar. No fui navegante, sino observador intransigente de las alternativas del océano. Me apasionaron las olas en sí mismas, me aterraron y me ensimismaron los voluntariosos maremotos y marejadas del océano chileno. Me hice experto en cetáceos, en caracolas, en mareas, en zoofitos, en medusas, en peces de toda la pecería marina. Admiré la tridacna gigante, ostión devorador, y recogí en California los *spondylus*, góticos y nevados, o la oreja de mar que tiene todo el arcoiris en su concha de nácar. Largo tiempo viví junto al mar en Ceilán, y saqué con los pescadores los elementos marinos más extraños y fosforescentes. Por último, me vine a vivir en la costa de mi patria, frente a las grandes espumas de Isla Negra. Aquí los inviernos transcurren con un espacio poblado hasta el infinito por el férreo mar y por las nubes que lo cubren.

El mar me pareció más limpio que la tierra. No vemos en él los crímenes diabólicos de las grandes ciudades, ni la preparación del genocidio. A la orilla del mar no llega el smog pustulario, ni se acumula la ceniza de los cigarrillos difuntos. El mundo se oxigena junto a la higiene azul de las olas.

De haber disfrutado tanto del reposo y del trabajo en la soledad marina, me entró un vago remordimiento. Y mis compañeros? Mis amigos o enemigos escritores? Tendrán ellos este lujo creativo de trabajar y descansar frente al océano?

Por eso, cuando cerca de Isla Negra se pusieron en venta unos terrenos costeros, yo reservé tal vez el más hermoso para fundar en él una colonia de escritores. Lo fui pagando por años con mi trabajo frente al mar, pensando restituir así con esta obra algo de lo que debo a la intemperie marina.

Bauticé este territorio literario con el nombre de Cantalao. Así se llamaba un pueblo imaginario en uno de mis primeros libros. Y este mismo año, en 1970, he terminado de pagar las cuotas de la exigencia, no sin antes haber perdido terreno por delimitaciones defectuosas. En cuestiones de límites siempre pierde la poesía.

Antes de entregar la fundación a los escritores, construí una cabaña con el doble objeto de guardar los materiales, clavos, tablas, cemento, y refugiarme allí de cuando en cuando. La hice de troncos sólidos y de ventanas frágiles, ventanas de viejas iglesias. Algunas de ellas tenían vidrios verdes, rojos y azules, con estrellas y cruces. De una sola habitación, desprovista aun de agua y alumbrado, esta cabaña se destaca sobre el acantilado. Hacia el Norte su vecina es la imponente masa rocosa de Punta de Tralca, que significa Punta del Trueno en el idioma araucano. Las olas se elevan allí hasta cien metros de altura cuando golpean y cantan desarrolladas por la tempestad.

Esta mañana me fui a dejar un ancla recién comprada en el puerto de San Antonio. Con serias dificultades y con la ayuda de un tractor pude depositarla en una altura del terreno. Nada más fundador que un ancla. Toda fundación debe ser así precedida. Por lo menos, en la costa, una construcción no debiera empezar con la primera piedra, sino con el ancla primera.

Desapareció el tractor, se fueron los tractoristas. Me quedé solo y abrí las puertas de la cabaña. Hacía dos meses que no entraba en ella.

Escribí anteriormente allí casi todo mi nuevo libro de poesía, un poema largo y tempestuoso que aún no entrego a las imprentas. La última vez anoté con una sonrisa, ciertamente amarga, que la cabaña había sido invadida. Como nunca hubo casi nada en ella, muy poco pudieron llevarse los ladrones. Eché de menos una vieja hamaca rota, dos vasos y tres libros, los únicos que allí mantenía. Uno de ellos eran los cuentos y poemas de Melville. Otro un libro de poesía inglesa en cuya primera página escribí un poema que ahora sólo leerán los ladrones. El tercero era uno de mis tesoros: el pequeñísimo libro, la edición aldina de Shakespeare, publicado en 1897, en Londres, que compré en Colombo en 1930. Adiós libros compañeros de tantos años.

Pero mi visita de hoy fue más tribulatoria. Nuevos vándalos habían aprovechado los postigos mal cerrados para romper los cristales. Con gran esfuerzo introdujeron cuñas o punzones para quebrantar los viejos y nobles ventanales. Fragmentos azules, verdes, rojos, tapizaban el suelo. Desparramados en el piso parecían ser el retrato hablado de los depredadores. Vidrios cortados, crueles y sangrientos, ojos de la agresividad inútil, dedos cercenados, rostros despedazados de la maldad.

Y sépase que se trata de una cabaña anónima, hasta ahora sin dueño, sin habitantes, en espera de quienes la poblarán mañana con sus trabajos y sus sueños.

Tal vez no llegaré a conocer a los creadores que vivan allí mañana.

Y tal vez algunos de los sofisticados destructores digan, recordando: «Cantalao... Cantalao... Me suena este nombre. No es ése aquel sitio donde yo hice mis primeras armas robando libros y rompiendo ventanas destinadas a la alegría de la luz?»

PAÑUELOS NEGROS PARA DON JAIME

Mucho le costó a don Jaime Ferrer *entrar* en esta Isla Negra. Los isleños no eran tantos por esos años. Habían llegado de lejanísimos puntos, de los confines de la medicina, de las latitudes de la música, de los montes de la poesía. Éramos terribles. Usábamos lámpara de parafina y sacábamos agua de las norias con sudor propio y ajeno. Una HOSTERÍA en este remanso arrebolado? Qué disparate!

Teníamos miedo a la cola de automóviles, al tétrico ruido de las fichas de Viña del Mar. Llegarían aquí, probablemente, motocicletas y bikinis, farándulas y rumbas. Toda la noche tal vez oiríamos bramar los altavoces con la abrumadora repetición de las canciones baratas.

Fue una oposición cerrada que don Jaime fue entreabriendo hasta establecer su bondad, su seriedad y su maestría.

Ha sido mi vida una continua alabanza para los que hacen las cosas que yo no supe hacer y que siempre me parecieron superiores a las que yo hago. Y ahora que don Jaime se nos ha muerto, es mi deber celebrar su largo trabajo.

A los veraniegos de Santiago que esperan los platos listos y el vino frío o atenuado, los manteles de blancura brillante y los mozos corriendo entre las mesas del restaurante, no les pasa por la cabeza lo duro que es levantar, establecer y edificar los sitios espaciales del verano en la costa.

Lo que es en mi casa, tenemos que atravesar cuarenta kilómetros para comprar una merluza, recorrer ciento cuarenta para adquirir una buena cerradura, ochenta y cinco para enmarcar un cuadro. Y a veces los problemas causados por un tornillo que hace falta o por un vidrio que se rompió, sin hablar del disco del embrague, se vuelven insolubles a pesar de cincuenta viajes seguidos a las ciudades aledañas. Una gotera es una tragedia en varios actos. Un cerco que el mar echa abajo merece, para volverse a levantar, un poema épico. Y durante más de la mitad del año no entra ni un alma por las puertas de las hosterías.

Los establecimientos del litoral padecen de soledad, esperan en el desierto. Lo único que entra en invierno, en otoño y también en primavera son las gabelas, los inspectores, las advertencias tributarias, los mandobles del impuesto.

Don Jaime conocía su oficio al revés y al derecho, y su buen humor era tan persistente como su paciencia. Su hostería surgió de la nada y llegó a ser el más importante recodo de la costa. A cualquiera hora del invierno el viajero encontró la chimenea ardiendo con gigantescos troncos que parecían esperarlo. El fuego, la fragancia de las cacerolas, los garzones como centinelas avizores: ése fue el sistema impecable que él impuso. Nadie olvidará tampoco esos panecillos calientes dentro de la servilleta blanca, que salían como de un nido. Don Jaime, bonachón y sabio, se hizo parte institucional de Isla Negra, triunfó sobre los prejuicios lugareños y dejó implantada, en una zona virgen, la ciencia de la buena acogida.

Yo preguntaba a Camilo, su mejor discípulo, hotelero también, cuál era el secreto de don Jaime Ferrer, fuera, naturalmente, de su sabiduría y energía.

Curiosamente Camilo comenzó por callarse, meditando. Luego me contó algunas cosas.

—Parece que siempre compraba demasiado, demasiado de todo. Demasiadas sábanas, demasiadas cebollas, demasiado jabón, demasiados filetes y corvinas. Se lo reprochaban en un principio como un despilfarro, pero se probó siempre que todo se consumía.

Así, pues, uno de los secretos del gran hotelero fue la abundancia. Lo que parecía exceso resultó siempre estrictamente necesario.

Me contó también que una vez en su entusiasmo adquirió una increíble cantidad de pañuelos. Lo increíble es que la mitad eran blancos y la otra mitad negros.

—Hasta en eso tuvo razón —me dice Camilo—. Porque ahora que tanta gente lo ha llorado, han servido también estos pañuelos negros.

Así, pues, don Jaime Ferrer se nos ha muerto después de haber creado una honorable y difícil empresa. Como patriota de Isla Negra, pidió ser sepultado en el pequeñísimo cementerio más próximo, en las colinas de Totoral. Yo no pude llegar a tiempo a despedirlo, y este silencio me ha resultado doloroso. Esa hostería con los grandes troncos olorosos quemándose en la chimenea me recordó siempre las tabernas inglesas de costas y campos que amaba Robert Louis Stevenson. Allí quedan ahora la familia y el espíritu familiar, la acogida, el fuego y el vino. Pero don Jaime, el fundador, nos seguirá haciendo falta a los isleños de Isla Negra.

65

De Parral no tengo recuerdos de infancia. Es claro que me llevaron casi apenas nacido hacia la Frontera.

Un periodista norteamericano cuenta que buscó mucho el sitio donde nací, sin encontrarlo. No la casa, claro está, puesto que se la llevó un terremoto. Preguntó por todas partes, pero nadie sabía. Yo tampoco lo sé.

El buen alcalde de Parral, Enrique Astorga, me ha vuelto a nacionalizar, a parralizar. La ciudad me recibió con cariño, pero sin conocerme bastante, ya que mi vida se pasó en otros climas. Pero allí está la tumba de mi madre, y mi familia prolífica, los Reyes, sigue despuntando por todas partes. Hasta ahora no ha salido otro Reyes poeta.

Mis principales recuerdos son de Temuco al Sur. De ese paisaje quedó impregnada mi poesía. El mar, las montañas y los ríos de aquella región se me quedaron enmarañados en el alma. Sigue lloviendo dentro de mí como hace sesenta años en Temuco.

La casa del conductor Reyes, mi padre, era destartalada y pobretona. Por este mes de julio mataban chanchos allá en el fondo del patio. Yo me escapaba entonces huyendo del chillido pavoroso. A nadie le producía ningún efecto, pero yo lo tomé como una más de las tantas atrocidades de la existencia.

El liceo fue cambiando poco a poco mi solitaria condición. Se me antojaba una urbe aquella multitud de muchachos de todos colores y extraños nombres, aquellos profesores de grandes bigotes que me infundían un terror que conservo hasta ahora vagamente escondido.

El profesor de matemáticas me distinguió siempre con su simpatía y su desdén. De cuando en cuando me obsequiaba con un bombón durante la clase. Nunca me dirigió la palabra para preguntarme algo. Se daba por descontado que yo nunca podría saber nada. Llegado el mes de diciembre me imponía las tres negras reglamentarias. Esto parecía un rito que se cumplió durante seis diciembres sucesivos.

Lo curioso es que yo por el señor Peña, que así se llamaba mi profesor, guardé siempre estimación. Nunca se me ocurrió odiarlo. Pero era natural que nos sintiéramos irreconciliables.

He contado alguna vez que el liceo tenía unas catacumbas o sótanos a los que bajábamos en pandilla. Mi imaginación llenaba aquellos desvanes subterráneos de fantasmas, de tesoros, de posibles sorpresas infernales. Todo estaba oscuro. A veces, en nuestros juegos, olvidábamos a alguno de los muchachos que habíamos dejado allí abajo, en castigo, amarrado a una columna. Teníamos que volver asustados a liberarlo.

Pero el sitio de los sueños era para mí Puerto Saavedra, con la inmensa desembocadura del río Cautín, el océano terrorista de olas como montañas, las docas enarenadas que yo no conocía y que comíamos con entusiasmo. Allí tuve en mis ojos los primeros pingüinos y los primeros cisnes salvajes del bello lago Budi. En las orillas del lago pescaban o cazaban *lisas* con arpones o tridentes. Era obsesivo mirar aquellos acechantes inmóviles con las lanzas en alto y ver cómo las dejaban caer levantando luego un pescado palpitante. También allí mismo vi muchas veces el rosado vuelo de bandadas de flamencos que iban y venían por el territorio virginal.

También tenía Puerto Saavedra un brujito de barba blanca y pequeña estatura. Era el poeta don Augusto Winter. Él venía del Norte. Sus hermanas fabricaban esas conservas domésticas que abundaban en el Sur. Don Augusto era el bibliotecario de la mejor biblioteca que he conocido. Era chiquita, pero atiborrada de Julio Verne y de Salgari. Tenía una estufa de aserrín al centro, y yo me establecía allí como si me hubieran condenado a leerme en tres meses de verano todos los libros que se escribieron en los largos inviernos del mundo.

Puerto Saavedra tenía olor a ola marina y a madreselva. Detrás de cada casa había jardines con glorietas y las enredaderas perfumaban la soledad de aquellos días transparentes.

Allí también me sorprendieron los ojos negros y repentinos de María Parodi. Cambiábamos papelitos muy doblados para que desaparecieran en la mano. Más tarde escribí para ella el número diecinueve de mis *Veinte Poemas*. Puerto Saavedra está también en todo el resto de ese libro, con sus muelles, sus pinos y su inagotable aleteo de gaviotas.

Ahora me doy cuenta de que he estado relatando cosas sin importancia. Aquellos sótanos y aquellos libros y aquellos ojos negros se los llevó tal vez el viento.

Y por qué he contado todas estas tonterías? Será tal vez porque en este mes de julio estoy cumpliendo mis sesenta y cinco años de vida en este único y fugitivo mundo.

En el espacio de estos recuerdos, entre Parral y la Frontera, entre las madreselvas y la desembocadura, yo fui un testigo remoto, tímido y solitario, pegado a la pared como los líquenes. Se me ocurre que nadie me oyó y que muy pocos me vieron. No fueron muchos los que me conocieron entonces.

Ahora, por donde voy, la gente que no conozco me dice: «Sí, don Pablo.»

He ganado algo en esta vida. En sesenta y cinco años he llegado a Don.

SIN DIOSES Y SIN ÍDOLOS

Un estudio de Viviane Lerner: *Realidad profana, realidad sagrada en las «Odas elementales»*, publicado por la Universidad de Estrasburgo, busca identidades religiosas en mi poesía.

No es la primera vez que suenan estas campanas. En el mes de junio, en un Congreso de Teología, en Bogotá, un teólogo del Instituto Vaticano me consideró teólogo o teológico. Por falta de conocimiento no puedo responder estos interrogantes, ni orientar estas honrosas investigaciones.

Comprendo que en todas partes el hombre haya buscado comunicaciones transmigratorias y que las religiones hayan postulado sus claves paralelas para entenderse con lo inaccesible. Luego, la necesidad de santos, de héroes y de dioses, estimuló la fabricación de ellos hasta en los territorios más apartados y en las épocas más cercanas, científicas y racionales.

En mis años asiáticos me sobrecogió la proliferación de las formas divinas en las iglesias orientales. Las imágenes eróticas del Nepal tenían más de seis, más de diez, más de cuarenta brazos de bronce y formas de mujer incrustadas en el orgasmo por el abrazo tentacular. Ganesha, dios de la sabiduría, con cabeza de elefante, tenía mi predilección por su trompa enroscada y sus minúsculos ojitos. La diosa Kali no era una invención de nuestro adoradísimo Salgari, sino que me esperaba en Calcuta con un inmenso collar de cráneos humanos y una lengua escarlata de tres metros de largo.

Por otra parte, los Cristos españoles de mi infancia fueron para mí visiones de horror. Después los vi en otros sitios respetables, pustulentos con Grünewald, encarnecidos hasta la pesadilla con los primitivos toscanos.

Tampoco las muñecas rosa y celeste que representaron la Madonna me entusiasmaron. Lo que sí me gustó fue el ambiente de algunas viejas catedrales —por cierto que no la de San Pedro— y el de algunas mezquitas. Alguna vez encontré allí la solemnidad mental y natural que conocí en las selvas de Cautín.

El anticlericalismo se fue con el macfarlan y el anarquismo. Cambió la sociedad, cambiaron la época y la moda. Las fábricas se transformaron en diosas. Los dioses asociados produjeron salchichas, armamentos, automóviles. Las guerras santas de esta época fueron las del petróleo. Los herejes que no se prosternaron ante las pagodas petroleras fueron exterminados, no por la cimitarra ardiente, ni por la cruz llena de clavos, sino por los golpes de la policía, la tortura o las prisiones.

Ni por eso el hombre dejó de levantar sus dioses pequeños o barbudos, ridículos o misteriosos.

Me contó un francés colonial que durante la última guerra un navío norteamericano tuvo que desembarcar en Madagascar, por una semana, un jeep con un observador militar. Este jeep llevaba sobre el techo el signo de la Cruz Roja Internacional. El encargado de esa misión era un negro de Harlem. Subió laderas, cruzó valles, llegó a montañas inexploradas. Visitó tribus desconocidas. Era un negro jocundo, de grandes dientes blancos, lleno de pulseras doradas, de risa estentórea y poderosa voz. Los primitivos lo miraban y lo admiraban. De cuando en cuando, desde el jeep, él se comunicaba por radio con aviones o navíos. Partió de aquellas regiones coronado de flores. Entonces su recuerdo se fue convirtiendo poco a poco en una gran religión que ahora tiene más adeptos que los cultos protestantes y católicos. En los más altos peñascos de Madagascar los nativos pintan inmensas cruces rojas para que él las vea y se digne regresar del cielo.

Mientras tanto, este hombre, ahora viejo y cansado, que no sabe que es Dios, debe hallarse encerando pisos en Nueva York.

Cuando en Kingston, Jamaica, me detuve por algunos días, precisamente porque nada tenía que hacer allí, leí un poema del más importante poeta local, dedicado a Hailé Selassié. Apareció en el *Jamaica Times* aquel día de mi llegada. Leyéndolo, me di cuenta que se trataba del emperador abisinio no en cuanto a monarca, sino en cuanto a Dios. Una nueva y millonaria religión, con multitudes de templos y creyentes, ha designado Dios al minúsculo Negus. El nuevo culto establece que su llegada a Jamaica, en donde sus fieles lo esperan, provocará un trastorno cósmico y el comienzo de una nueva Era.

Sale el sol, león ancestral, víscera central, y paternal de nuestro universo. La noche puebla de escamas plateadas los oceánicos espacios. Los meteoros desatan el fósforo celeste. El sol, el agua, la primavera, preparan el pan de cada día. Ha nacido una oración. Ha nacido un poema.

Las religiones fueron cuna de la poesía y ésta se anudó a ellas fertilizando los mitos, colaborando como el incienso en el atardecer de las basílicas. Los ropajes de las divinidades se tejieron de oro y poesía. Los ojos inmóviles de las imágenes no perforaron el misterio: las palabras poéticas hicieron retroceder las tinieblas buscando, como un deber común, la exaltación de la belleza y la comunicación con el pueblo.

Ha sido más difícil el entendimiento entre la ciencia y la poesía: entre el tiempo social y el canto del poeta. Los mitos resultaron más alcanzables al lenguaje que al peso de los descubrimientos y de la verdad. La poesía sigue luchando aún para independizarse de su antigua y misteriosa servidumbre.

ROBERT FROST Y LA PROSA DE LOS POETAS

Alguien me ha mandado un libro bien traducido con la prosa de Robert Frost, admirable poeta.

Al recorrerlo se renovó en cierta manera un diálogo o discusión invisible que por mucho tiempo he sostenido conmigo mismo.

Lo que siempre me atrajo en la poesía de Frost fue su verdad privada, su organización natural. Fue el poeta de la conversación. Contaba y cantaba baladas sobre seres nunca enteramente reales, nunca enteramente imaginarios.

Recuerdo aquel poema acerca de un hombre de muchísimos años, de un viejo junto al fuego de su chimenea y junto a su muerte ya muy cercana:

Era una luz sólo para sí mismo.
Sentado allí sabe de qué se trata;
una luz quieta, y luego ni esta luz.

Se me quedaron en la memoria los versos de «El que pisa las hojas» y también aquellos de «La vaca en tiempo de manzanas». En suma, un poeta campestre, de más al norte de Boston, de Vermont, de caminos llenos de barro y hojas caídas, un poeta con zapatos de caminante y un don transparente de cantar, un poeta de los que a mí me gustan.

El libro de prosa de Robert Frost me ha sorprendido. Es un racionalista de biblioteca cuadrada, un humanista. Pero también con el virtuosismo de las ideas, de esas ideas sobre la poesía y la metáfora que no llevan a nada. Siempre pensé que este examen de la poesía hecho por los poetas es ceniza pura. Bien puede ser bellísima espuma cenicienta, pero el viento se la llevará.

Tal vez me gusta, tal vez, que el crítico se inmiscuya y trajine en lo que le interesa, y en lo que no le concierne. Para mí el espíritu crítico, cuando se aguza demasiado, llega a la obscenidad intelectual, al descaro sangriento. No son las vísceras del poeta las que revela el puñal analítico, sino las propias intimidades viscerales del que empuñó el armamento.

La prosa de Robert Frost se mete por los caminos de la metáfora y aunque sea Frost para mí una eminencia, continuaré creyendo impúdica la revelación que mata lo revelado, por luminosas que sean las palabras e insospechable la conducta.

De todas maneras quiero que sea explícita mi adhesión al poeta Frost en su poesía natural y en su prosa mental.

En lo que a mí respecta soy acérrimo enemigo de mi propia prosa. Pero qué hacerle. Si hablamos en prosa tendremos también que escribirla. Juan Ramón Jiménez, ese pobre gran poeta bastante consumido por la envidia, parece que dijo alguna vez que yo no sabría ni escribir una carta. En esto creo que no se equivocaba.

También Robert Frost me ha asombrado por su vago liberalismo burgués. Conocí en Nueva York, en congresos de lucha social, a su hija, muchacha antibélica y antiimperialista. Pensé que tales cosas venían de su excelso padre. Pero aquí me encuentro que cuando habla de *la protesta* en la poesía lo hace desde el punto de vista del *establecimiento*.

> No me gustan las protestas. Toda vez que se publican descubro que las dejo de lado. Lo que me gustan son los dolores, y me gustan con un profundo sentido robinsoniano. Supongo que no tiene objeto preguntar, pero debería pensarse que podrían gratificarnos al punto de restringir las protestas a la prosa, si la prosa acepta la imposición, y dejar a la poesía en libertad de proseguir su camino de lágrimas.

Estas palabras de Frost son bellas, pero más bien dignas de un gran romántico victoriano. No estarían mal en Lord Tennyson, el bardo del *In Memoriam*, pura poesía y lágrima pura.

Yo le pregunto al gran poeta:

—Pero, Frost, a quién acompañamos con el llanto? A los que mueren o a los que nacen? No es envolver en la misma mortaja la vida y la muerte?

Yo soy el hombre de las lágrimas y de las protestas. No puedo destinar la prosa a la lucha y la poesía al sufrimiento. Me parece que pueden tener el mismo destino y el mismo estremecimiento. A veces pienso que *La Marsellesa* es una obra coral de poesía, inigualada en su belleza. Y también pienso a veces que la *Oda a un ruiseñor*, de Keats, o el canto a *La urna griega* se quedaron en el taxidermista o en el British Museum.

Por suerte Frost es más ancho que su prosa, más caudaloso que su análisis. Y a pesar de él, o tal vez a gusto de él, circula por su poesía esa antigua nación, espaciosa y libre, los Estados Unidos de antaño, con sus montañas beneméritas, sus ríos inagotables y, lo que parece haber desaparecido, su capacidad de bastarse a sí sola sin ensangrentar el mundo.

NOSOTROS, LOS INDIOS

El inventor de Chile, don Alonso de Ercilla, iluminó con magníficos diamantes no sólo un territorio desconocido. Dio también la luz a los hechos y a los hombres de nuestra Araucanía. Los chilenos, como corresponde, nos hemos encargado de disminuir hasta apagar el fulgor diamantino de la Epopeya. La épica grandeza, que como una capa real dejó caer Ercilla sobre los hombros de Chile, fue ocultándose y menoscabándose. A nuestros fantásticos héroes les fuimos robando la mitológica vestidura hasta dejarles un poncho indiano raído, zurcido, salpicado por el barro de los malos caminos, empapado por el antártico aguacero.

Nuestros recién llegados gobernantes se propusieron decretar que *no somos un país de indios*. Este decreto perfumado no ha tenido expresión parlamentaria, pero la verdad es que circula tácitamente en ciertos sitios de representación nacional. *La Araucana* está bien, huele bien. Los araucanos están mal, huelen mal. Huelen a raza vencida. Y los usurpadores están ansiosos de olvidar o de olvidarse. En el hecho, la mayoría de los chilenos cumplimos con las disposiciones y decretos señoriales: como frenéticos arribistas nos avergonzamos de los araucanos. Contribuimos, los unos, a extirparlos y, los otros, a sepultarlos en el abandono y en el olvido. Entre todos hemos ido borrando *La Araucana*, apagando los diamantes del español Ercilla.

La superioridad racial pudo ser un elemento bélico y unitario entre los conquistadores, pero la mayor superioridad fue posiblemente la del caballo. Siqueiros representó la Conquista en la figura de un gran centauro. Ercilla mostró al centauro acribillado por las flechas de nuestra araucanía natal. El renacentismo invasor propuso un nuevo establecimiento: el de los héroes. Y tal categoría la concedió a los españoles y a los indios, a los suyos y a los nuestros. Pero su corazón estuvo con los indomables.

Cuando llegué a México de flamante cónsul general fundé una revista para dar a conocer la patria. El primer número se imprimió en impecable huecograbado. Colaboraba en ella desde el Presidente de la Academia hasta don Alfonso Reyes, maestro esencial del idioma. Como la revista no le costaba nada a mi gobierno, me sentí muy orgulloso de aquel primer número milagroso, hecho con el sudor de nuestras plumas (la mía y la de Luis Enrique Délano). Pero con el título cometimos un pequeño error. Pequeño error garrafal para la cabeza de nuestros gobernantes.

Debo explicar que la palabra *Chile* tiene en México dos o tres acepciones no todas ellas muy respetables. Llamar la revista «República de Chile» hubiera sido como declararla nonata. La bautizamos *Araucanía*. Y llenaba la cubierta la sonrisa más hermosa del mundo: una araucana que mostraba todos sus dientes. Gastando más de lo que podía mandé a Chile por correo aéreo (por entonces más caro que ahora) ejemplares separados y certificados al Presidente, al Ministro, al Director Consular, a los que me debían, por lo menos, una felicitación protocolaria. Pasaron las semanas y no había respuesta.

Pero ésta llegó. Fue el funeral de la revista. Decía solamente: «Cámbiele de título o suspéndala. No somos un país de indios.»

—No, señor, no tenemos nada de indios —me dijo nuestro embajador en México (que parecía un Caupolicán redivivo) cuando me transmitió el mensaje supremo—. Son órdenes de la Presidencia de la República.

Nuestro Presidente de entonces, tal vez el mejor que hemos tenido, don Pedro Aguirre Cerda, era el vivo retrato de Michimalonco.

La exposición fotográfica «Rostro de Chile», obra del grande y modesto Antonio Quintana, se paseó por Europa mostrando las grandezas naturales de la patria: la familia del hombre chileno, y sus montañas, y sus ciudades, y sus islas, y sus cosechas y sus mares. Pero en París, por obra y gracia diplomática, le suprimieron los retratos araucanos: «Cuidado! No somos indios!»

Se empeñan en blanquearnos a toda costa, en borrar las escrituras que nos dieron nacimiento: las páginas de Ercilla: las clarísimas estrofas que dieron a España épica y humanismo.

Terminemos con tanta cursilería!

El Dr. Rodolfo Oroz, que tiene en su poder el ejemplar del *Diccionario araucano* corregido por la mano maestra de su autor, don Rodolfo Lenz, me dice que no encuentra editor para esta obra que está agotada desde hace muchísimos años.

Señora Universidad de Chile: Publique esta obra clásica. Señor Ministerio: Imprima de nuevo *La Araucana*. Regálela a todos los niños de Chile en esta Navidad (y a mí también).

Señor Gobierno: Funde de una vez la Universidad Araucana.

Compañero Alonso de Ercilla: *La Araucana* no sólo es un poema: es un camino.

EL *WINNIPEG* Y OTROS POEMAS

Me gustó desde un comienzo la palabra *Winnipeg*. Las palabras tienen alas o no las tienen. Las ásperas se quedan pegadas al papel, a la mesa, a la tierra. La palabra *Winnipeg* es alada. La vi volar por primera vez en un atracadero de vapores, cerca de Burdeos. Era un hermoso barco viejo, con esa dignidad que dan los siete mares a lo largo del tiempo. Lo cierto es que nunca llevó aquel barco más de setenta u ochenta personas a bordo. Lo demás fue cacao, copra, sacos de café y de arroz, minerales. Ahora le estaba destinado un cargamento más importante: la esperanza.

Ante mi vista, bajo mi dirección, el navío debía llenarse con dos mil hombres y mujeres. Venían de campos de concentración, de inhóspitas regiones, del desierto, del África. Venían de la angustia, de la derrota, y este barco debía llenarse con ellos para traerlos a las costas de Chile, a mi propio mundo que los acogía. Eran los combatientes españoles que cruzaron la frontera de Francia hacia un exilio que dura más de 30 años.

La guerra civil —e incivil— de España agonizaba en esta forma: con gentes semiprisioneras, acumuladas por aquí y allá, metidas en fortalezas, hacinadas durmiendo en el suelo sobre la arena. El éxodo rompió el corazón del máximo poeta don Antonio Machado. Apenas cruzó la frontera se terminó su vida. Todavía con restos de sus uniformes, soldados de la República llevaron su ataúd al cementerio de Collioure. Allí sigue enterrado aquel andaluz que cantó como nadie los campos de Castilla.

Yo no pensé, cuando viajé de Chile a Francia, en los azares, dificultades y adversidades que encontraría en mi misión. Mi país necesitaba capacidades calificadas, hombres de voluntad creadora. Necesitábamos especialistas. El mar chileno me había pedido pescadores. Las minas me pedían ingenieros. Los campos, tractoristas. Los primeros motores Diesel me habían encargado mecánicos de precisión.

Recoger a estos seres desperdigados, escogerlos en los más remotos campamentos y llevarlos hasta aquel día azul, frente al mar de Francia, donde suavemente se mecía el barco *Winnipeg*, fue cosa grave, fue asunto enredado, fue trabajo de devoción y desesperación.

Se organizó el SERE, organismo de ayuda solidaria. La ayuda venía, por una parte, de los últimos dineros del gobierno republicano y, por otra, de aquella que para mí sigue siendo una institución misteriosa: la de los cuáqueros.

Me declaro abominablemente ignorante en lo que a religiones se refiere. Esa lucha contra el pecado en que éstas se especializan me alejó en mi juventud de todos los credos y esta actitud superficial, de indiferencia, ha persistido toda mi vida. La verdad es que en el puerto de embarque aparecieron estos magníficos sectarios que pagaban la mitad de cada pasaje español hacia la libertad sin discriminar entre ateos o creyentes, entre *pecadores* o *pescadores*. Desde entonces cuando en alguna parte leo la palabra *cuáquero* le hago una reverencia mental.

Los trenes llegaban de continuo hasta el embarcadero. Las mujeres reconocían a sus maridos por las ventanillas de los vagones. Habían estado separados desde el fin de la guerra. Y allí se veían por primera vez frente al barco que los esperaba. Nunca me tocó presenciar abrazos, sollozos, besos, apretones, carcajadas de dramatismo tan delirantes.

Luego venían los mesones para la documentación, identificación, sanidad. Mis colaboradores, secretarios, cónsules, amigos, a lo largo de las mesas, eran una especie de tribunal del purgatorio. Y yo, por primera y última vez, debo haber parecido Júpiter a los emigrados. Yo decretaba el último SÍ o el último NO. Pero yo soy más SÍ que NO, de modo que siempre dije SÍ.

Pero, véase bien, estuve a punto de estampar una negativa. Por suerte comprendí a tiempo y me libré de aquel NO.

Sucede que se presentó ante mí un castellano, paletó de blusa negra, abuchonada en las mangas. Ese blusón era uniforme en los campesinos manchegos. Allí estaba aquel hombre maduro, de arrugas profundísimas en el rostro quemado, con su mujer y sus siete hijos.

Al examinar la tarjeta con sus datos, le pregunté sorprendido:

—Usted es trabajador del corcho?

—Sí, señor —me contestó severamente.

—Hay aquí una equivocación —le repliqué—. En Chile no hay alcornoques. Qué haría usted por allá?

—Pues, los habrá —me respondió el campesino.

—Suba al barco —le dije—. Usted es de los hombres que necesitamos.

Y él, con el mismo orgullo de su respuesta y seguido de sus siete hijos, comenzó a subir las escalas del barco *Winnipeg*. Mucho después quedó probada la razón de aquel español inquebrantable: hubo alcornoques y, por lo tanto, ahora hay corcho en Chile.

Estaban ya a bordo casi todos mis buenos sobrinos, peregrinos hacia tierras desconocidas, y me preparaba yo a descansar de la dura tarea, pero mis emociones parecían no terminar nunca. El gobierno de Chile, presionado y combatido, me dirigía un mensaje: «INFORMACIONES DE PRENSA SOSTIENEN USTED EFECTÚA INMIGRACIÓN MASIVA ESPAÑOLES. RUÉGOLE DESMENTIR NOTICIA O CANCELAR VIAJE EMIGRADOS.»

Qué hacer?

Una solución: Llamar a la prensa, mostrarle el barco repleto con dos mil españoles, leer el telegrama con voz solemne y acto seguido dispararme un tiro en la cabeza.

Otra solución: Partir yo mismo en el barco con mis emigrados y desembarcar en Chile por la razón o la poesía.

Antes de adoptar determinación alguna me fui al teléfono y hablé al Ministerio de Relaciones Exteriores de mi país. Era difícil hablar a larga distancia en 1939. Pero mi indignación y mi angustia se oyeron a través de océanos y cordilleras y el Ministro solidarizó conmigo. Después de una incruenta crisis de Gabinete, el *Winnipeg*, cargado con dos mil republicanos que cantaban y lloraban, levó anclas y enderezó rumbo a Valparaíso.

Que la crítica borre toda mi poesía, si le parece. Pero este poema, que hoy recuerdo, no podrá borrarlo nadie.

EL BARÓN DE MELIPILLA (I)

En el *Times*, de Londres, por los meses de julio y agosto de 1865 se publicó el siguiente aviso:

> Se dará buena gratificación a quien pueda dar alguna noticia que sirva para descubrir el destino de Roger Charles Tichborne. Salió del puerto de Río de Janeiro el 20 de abril de 1854, en el barco la *Bella* y no se ha sabido de él desde entonces. Pero se ha tenido conocimiento en Inglaterra de que parte de la tripulación y pasajeros de aquel barco fue recogida por un navío que se dirigía a Australia. No sabemos si Roger Charles Tichborne estaba entre los ahogados o entre los salvados. Ahora tendría alrededor de treinta y dos años de edad. Es más bien alto, de pelo castaño y ojos azules. El señor Tichborne es el hijo de Sir James Tichborne, ya fallecido, y es su heredero...

De esta manera se buscaba a un joven barón para entregarle libras esterlinas y haciendas.

Se sabía de su permanencia en Valparaíso y en Santiago, donde fue fotografiado por Helsby, elegante fotógrafo de la época. Pero el lugar de Chile en donde estuvo más tiempo fue Melipilla. Allí vivió por espacio de un año y medio y fue conocido de medio mundo.

Por aquellos tiempos no era aún el heredero que se buscaba, sino un segundón de la antigua familia de los Tichborne. Su padre era el *décimo* barón de este nombre y la renta de sus propiedades sobrepasaba las cuarenta mil libras al año.

Es curioso ver el daguerrotipo que lo retrata por esos días. Nos presenta un muchacho de vaga mirada romántica y de sombrero cordobés. Más bien un rostro débil, en el que sus grandes ojos claros parecen perderse en el tiempo o en el mar.

El caso es que su desaparición causó un proceso tan largo y ruidoso que conmovió a la gran sociedad victoriana, dejando abierto un enigma que para descifrarse llegó a turbar justamente la tranquilidad de Londres y de Melipilla.

No sólo a los poetas interesan los enigmas. Venimos y nos vamos dentro del misterio fundamental. La ciencia y las religiones se codean en la sombra echándose a los ojos la belleza, las probabilidades, los mitos lejanos y la verdad aproximativa.

Yo, cazador de enigmas, no pretendo resolver uno más. Sólo me ata a éste mi condición de transeúnte de Melipilla. Me hace gracia pensar que en este pueblo de rulo, entre chacareros de hortaliza y viñas de contenido ardiente, anidara la primera página de una historia inaudita.

Por qué razón llegó a Melipilla, a la casa de don Tomás Castro, Roger Charles Tichborne, que no alcanzó a ser el *undécimo* de los barones Tichborne?

Cuando después de una permanencia de año y medio salió de aquel pueblo polvoriento y cruzó, a lomo de mula, nuestras cordilleras, no sabía Roger que era un heredero y, cuando desapareció en el naufragio de la *Bella*, en el Atlántico, ignoraba también que sería buscado por cielo y tierra para redimirlo de sus andanzas.

He visto el retrato de Lady Tichborne. Es el retrato de una esperanza. Bajo su bonete enlutado y sobre sus manos cruzadas, el rostro enflaquecido, de tristísima sonrisa, se ha convertido con la espera en sólo dos ojos vagos que buscan a un hijo perdido en el mar para darle resurrección.

Nada supieron en Melipilla, ni el doctor inglés Juan Halley, ni Clara, ni Jesusa, ni don Raimundo Alcalde, ni don José Toro, ni la señora Hurlano, ni doña Natalia Salmento, cuando al joven inglés se lo tragó el *mar* o la *tierra*.

Sin embargo, la herencia, con sus números colosales, llegó después a perturbar las vidas de esos melipillanos que más tarde debieron viajar hasta Inglaterra para tomar parte en la más borrascosa contienda de intereses y pasiones.

Allá por octubre de 1865 fue descubierto en Waga Waga (Australia) un hombre de oficio carnicero, conocido por Tom o Thomas Castro, de supuesta nacionalidad chilena. En conversaciones locales expresó muchas veces que ni su nombre ni su nacionalidad eran tales. Dijo ser inglés y náufrago recogido en el Atlántico por un barco que lo trajo a Australia.

Alguien que oyó estas confidencias las comunicó a la madre del barón perdido. Y Tom Castro fue llamado por ella.

De inmediato muchas dudas se presentaron a todos. Por de pronto el hombre parecía iletrado y padecía de una enfermedad nerviosa, análoga al baile de San Vito, que Roger nunca tuvo. Se veía, además, extraordinariamente obeso, pero habían pasado más de diez años y su físico podía haber cambiado. No estaba bien seguro de algunos datos de la familia. Pero todo esto puede pasarle a un náufrago que es transportado de un mundo a otro y luego abandonado a su suerte en tierras ásperas y desconocidas.

Por qué se hacía llamar Tom Castro?

Lo explicó: No quería que el humilde oficio que desempeñaba dañara los ilustres títulos de la familia Tichborne.

Hay que imaginar el momento en que este hombre singular, llegado de Waga Waga, de Melipilla y de un naufragio, cruzó las verjas de la casa señorial. Los habitantes de Tichborne y de Alresford se habían reunido para esperarlo.

La historia sólo comenzaba. Veremos qué le reservaba el destino al hombre que aparecía resurrecto.

EL BARÓN DE MELIPILLA (II)

Era realmente Roger Charles Tichborne quien entraba ese día al castillo de los Tichborne, o se trataba simplemente de un impostor que pretendía suplantarlo?

Lady Tichborne bajó las escalas para verlo. Le abrió los brazos: era su hijo. El mayordomo negro, que lo había criado, lo reconoció también.

Pero la familia Arundell, en la que recaería la fortuna de los Tichborne si se probaba que este hombre mentía, se negó a reconocerlo y pronto le puso pleito.

Cuando comenzó este litigio nadie podía suponer cómo terminaría. El reverberante escándalo arrastró consigo hasta a exploradores como Richard Burton, el traductor de *Las mil y una noches*, y a muchos sacerdotes jesuitas que participaron abiertamente en contra de las pretensiones de ese hombre de extrañísimo aspecto.

Uno de los Tichborne, Everardo, había entrado al noviciado de la Compañía de Jesús y la Iglesia participaba de la herencia. De allí que la querella se transformó también en guerra religiosa en la que intervenían obispos católicos y dignidades protestantes, disparándose de ambos lados pedradas nada celestiales.

Para complicar más las cosas el presunto heredero dio contestaciones erróneas o confusas a las preguntas de los investigadores. Por su parte, los jueces, en aquel largo proceso inquisitorial, no demostraban mayor interés en darle la razón. Pero el barón de Melipilla no se abatió jamás y el desconcierto de la sociedad inglesa fue en aumento. La gente se precipitaba a las audiencias, en las que circulaban las botellitas de jerez y las galletitas sociales como si se tratara de un gran picnic. La abultada figura del pretendiente, su aire exótico, el misterio que parecía envolverlo y arrastrarlo de lejanas tierras hasta Australia y desde allí a esta contienda campal, provocaron una curiosidad desesperada.

De pronto las largas manos de sus contendores llegaron hasta Melipilla e hicieron viajar a muchos testigos que desde la distante ciudad chilena llegaron hasta Londres, convenientemente atendidos y custodiados, a testificar en contra del pretendiente.

Así viajaron desde Chile don Pedro Pablo Toro, de Cuncumén, doña Mercedes Azócar, doña Lorenza Hurtado, almacenera de Melipilla, Eudocia y Juana, sus hijas. Viajaron también doña Francisca Ahumada, que había cortado un rizo de nuestro barón; doña Teresa Hurtado Toro y don José María Serrano. De igual manera llegaron a Londres, desde Melipilla, doña Manuela González, don Pedro Castro, el juez don Vicente Vial y don José Agustín Guzmán.

Todos estos melipillanos, con la excepción de don Pedro Castro, testimoniaron en contra del hombre misterioso. Cuánto dinero costó a la familia litigante llevar a estos chilenos por los mares, en barcos a la vela, agasajarlos en Londres y devolverlos a su Melipilla natal?

Un hecho grave sucedió durante el proceso. Un hombre de conciencia, el padre Meyrick, sacerdote que había sido profesor de Roger Tichborne, sostuvo con energía que aquel inmenso hombre obeso era el mismo que fue su discípulo en la escuela de Stonyhurst. Sus palabras, que provocaron conmoción, se oyeron con voz clara en la sala de la Corte: «Siento mucho decirlo, pero nada podrá sacar de mi conciencia que el acusado es el verdadero Sir Roger.»

Pocos días después y en las vísperas de ser llamado nuevamente a declarar, el padre Meyrick fue secuestrado y encerrado para siempre en un lejano y desconocido establecimiento de la Compañía de Jesús.

La Sociedad Protestante exclamó airadamente: «En qué país estamos? Estamos en la Inquisición y en España? Dónde está el reverendo padre Meyrick?»

La Corte rechazó estas protestas y decidió no intervenir. La suerte del aspirante a heredero estaba ya decidida. Fue condenado como impostor a catorce años de presidio y los descendientes de Lord Arundell, reducidos al último Tichborne, jesuita profeso, ganaron la batalla legal y recibieron la inmensa fortuna.

El valeroso sacerdote Meyrick murió posteriormente en su prisión.

El procesado, catorce años después, recorría Inglaterra dando conferencias sobre sus derechos vulnerados y la injusticia de su larga condena. La muerte lo sorprendió tratando de atraer la atención de un público que poco a poco fue desintegrándose hasta desinteresarse de su causa.

Pero el misterioso caso del barón de Melipilla, polvorienta ciudad de Chile, sigue vigente. Murió éste en el naufragio de la *Bella* o fue salvado? Y era éste y no otro aquel hombre infortunado que en los estrados londinenses demandó inútilmente sus títulos y herencia como undécimo barón Tichborne?

Yo soy un humilde coleccionista de enigmas. Éste les toca resolverlo a ustedes.

(Estos 33 artículos fueron publicados por la revista *Ercilla*, de Santiago de Chile, entre marzo de 1968 y enero de 1970.)

LUCHA POR LA JUSTICIA

Cuaderno 6

LA CRISIS DEMOCRÁTICA DE CHILE ES UNA ADVERTENCIA DRAMÁTICA PARA NUESTRO CONTINENTE

Quiero informar a todos mis amigos del continente sobre los desdichados acontecimientos ocurridos en Chile. Comprendo que gran parte de la opinión se sentirá desorientada y sorprendida, pues los monopolios norteamericanos de noticias habrán llevado a cabo, seguramente (en este caso como en otros), el mismo plan que siempre han puesto en práctica en todas partes: falsear la verdad y tergiversar la realidad de los hechos.

Tengo el deber ineludible, en estos trágicos momentos, de aclarar en lo posible la situación de Chile porque, a lo largo de mis viajes por casi todos los países de América, pude experimentar en mí mismo, el inmenso cariño que hacia mi patria sentían los demócratas de nuestras naciones. Este cariño se debía fundamentalmente al entrañable respeto por los derechos del hombre, ahincado en mi tierra como tal vez en ninguna otra tierra americana. Pues bien, tal tradición democrática, patrimonio central de los chilenos y orgullo del continente, está siendo hoy aplastada y deshecha por la obra conjugada de la presión extranjera y la traición política de un presidente elegido por el pueblo.

1. La presión extranjera

Expondré ante ustedes brevemente los hechos.

El actual campeón anticomunista y presidente de la Nación llevó a su primer gabinete a tres ministros comunistas. Expresó al Partido Comunista de Chile para obligarlo a designar a estos ministros que si el Partido Comunista no aceptaba esta participación en su Gobierno él renunciaría a la presidencia de la República.

Los comunistas en el Gobierno fueron verdaderos cruzados para obtener el cumplimiento de las promesas hechas al pueblo chileno. Desarrollaron un dinamismo nunca visto antes en la vida política de Chile. Encararon de frente innumerables problemas, solucionando muchos de ellos. Se trasladaron a todas las zonas del país y tomaron contacto directo con las masas. Apenas pasado algunas semanas en el Gobierno en actos públicos de magnitud extraordinaria dieron cuenta al país del desarrollo de sus actividades, haciendo una política abierta y popular. Combatieron en forma pública los proyectos de alza del costo de la vida, proyectos azuzados por los gestores enquistados dentro del Gobierno.

Toda esta política de tipo nuevo, activo y popular, desagradó profundamente a la vieja oligarquía feudal de Chile que influenció y fue cercando poco a poco al Presidente de la República. Por otra parte los agentes del imperialismo norteamericano de compañías tan poderosas, mejor digamos todopoderosas, en Chile, como Guggenheim, la Chile Exploration Corp., la Anaconda Cooper, la Anglo Chilean Nitrate, la Braden Cooper Co., la Bethlehem Steel, etc., no perdían el tiempo. Los agentes de estas organizaciones tentaculares que poseen todos los depósitos minerales de Chile, se movían cercando al Presidente recién elegido. Éste fue cambiando de actitud hacia sus ministros comunistas, creándoles obstáculos, enfrentándolos con otros partidos en reiterados intentos de maquiavelismo provinciano. Los ministros comunistas aceptaban este combate subterráneo en la esperanza de que su propio sacrificio personal pudiera obtener la solución de los problemas más importantes del país. Pero todo fue inútil.

Con un subterfugio cualquiera, y en medio de abrazos y cartas de agradecimiento apasionado a sus colaboradores comunistas el Presidente los alejó de su Gabinete. Fue éste el primer paso de su entrega. La verdadera razón de la salida de los comunistas, a quienes hoy calumnia y persigue policialmente, la dio para el exterior en forma tan categórica que no necesita más explicaciones para ser juzgado.

En efecto el señor González Videla concedió el día 18 de junio de 1947 una entrevista al corresponsal del diario *New Chronicle* de Londres. Doy la traducción literal del cable corresponsal:

El Presidente González Videla cree que la guerra entre Rusia y USA comenzará antes de tres meses, y que las presentes condiciones políticas internas y externas de Chile se basan sobre esta teoría.

El Presidente hizo esta declaración durante una entrevista exclusiva con el corresponsal de *New Chronicle* e indicó que su próxima visita al Brasil no está conectada con la política norteamericana y argentina pero que su visita estará circunscrita a asuntos chileno-brasileños. Estas dos declaraciones son contradictorias porque es lógico presumir que la actitud que vayan a tomar los dos más importantes países sudamericanos y Chile en el caso de una guerra, tendría que discutirse cuando los dos presidentes se reúnan.

El Presidente indicó que la inminencia de la guerra explica su presente actitud hacia los comunistas chilenos, contra los cuales no tiene objeciones específicas. Aseguró: «Chile debe cooperar con su poderoso vecino EE.UU. Y cuando la guerra comience Chile apoyará a los EE.UU. contra Rusia.»

Poco antes de producirse los actuales sucesos vinieron especialmente de EE.UU. varios mensajeros, especialmente adiestrados por el Departamento de Estado, a soplar en las orejas del frívolo Presidente de Chile, tétricos mensajes que oscilaban en la disyuntiva de la entrega incondicional o el desastre económico. Tuvieron un papel decisivo en estas gestiones don Félix Nieto del Río, Embajador de Chile en Washington, antiguo nazista y diplomático acomodaticio, y el general Barrios Tirado, huésped extraordinariamente festejado de la alta camarilla militar que defiende los intereses monopolistas yanquis. Junto a estos mensajeros de mal agüero, se descargaron en Chile, durante un período de varios meses y en viajes semisecretos, grandes capitalistas de la industria y de la Banca norteamericana, y notablemente entre éstos, el rey mundial del cobre Mr. Stannard acompañado de sus expertos en terror financiero, Mr. Higgins y Mr. Hobbins.

Dichos magnates y sus adelantados criollos, obtuvieron del señor González Videla la entrega de mi país a los designios de la dominación norteamericana, sobre la base de la inmediata persecución anticomunista y la marcha atrás de todo el proceso sindical chileno, obtenido a través de una de las más largas, heroicas y duras luchas de la clase obrera en el continente.

2. Traición de González Videla

Quiero contar a todos ustedes, amigos conocidos y desconocidos, en esta carta íntima para millones de hombres, que el caso del actual Presidente de Chile lo conozco íntima y esencialmente. Nuestras relaciones personales datan de largo tiempo, y, a petición suya, fui además el Jefe Nacional de Propaganda en su campaña presidencial.

Un contacto semejante me permitió conocer lo poco que hay que conocer de tales hombres, pues, entre su más profunda intimidad y su exterior, no median sino vanos espacios ocupados por mezquinas aspiraciones. El ideal entero de la vida del señor González Videla puede resumirse en esta frase: «Quiero ser Presidente.» En otros sitios de la tierra americana, los políticos superficiales y frívolos de este tipo, para llegar al poder, se enrolan en cualquier aventura o golpe de Estado, lo que no es posible en Chile. La sedimentación democrática de nuestra nación hizo que el señor González Videla, para lograr su objetivo, vistiese el ropaje de la demagogia utilizando el profundo y organizado movimiento popular. Tal fue el camino elegido por él para llegar al poder. Combatido bravamente por su propio partido —dividido hasta hoy a causa de su candidatura—, el actual Presidente hizo de su amistad con los comunistas la base fundamental de su carrera presidencial. Los comunistas, sin embargo, de acuerdo con las restantes fuerzas democráticas exigieron, antes de su elección como candidato, la formulación de un Programa de Gobierno que contuviera las reformas sustanciales exigidas por el progreso de Chile. Tales reformas fueron discutidas en una amplia Convención de las fuerzas democráticas organizadas y el Programa del 4 de Septiembre —que así se llamó este documento fundamental— fue jurado y firmado por el señor González Videla, en uno de los actos más solemnes de la vida política del país.

3. El Programa del 4 de Septiembre

No contiene este documento cambios revolucionarios de ninguna especie. Sus puntos principales son: la Reforma Agraria a base de la expropiación de las tierras sin cultivo para entregarlas a los campesinos, la creación del Banco del Estado, la igualdad de salarios a hombres y mujeres; pero para mayor claridad inserto parte del programa mismo. Notaréis el profundo sentido nacional de este plan de organización civil y económica de un Estado, y las líneas pacíficas de su desarrollo. Su cumplimiento hubiera significado la transformación progresiva del país y la salida, hoy mucho más difícil, de la crisis económica.

REFORMA CONSTITUCIONAL PARA ESTABLECER EL RÉGIMEN PARLAMENTARIO

Plenitud de los derechos civiles y políticos de la mujer. Derogación de las Leyes atentatorias de los derechos individuales y públicos. Dictación de la Ley de Probidad Administrativa.

Política internacional de Chile orientada al mantenimiento de la paz mundial. Creación de la Ciudadanía Americana.

Censo nacional de los artículos de primera necesidad. Adquisición por el Estado de productos de importación, tales como azúcar, té, café, etc. Regulación y rebaja de las rentas de arrendamiento.

Nacionalización de los seguros, petróleo, gas, energía eléctrica, etc.

Creación del Banco del Estado. – Realización de una política monetaria que tienda a revalorizar y estabilizar el valor de la moneda. Internación y distribución de los medicamentos a cargo del Estado.

Instalación de una moderna industria siderúrgica. Instalación de la industria del cobre (fundición, laminación, trefilería y manufactura industrial).

Reforma Agraria que consiste en: la subdivisión de los grandes latifundios y tierras baldías entre los inquilinos y trabajadores agrícolas. Mecanización de la explotación agrícola. Aumento de las áreas de cultivo.

Plan nacional destinado a la construcción de habitaciones populares.

Sindicalización obligatoria. Garantía a la organización sindical y a las conquistas alcanzadas por los trabajadores sobre la base del reconocimiento a éstos del derecho a unirse en su Central Sindical, la Confederación de Trabajadores de Chile, y de una Central única de Empleados. Perfeccionamiento de la legislación social vigente. El derecho a ser dirigente sindical desde los 18 años de edad. Despacho inmediato de los proyectos de leyes sobre indemnización por años de servicios. Derogación inmediata de la circular ilegal que prohíbe la organización de sindicatos de trabajadores agrícolas. Plan Nacional de Previsión y Asistencia Social por el Estado. Política inmediata de protección a la infancia. Igual opción para cargos y ascensos de hombres y mujeres en la Administración Pública y servicios semifiscales. Cumplimiento efectivo de la disposición del Código del Trabajo que preceptúa la igualdad de salarios entre hombres y mujeres por igual trabajo. Creación de un Seguro de Maternidad. Protección estatal del trabajo y salarios de los menores.

Fortalecimiento del principio del Estado docente, como el medio más adecuado para asegurar la orientación democrática de la educación nacional. Educación de la infancia indigente o abandonada. Extirpación del analfabetismo y semianalfabetismo. Capacitación técnica de la población adulta. Reforma del sistema educacional, de acuerdo con las exigencias del orden social y económico. Dignificación del Magisterio en su aspecto social, político, económico y profesional, reconociendo especialmente la más amplia libertad ideológica del maestro y asegurando el normal desarrollo de la carrera.

El entonces candidato señor González Videla distribuyó por millones este programa con su juramento que hiciera en la Convención Democrática y su firma en facsímile al pie del programa. Transcribo, como nota curiosa, este juramento:

Juro ante vosotros, representantes del pueblo de Chile, que sabré conduciros a la Victoria, y que, con el auxilio del pueblo, cumpliré el Programa de bien público que esta magna Convención nos ha dado para bien de Chile y la grandeza de nuestra Democracia. Santiago: 21 de julio de 1946.

4. Obstáculos para cumplir el programa

Poco después de elegido el señor González Videla, casó a su hija con un joven abogado, miembro de una de las familias más connotadas de la oligarquía criolla. Los nombramientos diplomáticos fueron entregados por el Presidente al grupo reaccionario que ha dirigido las relaciones exteriores de Chile en los últimos años. Cuando los ministros comunistas propusieron, objetivamente, las soluciones para resolver los problemas de acuerdo con el programa, fueron criticados, hostilizados o «tramitados» por el Presidente de la República. Las reuniones de Gabinete autorizaban alzas al costo de la vida que significaban verdaderas extorsiones para los asalariados. Los ministros comunistas, fieles al programa político de Gobierno, hicieron pública su desaprobación a estas medidas tomadas por el Gabinete, votando en contra de ellas. Mientras tanto, una capa espesa de gestores y de agentes de las grandes compañías imperialistas hacían sentir cada día con mayor peso su influencia decisiva. El ministro comunista de Tierras, el día anterior a un viaje a la zona magallánica, donde lo llamaban los intereses de miles de pequeños colonos que clamaban por la escandalosa concesión de inmensos terrenos a compañías extranjeras, a cambio de cantidades irrisorias pagadas al Estado, fue obligado por el Presidente a desistir indefinidamente de su viaje. Las protestas públicas que el Partido Comunista hiciera de esta clase de situaciones, fueron llamadas más tarde por el señor González Videla, «intentos de proselitismo político».

5. Abandono del programa

Con la salida de los ministros comunistas, a petición del Gobierno y de los monopolios norteamericanos, el cumplimiento del programa popular jurado por el señor González Videla fue abandonado definitivamente. En la actualidad en la censura oficial que el ejecutivo ejerce sobre varios periódicos de Chile, una de las limitaciones invariables que se les impone es la de no mencionar el Programa del 4 de Septiembre. Mientras tanto dominan con influencia todopoderosa en las decisiones del Gobierno, la insaciable oligarquía criolla formada por retrógados latifundistas feudales y voraces banqueros, y los círculos tantaculares de las compañías norteamericanas ACM, Ch. E., Anglo Chilean N., Braden Cooper, Compañía Chilena de Electricidad, Cía. de Teléfonos de Chile y otras. Los políticos ligados a estos intereses extranjeros son los únicos actualmente escuchados por el Jefe del Estado.

Como complemento de estas influencias, el señor González Videla autorizó la entrega del mapa milimétrico de la línea de costa —es decir, de los secretos militares de las defensas— al Estado Mayor norteamericano; y nuevas y numerosas misiones militares y policiales de esa nación actúan, sin ningún control del Gobierno chileno, dentro del territorio nacional.

6. La situación económica

Mientras tanto la situación económica del país se acerca a la catástrofe. Las compañías imperialistas han debido facilitar secretamente al señor González Videla el dinero para pagar a los empleados públicos, exigiendo, naturalmente, medidas represivas contra los trabajadores nativos. La moneda se ha desvalorizado en forma violenta y la inflación continúa en aumento vertiginoso. Naturalmente los sueldos y salarios de la clase media y del pueblo, se hacen cada día insuficientes.

El Partido Comunista señaló con insistencia al Presidente que los recursos para modificar esta situación debían venir de dentro del Estado y no del exterior. Modificaciones fundamentales de nuestra estructura económica podían llevarnos al aumento de la producción que frenara esta profunda crisis. En este país de latifundistas, los señores feudales no están obligados a llevar libros de contabilidad de sus haciendas, recayendo sin embargo todo el peso de la ley sobre los pequeños comerciantes, que obligatoriamente deben dejar constancia de sus operaciones. Enormes extensiones de tierra fértil se mantienen sin cultivar a fin de encarecer los productos agrícolas en cada cosecha, obteniendo así las ganancias necesarias al mantenimiento de la clase feudal, a costa de la tragedia social chilena: hambre, desnutrición, tuberculosis.

La gran organización sindical, la CTCH [Confederación de Trabajadores de Chile], propuso al Gobierno la creación del Consejo Nacional de Economía con participación de las principales instituciones financieras y de la clase obrera organizada. En el viraje el señor González Videla aprovechó esta entidad —formada a petición de los trabajadores—, para dar cada vez mayor influencia a los capitalistas, descartando por fin a los representantes obreros con un simple decreto de esta corporación. La CTCH nacional propuso también un vasto plan de aumento a la producción y la formación en cada industria de comités de obreros y patronos para estudiar y propulsar este aumento, nada de lo cual fue escuchado ni puesto en práctica por el señor González Videla, que encontró más fácil —para satisfacer a sus nuevos amigos reaccionarios— culpar a la clase obrera de «trabajo lento», consigna calumniosa inventada por los agentes provocadores norteamericanos, con el objeto de basar en ella sus planes represivos.

7. Insolencia de la oligarquía

El señor González Videla antes de su elección presidió numerosos comités de acción democrática antifascista y antifranquista, a fin de obtener popularidad en el electorado. Una vez llegado al poder, lejos de perseguir a los grupos fascistas nacionales e internacionales, ha perseguido con encono a los mismos grupos liberadores de que formara parte y esta conducta monstruosa ha llegado al límite, con el encarcelamiento y relegación de refugiados españoles, amigos personales del Presidente de la República que trabajaron a sus órdenes cuando él presidía el Comité Hispano-Chileno Antifranquista.

Fue inútil solicitar del Gobierno del señor González Videla acción alguna contra los grupos de provocadores fascistas dentro de mi país. Por el contrario, bajo su mandato estos grupos han prosperado y aun han nacido algunos nuevos. El más importante, dirigido por el agente nazi Arturo Olavarría, bajo el nombre sugestivo de «Acha» [Acción Chilena Anticomunista] mantiene milicias armadas que con el *Horst Wessel Lied*, como himno oficial, hacen ejercicios militares públicos todas las semanas, con la condescendencia y protección del antiguo caudillo antifascista Gabriel González Videla.

Organizaciones de este tipo y publicaciones periódicas de la misma orientación son impulsadas por la oligarquía reaccionaria de Chile, la misma que, influenciando al gobierno anterior, fue la última en sostener la causa del Eje en América del Sur. Hoy estas pandillas nazis están íntimamente ligadas en Chile a los agentes militaristas norteamericanos.

8. Un plan subversivo del señor González Videla

Poco antes de que se precipitaran los últimos acontecimientos, que han cubierto de vergüenza el honor de mi país, el señor González Videla llamó a la Moneda a la dirección central del Partido Comunista para proponerles un plan subversivo que fue explicado con toda clase de detalles por el Presidente de la República, y que tendía a la creación de un gobierno militar sin la participación de partido alguno. El señor González Videla, con el auxilio de las fuerzas armadas, clausuraría el Parlamento. Luego satisfaría, nos dijo, una vieja aspiración de los comunistas chilenos, propiciando una Asamblea Constituyente. Más tarde podrían los comunistas tomar parte en el Gobierno de la República. Mientras tanto solicitaba el Presidente, a través de mi partido, el apoyo popular para su golpe de Estado. Si este apoyo le fuese negado, su plan marcharía a pesar de todo, aun en contra de la voluntad popular.

En esta entrevista el Partido Comunista de Chile rechazó de plano estas proposiciones sediciosas y le manifestó el peligro que ellas entrañaban para el estado jurídico de nuestra República. Manifestaron además los comunistas que una tentativa de esa clase nos hallaría en la oposición, encabezando una corriente democrática nacional en contra de la imposición armada.

El Presidente terminó la entrevista diciendo que, de ser así, los comunistas pagarían las consecuencias.

9. La huelga del carbón

En este estado caótico, producido por la inconsecuencia moral y política del señor González Videla, se produjo una huelga legal, esto es, ajustada a las normas señaladas por el Código Nacional del Trabajo, en la zona carbonífera de Chile, Lota y Coronel. Dicha huelga donde participaban diecinueve mil obreros fue votada libremente por ellos con el extraordinario resultado de sólo 15 votos en contra.

El señor González Videla encontró en esta huelga el pretexto a su traición definitiva, para iniciar una provocación internacional en gran escala y desencadenar una persecución antiobrera como jamás antes se había visto en mi patria.

10. Qué significan Lota y Coronel?

Fuera de Chile nadie puede darse una idea de lo que significa la vida en las minas del carbón. En el duro clima frío de Chile austral las galerías se extienden bajo el mar hasta ocho kilómetros. Los mineros deben trabajar semiacostados, amenazados eternamente por el grisú que periódicamente los mata con mayor velocidad que el trabajo.

Hasta cuatro horas tardan en llegar al frente de su labor, y este tiempo no les es pagado. Miles de obreros ganan allí menos de cincuenta centavos de dólares por estas doce horas de trabajo. Son contados los que tienen un salario de dos dólares al día. Ahora bien, desde sus cavernas salen a una nueva tragedia, la de la habitación y la de la alimentación; las estadísticas oficiales arrojan la espeluznante cifra de seis personas por cama. En el sitio llamado Puchoco Rojas existe el sistema de la «cama caliente». Dicho sistema —que revela la tragedia terrible del pueblo chileno— consiste en el turno permanente para usar una cama, con el resultado de que esta cama no se enfría durante años enteros. La alimentación, con los salarios miserables, está por debajo de lo normal. Cada hombre, según el experto norteamericano, señor Bloonfield, consume dos mil calorías diarias menos de las que necesita. La anquilostomiasis, enfermedad terrible, da un porcentaje elevadísimo de muertos que se agregan a los producidos por la tuberculosis endémica y por los accidentes.

Es natural que en tal atmósfera se hayan desarrollado siempre heroicos movimientos de resistencia obrera que han conseguido mejorar apenas tan pésimas condiciones de vida. Sin embargo, ahora y por primera vez, un Presidente elegido precisamente por esos obreros —para que alguna vez se escuchara el clamor que sube desde su infierno— ha declarado en público que el movimiento huelguístico no se debe a las espantosas condiciones existentes en la zona del carbón sino a complots internacionales. Y en este tren de falsedad ha tratado a los huelguistas con una crueldad y ensañamiento sólo encontrado en los sistemas nazis de esclavitud y opresión. El señor González Videla se negó a resolver este conflicto a pesar de las peticiones de los sindicatos y de las mismas compañías afectadas, declarando cínicamente a los representantes capitalistas que «no entendían y no trataran de solucionar el conflicto; que se trataba del primer acto de la nueva guerra mundial». Y tratando este drama de explotación y de dolor en tal forma, hizo acudir inmensas cantidades de fuerzas armadas incluyendo aviación, marina de guerra, infantería y caballería, para aplastar una huelga legal. Acto seguido, los agentes del señor González Videla, en combinación con la policía norteamericana, falsificaron y fabricaron documentos a fin de culpar al lejano gobierno de Yugoslavia de las peticiones de mejoramiento de los obreros, que el señor González Videla había encontrado enteramente justificadas un año antes, cuando era candidato a Presidente. Aquella vez derramó lágrimas ante diez mil mineros al ver el fervor con que ellos lo aclamaban como posible realizador de sus esperanzas.

Poco antes había obtenido el Presidente de la República, de los sectores más reaccionarios del Congreso, la dictación de una Ley de Facultades Extraordinarias, que prácticamente le da poderes dictatoriales. El señor González Videla está haciendo uso completo de estos poderes y los ha llevado más allá de lo que la ley indicaba.

Los obreros del carbón han sido bárbaramente atropellados. Dos horas antes de declarar la huelga, el ejército rodeó la zona carbonífera como si se tratara de una zona enemiga. Ni parlamentarios ni periodistas fueron admitidos desde entonces. El silencio se hizo más denso sobre una población obrera de extraordinaria significación. Todos los líderes sindicales fueron presos manteniéndolos en barcos de guerra, o en islas inhospitalarias para ser relegados otras veces cerca del Polo. Las puertas de los sindicatos, que fueron siempre respetados por todas las administraciones, aun bajo los gobiernos de derecha, fueron destruidas a hachazos, con bandas militares que tocaban himnos marciales para amenizar el espectáculo. Casa por casa fueron de noche los ocupantes armados a buscar a los mineros que eran bajados en ropas menores al socavón de la mina, por la fuerza, si no podían desaparecer antes hacia los bosques. De día las mujeres de los trabajadores más señalados eran paseadas con esposas en las muñecas y a veces con la cabeza afeitada. A los niños se les ponía la pistola al pecho para que dijeran donde estaban escondidos sus padres. Se han llenado trenes —parecidos a los que llevaban a los condenados de los nazis— repletos de familias y de obreros radicados hasta por cuarenta años en esta zona, a fin de expulsarlos en masa del territorio. Estos trenes han sido especie de cárceles que por días enteros, y sin que nadie pudiera acudir en socorro de las víctimas, han sido mantenidos aislados y sin alimentación. Niños y adultos han fallecido a consecuencia de ese tratamiento. Cadáveres de mineros han aparecido entre los cerros sin que se pudieran investigar estos hechos ya que nadie podía penetrar en la zona.

Y mientras en las NU se trata el crimen de genocidio y el delegado de Chile hará —seguramente— algunos discursos conmovedores al respecto, el señor González Videla se hace entretanto responsable de este crimen, perpetrado contra sus propios compatriotas.

12. El caso de Julieta Campusano

Por estos días miles de hombres acusados de comunistas han sido detenidos en todo Chile. Las detenciones se han efectuado simultáneamente cercando con la fuerza armada zonas enteras y trasladándose en masa a los ciudadanos a lugares desolados del país, elegidos según el capricho del sádico colaborador del señor González Videla, jefe de la policía Luis Brun D'Avoglio.

El caso de la señora Julieta Campusano es extremadamente patético. Julieta Campusano es la primera Regidora de Santiago de Chile, es decir, obtuvo la más alta mayoría de votos entre todos los miembros del Consejo de la Ilustre Municipalidad de la capital chilena.

Destacada dirigente femenina, mujer de bondad y abnegación inencontrable, fue la única que acompañó en la gira presidencial al señor González Videla, sin descanso, a todos los puntos del país. A consecuencia de este esfuerzo durísimo la señora Campusano se resintió gravemente de su salud.

Pues bien, sorpresivamente la policía del señor González Videla, cumpliendo una orden de prisión contra ella, entró al dormitorio de la señora Campusano a las cuatro de la madrugada, y la arrastró a un calabozo a pesar de encontrarse en avanzado estado de embarazo. Horas después, en poder de la policía, la dirigente femenina, que tan generosa y esforzadamente acompañara al actual Presidente de la nación en su gira electoral, dio a luz prematuramente a causa de las violentas impresiones sufridas, lo cual pudo ser de fatales consecuencias para la madre y el recién nacido.

Creo que para retratar la catadura moral del actual Presidente de Chile, basta este ejemplo doloroso y sobran los comentarios.

13. Un país bajo el terror

Toda la prensa de mi país está censurada. Pero no puede por imposición de la autoridad advertir al público que sus publicaciones han sido brutalmente eliminadas. El propósito del Gobierno es simular un estado de normalidad que no existe.

Nuevas provincias han sido declaradas zonas de emergencia, y sitiadas en la misma forma brutal que las provincias carboníferas.

Mientras tanto, el Presidente de la República ha invitado a la policía extranjera y al Presidente Perón a intervenir en los asuntos de Chile. Las conversaciones telefónicas de ambos presidentes, que duran a veces largas horas, han sido anunciadas oficialmente por el Gobierno.

Tres aviones cargados de policías argentinos han sido recibidos con honores por el Presidente de la República, que hasta el mismo día de su elección fue presidente del más poderoso centro antiperonista de la América del Sur.

El jefe de la policía norteamericana, Warren Robins, ha poblado al país de nuevos agentes del FBI destacándolos especialmente para dirigir la represión obrera en la zona del carbón.

14. Emigrados españoles

El señor González Videla ocupó durante varios años el honroso cargo de Presidente de la Asociación Hispano-Chilena Antifranquista. Desde ese cargo tuvo estrecha intimidad con los refugiados españoles, de jerarquía intelectual y política. Cómo ha utilizado este trato y honrosa convivencia?

Encarcelando a estos patriotas republicanos, mediante órdenes directamente emanadas de él, haciendo uso del conocimiento que él mismo, personalmente, obtuvo de ellos en la intimidad fraternal de la lucha antifranquista. Sólo mi denuncia en el Senado ha impedido, hasta ahora, que comiencen a deportar en masa a los refugiados españoles traídos por el Gobierno del Presidente Aguirre Cerda, cuya paz y tranquilidad son un compromiso de honor basado en el derecho de asilo. Nada garantiza, en el actual estado de culpable perturbación de la vida pública chilena, que mañana no se cumplan los propósitos de la policía norteamericana, y sean estos refugiados políticos entregados a sus verdugos peninsulares.

15. Campos de concentración

Dos campos de concentración se han habilitado permanentemente en esta guerra contra el pueblo chileno.

El primero se ha fundado en la isla Santa María, isla abrupta de clima durísimo. La población penal existente allí —compuesta por criminales irreductibles— fue evacuada. En su sitio se albergan hoy más detenidos políticos que lo que los establecimientos pueden contener. Centenares de presos sin cama ni habitación se amontonan en esta isla.

Un nuevo campo de concentración se ha abierto en Pisagua, en las ruinas de una población minera entre el desierto y el mar. Alambrados de púas al estilo nazi rodean ese establecimiento situado en una de las regiones más sobrecogedoramente inhospitalarias del planeta. Numerosos intelectuales y centenares de dirigentes obreros están allí encarcelados, cada día llegan nuevos contingentes de presos.

Los alcaldes de Iquique, Antofagasta, Calama, Tocopilla, Coronel, Lota, han sido trasladados a este campo de concentración sin respeto alguno por su investidura emanada de la voluntad popular. Las municipalidades de la mayoría de estos sitios han sido disueltas, nombrándose en su lugar burdas juntas de vecinos formadas por agentes policiales y algunos españoles franquistas.

16. El trabajo forzoso

El nuevo régimen de trabajo en Chile, en su mayoría de industrias básicas, es un régimen de esclavitud y de trabajo forzoso. Los obreros son obligados militarmente a concurrir a sus labores.

Transcribo el documento militar correspondiente para que sea conocido en toda América:

> Cítase a... Domiciliado en... para que se presente en su trabajo habitual el día 10 de octubre a las 8 a.m. bajo sanción, si no lo hiciere, de ser considerado infractor a la Ley de Reclutamiento del Ejército y castigado con una pena de tres años y un día de presidio menor en su grado máximo. Un timbre. La Jefatura Militar.

Es necesario que todos los demócratas de América conozcan este documento vergonzoso, que no arroja indignidad alguna sobre el pueblo de Chile, pero que define para siempre en la Historia la siniestra figura de un triste demagogo transformado en verdugo.

17. Las rupturas

Os preguntaréis: qué motivos ha expuesto el Gobierno de Chile para sus insólitas decisiones de ruptura de relaciones con Yugoslavia primero, y luego con URSS y con la República Checoslovaca?

Ha acusado a estos lejanos países de fomentar huelgas en el mineral del carbón con el objeto de paralizar la industria bélica norteamericana en una guerra que, según el Presidente de la República de Chile, ha estallado ya entre aquellos países y Estados Unidos. Es decir, ha aprovechado un hecho económico y local para realizar una provocación internacional.

En el caso de Yugoslavia ha procedido a expulsar al antiguo Cónsul monarquista yugoslavo y a un diplomático acreditado en Argentina, de visita en el país, a los cuales invitó a una conversación cordial el ministro de Relaciones. Junto con notificarle la ruptura, con una villanía y grosería inigualadas, los hizo detener en la puerta de su oficina después de saludarlos, despedirlos y sonreírles amistosamente. Desde la Cancillería los llevaron al extranjero como presidiarios. Tal acción fue ejecutada para saquear impunemente la oficina de los representantes yugoslavos, de donde extrajeron documentos que adulteraron y falsificaron para justificar sus alevosos designios.

En cuanto a la URSS, desde la llegada del señor González Videla al poder, y a pesar de ser éste presidente honorario del Instituto Soviético de Cultura, el Gobierno, sin considerar las reclamaciones hechas por las instituciones culturales y partidos populares, autorizó una campaña de bajeza y malignidad en contra de la URSS hecha por todos los sectores fascistas de la población.

Semejante estado de cosas llegó a su extremo cuando poco antes de la ruptura, desde un automóvil, se hicieron disparos con pistola ametralladora a la sede de la Embajada Soviética. El Gobierno no hizo nada para encontrar a los culpables, los cuales —envalentonados por el éxito de su cobarde atentado— en presencia del señor González Videla y autorizados por un discurso de la primera autoridad, de carácter provocador, realizaron una agresión organizada llegando casi a las vías de hecho contra el Embajador soviético al encontrarlo en una exposición a la que asistía el primer mandatario.

En vez de dar las excusas que cualquier Gobierno —aun las que el jefe de una tribu primitiva hubiera dado— para mantener separados estos hechos de la acción oficial, el ministro de Relaciones Exteriores por orden del Presidente de la República, de la noche a la mañana, rompió relaciones con la URSS, extendiendo también este rompimiento a la República Checoslovaca, en el preciso momento en que este país finiquitaba una negociación para dotarnos de maquinaria agrícola e instalar una fábrica explotadora de betarraga con el objeto de producir azúcar en Chile: golpe cínicamente premeditado para amarrarnos a los monopolios norteamericanos correspondientes.

Cuanto se haya dicho en el extranjero, propalado por las agencias norteamericanas de noticias y por los representantes oficiales de Chile, en cuanto que estos representantes extranjeros intervinieron alguna vez en asuntos internos en el país, es burdamente calumnioso, y es el plato de mentiras guisado por el Gobierno de la nación, condimentado por el experto del Departamento de Estado norteamericano, Mr. Kennan, y ofrecido a los reaccionarios profascistas e imperialistas de América entera como obra de provocación audaz y repulsiva. En Río de Janeiro, en reuniones secretas con el general Marshall, se decidió que Chile, como país de tradición democrática, iniciara esta maniobra para influir así a las restantes cancillerías de América.

González Videla ha entregado y negociado, pues, el patrimonio histórico, jurídico y moral de Chile. Y lo ha hecho con fría impudicia. No de otro modo puede interpretarse la negativa suya para nombrar una comisión investigadora —compuesta de personalidades de todos los partidos— que dictaminase acerca de la denuncia del Gobierno respecto al pretendido «plan subversivo» de países extranjeros vinculados a la URSS.

La comisión propuesta por el Partido Comunista fue la siguiente:

Arturo Alessandri Palma, Presidente del Senado, Senador liberal; Eduardo Cruz Coke, Senador conservador; Salvador Allende, Senador socialista; Gustavo Girón, Senador radical; Eduardo Frei, Diputado falangista; Pablo Neruda, Senador comunista.

18. La situación actual

El pueblo de mi patria no puede en ningún sitio mostrar el desprecio que le merecen estas actitudes y estas traiciones. El terror, la intimidación, la censura de prensa y de radio, la delación instigada por el Gobierno reinan en este momento.

No hay garantías individuales, ninguna libertad es respetada por el Estado policial de González Videla. Los domicilios son allanados de noche y los habitantes son arrojados a prisión o trasladados a zonas inclementes, sin interrogárseles, y sin siquiera hacérseles acusación alguna. La prensa es obligada a mentir diariamente y una atmósfera de envilecimiento de hombres y partidos se hace más densa en los círculos que rodean al Gobierno de la República.

19. La resistencia

Sin embargo, un profundo malestar, un sentimiento unánime de repulsión existe en todas las capas sociales de Chile, apenas cubierto por la propaganda y la mentira de la Presidencia.

Chile conoce ya otros regímenes dictatoriales militaristas y reaccionarios, no se engaña fácilmente a un pueblo de tan alta conciencia cívica como el nuestro.

Las capas superiores de la oligarquía terrateniente y bancaria aplauden oficialmente cada día los actos del Gobierno, pero cada día también muchos de sus personeros nos manifiestan, individualmente, su asco ante tamaña deslealtad y el peligro común que amenaza a las antiguas y tradicionales instituciones democráticas de Chile. En el momento actual os escribo estas líneas para deciros cuán incierta es la situación, que por su misma artificialidad puede ser llevada a un estado de mayor violencia. El pueblo chileno, sin embargo, espera tranquilamente y su sentido orgánico lo hace no aceptar las provocaciones a que día a día lo conduce el Gobierno.

Por mi parte, y personalmente, a tantos y tantos amigos fraternales de todos los países americanos quiero decir que ninguna de estas manchas caídas sobre el honor de mi país son imborrables. Conservo firme, decidido y acrecentado el amor indestructible hacia mi patria y la confianza absoluta en mi pueblo.

Éste no es un llamado ni petición de ayuda. Es simplemente una carta íntima para millones de hombres que desearán conocer el drama de un país que fuera el más orgulloso entre los campeones de la libertad americana.

Los instigadores de estos crímenes amenazan no sólo la libertad chilena sino el orden y el decoro de nuestra desamparada América Latina.

Otros gobiernos continuarán estas traiciones y estas debilidades. Los dictadores crueles y sanguinarios de algunos países hermanos se sienten hoy más firmes y más resueltos a apretar la soga al cuello de sus pueblos. Franco ha felicitado por medio de sus órganos de prensa al señor González Videla, ex presidente de las actividades antifranquistas.

El plan de dominación brutal de nuestro continente se está cumpliendo en forma implacable a través de la intervención directa del Gobierno norteamericano y por sus servidores.

Estos fantoches darán cuenta en Bogotá de cómo han cumplido sus encargos respectivos. Allí estrecharán el cerco de esclavitud tenebrosa para nuestros países. Y cada uno de estos títeres tendrá como Biblia el *Reader's Digest* y un código policial de torturas, prisiones y destierros.

Pero alguna vez darán cuenta a la Historia y a los pueblos de tanta ignominia.

Repito que no pido ninguna ayuda para Chile. Tenemos conciencia de nuestros deberes y lucharemos en nuestro país para que este estado de violencia llegue a su fin y la vida normal de respeto y de decencia vuelva a los viejos cauces que señalan a mi pueblo entre los primeros de América.

Recado personal

Perdonaréis que termine agregando algunas noticias personales. Se ha terminado definitivamente para mí el tiempo disponible para contestar cartas a los innumerables y excelentes amigos que me escriben.

Estos años de parlamentario y escritor errante me han enseñado a escudriñar la dolorosa vida del pueblo y he llevado a todos los rincones de mi patria, pampa y cordillera, mar y llanura, una voz activa de examen y de auxilio. Pero justamente hace dos meses la dirección del Partido Comunista chileno me llamaba para pedirme diera más tiempo y atención a mi obra poética. Con este fin me ofreció el aislamiento y la soledad necesarios durante un año para adelantar especialmente mi *Canto general*.

Os daréis cuenta del sentido de amplitud y cariño que significaba esta petición, y en qué terreno de tranquilidad y de legalidad se veían venir las luchas de los trabajadores, para que el Partido Comunista pudiera prescindir por tan largo tiempo de uno de sus senadores.

Me disponía a trenzar de nuevo el ritmo y el sonido de mi poesía, me preparaba a cantar de nuevo ensimismándome en la profundidad de mi tierra y en sus más secretas raíces, cuando el drama que os he revelado a grandes trazos, comenzó a gravitar sobre todas las vidas chilenas.

Esta traición y estos dolores de mi pueblo me han llenado de angustia. Por suerte un grupo de patriotas cristianos: el Partido de la Falange Nacional de Chile, perseguido actualmente por el Gobierno casi en la misma forma que los comunistas, me ha dado el consuelo de compartir con otro grupo humano la gravedad de esta hora de Chile. El descontento creciente del pueblo se manifiesta en todas partes. Cada vez es más claro el chantaje que pretexta la guerra para aterrorizar a nuestros ciudadanos y terminar con nuestra vida independiente. Mientras tanto los problemas nacionales se agravan cada día, la explotación, la especulación, la injusticia y el abuso fermentan. Y en este clima de tiranía y de corrupción, la delación corre a parejas con los negociados de personajes cercanos al Gobierno. Pero no sólo la tragedia crece sino también la esperanza del pueblo de aclarar en forma definitiva la vida democrática de Chile con este desenmascaramiento súbito de demagogos y arribistas.

Sin embargo, del examen de estos mismos antecedentes que expongo a la conciencia americana surge lo imprevisible de una situación llevada a este estado de caos por gobernantes histéricos, irresponsables y antipatriotas.

Personalmente me he apresurado a salir de mi retiro de la costa de Chile a tomar mi puesto en la primera fila de las defensas de la libertad amenazadas. Afronto, pues, cada día los deberes que me impone mi condición de escritor y de patriota.

Si en el desempeño de estos altos deberes algo llega a acontecerme, me siento orgulloso de antemano de cualquier riesgo personal sufrido en esta lucha por la dignidad, la cultura y la libertad, lucha más esencial porque va unida a los destinos de Chile y al amor sin límites que siento por mi patria tantas veces cantada por mi poesía.

Por eso, por este documento, y en forma solemne, hago responsable de cualquier acción en mi contra, dentro del estado de represión que vivimos, al actual Gobierno de la República, y en forma directa y especial al Presidente Gabriel González Videla.

(Santiago, noviembre de 1947.)

(Se recopila este trabajo por su indudable valor histórico. Su publicación en el diario *El Nacional* de Caracas, el 27 de noviembre de 1947, originó que el Presidente de la República de Chile, Gabriel González Videla, iniciara una acción ante los Tribunales de Justicia pidiendo el desafuero de Pablo Neruda como senador. El discurso pronunciado por Neruda en el Senado de Chile para replicar a esa acción del Presidente González Videla va incluido a continuación.)

YO ACUSO

Por el prestigio de Chile

Vuelvo a ocupar la atención del Senado, en los dramáticos momentos que vive nuestro país, para ocuparme del documento enviado por mí a diversas personalidades americanas, en defensa del prestigio de Chile y que hacen una rápida historia de nuestro sombrío panorama político.

El Presidente de la República ha dado un paso más en la desenfrenada persecución política que lo hará notable en la triste historia de este tiempo, iniciando una acción ante los Tribunales de Justicia, pidiendo mi desafuero para que desde este recinto se deje de escuchar la crítica a las medidas de represión que formarán el único recuerdo de su paso por la Historia de Chile.

Las cuatro libertades

Al hablar ante el Honorable Senado en este día, me siento acompañado por un recuerdo de magnitud extraordinaria.

En efecto, en un 6 de enero como éste, el 6 de enero de 1941, un titán de las luchas, de las libertades, un Presidente gigantesco, Franklin Delano Roosevelt, dio al mundo su mensaje, estableciendo las cuatro libertades, fundamentos del futuro por el cual se luchaba y se desangraba el mundo.

Éstas fueron:

1. Derecho a la libertad de palabra;
2. Derecho a la libertad de cultos;

3. Derecho a vivir libres de miseria;
4. Derecho a vivir libres de temor.

Ése fue el mundo prometido por Roosevelt.

Es otro el mundo que desean el Presidente Truman y los Trujillo, Moriñigo, González Videla y Somoza.

En Chile no hay libertad de palabra, ni se vive libre de temor. Centenares de hombres que luchan porque nuestra patria viva libre de miseria son perseguidos, maltratados, ofendidos, condenados.

En este 6 de enero de 1948, siete años justos después de aquella declaración rooseveltiana, soy perseguido por continuar fiel a estas altas aspiraciones humanas, y he debido sentarme por primera vez ante un tribunal, por haber denunciado ante la América la violación indigna de esas libertades en el último sitio del mundo en que esto pudo ocurrir: Chile.

Historia antigua

Esta acusación de que se me hace objeto es historia antigua: no hay país, no hay época en que mi caso no tenga ilustres y conocidos antecedentes. Se deberá ello a que en los países se repiten periódicamente los fenómenos de traición y antipatriotismo? No lo creo. Los nombres de los que fueron acusados livianamente son nombres que hoy día todo el mundo respeta; fueron, una vez pasada la persecución y la perfidia, incluso dirigentes máximos de sus países y sus compatriotas confiaron en su honradez y en su inteligencia para dirigir el destino de sus patrias. Y ellos llevaron siempre, como un timbre de honor, el máximo timbre de honor, la persecución de que fueron objeto.

No; la causa debe ser otra. Ella fue estudiada y expuesta en forma lúcida por Guizot, historiador francés monarquista. Ministro de Luis Felipe de Orléans. He aquí lo que dice en su obra *De las conspiraciones y la justicia política*, p. 166:

> ¿Qué hará el Gobierno que ve agitarse bajo su mano a la sociedad mal administrada? Inhábil para gobernarla, intentará castigarla. El Gobierno no ha sabido realizar sus funciones, emplear sus fuerzas. Entonces, pedirá que otros poderes cumplan una tarea que no es suya, le presten su

> fuerza para un uso al cual no está destinada. Y como el poder judicial se halla vinculado a la sociedad mucho más íntimamente que cualquier otro, como todo desemboca o puede desembocar en juicios, tal poder tendrá que salir de su esfera legítima para ejercerse en aquélla en que el Gobierno no ha podido bastarse a sí mismo.
>
> En todos aquellos lugares en que la política ha sido falsa, incapaz y mala, se ha requerido a la justicia para que actuara en su lugar, para que se comportara según motivos procedentes de la esfera del Gobierno y no de las leyes, para que abandonara finalmente su sublime sede y descendiera hasta la palestra de los partidos. ¿En qué se convertiría el despotismo, si no gobernara absolutamente a la sociedad, si sólo tolerara alguna resistencia? ¿Adónde iría a parar, si no hiciera tolerar su política a los Tribunales y no los tomara como instrumentos? Si no reina en todas partes, no estará seguro en parte alguna. Es por naturaleza tan débil, que el menor ataque lo hace peligrar. La presencia del más pequeño derecho lo perturba y amenaza.

He aquí expuesta por un francés de la primera mitad del siglo pasado, la exacta situación del Gobierno chileno en el año 1948. He aquí explicado por qué se ha pedido mi desafuero y se me injuria aprovechando la censura de sur a norte del país por periodistas bien o mal pagados.

Al acusarme de haber herido el prestigio de mi patria, por haber publicado en el extranjero la verdad, que en mi patria, un régimen de Facultades Extraordinarias y de censura no me permite hacer saber, no se infiere una injuria a mí, sino a los más grandes hombres de la humanidad y a los Padres de la Patria. Es curioso verse motejado de antipatriotismo por haber hecho lo mismo que hicieron en el extranjero los que nos dieron independencia y echaron las bases de lo que debiera haber sido siempre una nación libre y democrática. Al tachárseme de traidor y antipatriota, no se dirige acaso la misma acusación que los Osorio, los San Bruno, los Marcó del Pont dirigían contra O'Higgins, contra los Carrera, contra todos los chilenos expatriados en Mendoza o en Buenos Aires, que después de haber luchado en Rancagua combatían con la pluma a los invasores que más tarde iban a vencer con la espada?

El tirano Rosas contra Sarmiento

La misma acusación que en mi contra se mueve fue hecha por el Gobierno tiránico de Juan Manuel de Rosas, que se llamaba a sí mismo Ilustre Restaurador de las Leyes. También el tirano pidió al Gobierno de Chile la extradición de Sarmiento para ser juzgado por traición y falta de patriotismo. Tengo a mano un párrafo de la altiva carta que Sarmiento dirigió en esa ocasión, al Presidente de Chile. Dice así:

> La conspiración por la palabra, por la prensa, por el estudio de las necesidades de nuestro pueblo; la conspiración por el ejemplo y la persuasión; la conspiración por los principios y las ideas difundidas por la prensa y la enseñanza; esta nueva conspiración será, Excelentísimo señor, de mi parte, eterna, constante, infatigable, de todos los instantes; mientras una gota de sangre bulla en mis venas; mientras un sentimiento moral viva en mi conciencia; mientras la libertad de pensar y de emitir el pensamiento exista en algún ángulo de la tierra.

Por su parte, Juan Bautista Alberdi, también exiliado en nuestra patria, escribía:

> No más tiranos ni tiranías. Si el argentino es tirano y tiene ideas retardatarias, muera el argentino. Si el extranjero es liberal y tiene ideas progresistas, viva el extranjero.

Rosas no logró tener en sus manos a Sarmiento ni a Alberdi. Y, una vez caído el tirano, Sarmiento fue Presidente de su patria.

Podría ser cuento de nunca acabar el citar todos los hombres libres que se vieron obligados a enjuiciar los regímenes tiránicos que sojuzgaban su patria y contra quienes se movió la acusación de traición y antipatriotismo. Victor Hugo, implacable fustigador de Napoleón III, desde su destierro de Guernesey; Victor Hugo, el poeta inmenso y el patriota abnegado, fue también acusado de traición de parte de Napoleón el Pequeño y sus secuaces, que preparaban para Francia la humillación y la derrota de Sedán.

Bilbao

Este hecho indiscutido, esta sensación que hace que el perseguido sienta aun en los momentos del tormento la infinita superioridad que lo distingue de su perseguidor; esa sensación de estar luchando por la buena causa que hizo exclamar a Giordano Bruno al ser condenado a la hoguera: «Estoy más tranquilo en este banquillo que vosotros —y señaló a los jueces eclesiásticos— que me condenáis a muerte»; esa convicción en una justicia que separa la buena de la mala fe, y la causa justa de la injusta, fue expresada por nuestro compatriota Francisco Bilbao, en forma magistral, durante su proceso; dijo así:

> Aquí, dos nombres, el del acusador y el del acusado. Dos nombres enlazados por la fatalidad de la historia, y que rodarán en la historia de mi patria. Entonces veremos, señor Fiscal, cuál de los dos cargará con la bendición de la posteridad. La filosofía tiene también su Código, y este Código es eterno. La filosofía os asigna el nombre de retrógrado. Y bien, innovador, he aquí lo que soy; retrógrado, he aquí lo que sois.

Dice José Victorino Lastarria a este respecto:

> El vaticinio no podía dejar de cumplirse, pues los iracundos estallidos de odio de los servidores del antiguo régimen han labrado siempre la gloria futura de sus víctimas y han contribuido al triunfo de la verdad y de la libertad casi con más eficiencia que los esfuerzos de los que la sustentan. La posteridad honra y glorifica al autor de la *Sociabilidad chilena*.

Sin embargo, Francisco Bilbao fue condenado bajo los cargos de inmoral, blasfemo, a ver su obra quemada por mano de verdugo. No aspiro a méritos ni a recompensa. Pero tengo la certeza absoluta que tarde o temprano, más bien temprano que tarde, el inicuo proceso político a que he sido sometido será juzgado como merece y sus inspiradores y perpetradores recibirán el nombre que les corresponde para librar al Gobierno del resultado de los desaciertos que ha cometido y que no sabe cómo remediar.

Un jurista contra su obra

Voy a hacerme cargo de las observaciones que mi persona, mi obra y mi actitud en las presentes circunstancias han merecido al Honorable senador don Miguel Cruchaga Tocornal, en la sesión del 23 de diciembre del pasado año. El Honorable señor Cruchaga no es sólo un miembro distinguido de esta alta Corporación, sino también un ilustre hijo de Chile; su labor de tratadista, de diplomático y de canciller, le han valido una destacada situación en el extranjero. Se cita su nombre como una autoridad indiscutible en materias internacionales, y se usan sus juicios como argumentos de gran valor y peso. En cuanto a su prestigio en el interior, es inútil que me refiera a él, ya que es de todos conocido. Me bastará recordar que el señor Cruchaga Tocornal, después de haber desempeñado con brillo las altas funciones de canciller de la República, ocupó en tiempos difíciles, la presidencia de esta Corporación.

Es, por lo tanto, con cierta alarma que noto en las observaciones que el Honorable senador me dedicó, cierta falta de claridad, no sólo en los juicios, sino, también, en las bases estrictamente jurídicas de sus argumentaciones. Y sentiría que su limpio prestigio de jurista que jamás debió ser empañado, sufriera los ataques de quien era menos de esperar: de él mismo, que podría haber entrado en franca contradicción, no sólo con la generosidad y la equidad que debería merecerle un compatriota y colega suyo; no sólo con los principios cristianos, que lo obligarían a estudiar, analizar y profundizar un asunto, antes de pronunciar sobre su prójimo un juicio de esos que la Biblia llama «temerarios»; no sólo con la serenidad e imparcialidad que deben presidir la actuación de todo jurisconsulto para no caer en afirmaciones aventuradas, sino, lo que es gravísimo, que sus afirmaciones hubieran entrado en una contradicción irreductible con lo que él ha sostenido en su tratado universalmente conocido; en una palabra, que se convirtiera de la noche a la mañana, en el detractor e impugnador de su propia obra sobre la que descansa su fama internacionalista.

Pido perdón al Honorable señor Cruchaga y a esta alta Corporación por estas dudas irreverentes. Pero, en verdad, no atino a explicar dentro de las normas universalmente conocidas de derecho público, la grave afirmación en mi contra, emitida por el Honorable señor Cruchaga, cuando dice así:

> El Senado ha tenido el triste privilegio de presenciar uno de los hechos más insólitos ocurridos en la Historia de Chile. Producido un conflicto diplomático entre la República y un gobierno extranjero, un miembro de esta Corporación no ha trepidado en volverse contra su propia patria, atacando al Ejecutivo y convirtiéndose en ardiente defensor, no de Chile, sino justamente de dicho Gobierno extranjero.

No deseo, por el momento, referirme a la parte personal, apasionada y subjetiva de la frase que he citado. El desagrado que ella pueda causarme, sobre todo a causa de ser aventurada e injusta, está sobrepujado por la sensación de malestar que me produce el pensar la cara de asombro y de incredulidad que habrán puesto los admiradores chilenos y extranjeros del señor Cruchaga Tocornal y que aún debe dominarlos:

No es posible —deben pensar— que el sereno y circunspecto tratadista haya abandonado el escrupuloso uso del vocabulario técnico-jurídico, para caer en una confusión tan arbitraria y populachera de términos que tienen cada cual un significado preciso; y todo, para qué? Para llegar a una conclusión que no honra a un tratadista. No es posible que el señor Cruchaga Tocornal, en su papel de senador, se dedique a destruir al señor Cruchaga, internacionalista.

Y tampoco es esto lo más grave. Como ciudadano chileno, es decir, como hijo de un país que ha luchado y seguirá luchando para imponer la democracia y la libertad en el ámbito de su territorio, del continente y del mundo, y como senador, es decir, como miembro de una rama del Congreso que es uno de los Poderes del Estado, no puedo menos que llamar la atención sobre los extremos a que puede arrastrar la pasión política, aun a hombres de la edad y la fama del Honorable señor Cruchaga Tocornal; y me veo en la obligación de protestar enérgicamente del desmedrado, sórdido e indigno papel que, en el concepto del señor Cruchaga, debería desempeñar el Senado. Esta alta Corporación ha tenido, en efecto, para servirme de las palabras del Honorable señor Cruchaga, «un triste privilegio»; pero éste no ha sido el que indicó, sino otro; el de ver cómo se denigraba, cómo se desprestigiaba, cómo se tachaba injustamente, con evidente desconocimiento de la historia, y cómo se procuraba acallar e infamar a un senador que procedía, a la luz del sol, en el ejercicio de su cargo de representante del pueblo en cumplimiento de su misión de senador. Esto sí que es triste y denigrante; esto sí que es de lamentar, y empaña nuestra fama de país democrático. El Honorable señor Cruchaga Tocornal es dueño de opinar a favor o en contra del Ejecutivo, es dueño de juzgarme con acritud o benevolencia; es dueño de todo; pero no lo es de achicar en esta forma la función de una de las ramas de los poderes del Estado; no lo es de empequeñecer arbitrariamente las altas funciones que corresponden al senador, no lo es de condenar a un miembro de esta Cámara como antipatriota, justamente porque está procediendo como chileno leal, como patriota efectivo y como senador que mantiene en alto la independencia del más alto de los tres poderes: el Poder Legislativo.

He dicho que admiro la fama internacional del señor Cruchaga; pero recuerdo que, por una u otra razón, otros muchos hombres la tuvieron antes que él; entre ellos, el historiador Paulo Giovio, a quien solicitaban y adulaban los monarcas europeos. Giovio decía que tenía dos plumas para escribir sus historias: una de oro para sus favorecedores; otra de fierro contra los que no lo eran. Es sensible que el Honorable senador haya usado en su discurso, las dos plumas: una de oro para el Poder Ejecutivo: AL QUE ARBITRARIAMENTE CONFUNDIÓ CON LA PATRIA, COSA DE LA CUAL PROTESTO COMO CIUDADANO, COMO SENADOR E INCLUSO EN NOMBRE DEL DERECHO, DE CUYOS FUEROS DEBERÍA SER EL HONORABLE SEÑOR CRUCHAGA EL MÁS CELOSO DEFENSOR, y otra de fierro en contra mía y, lo que es más extraño, en contra suya propia y en contra de su obra máxima.

El ejecutivo no es la patria

No creo que nadie en esta alta Corporación, no creo que ni siquiera el propio Honorable senador a sangre fría se atreva ahora a sostener que yo, al criticar actuaciones del Ejecutivo, a la luz del día, en este recinto, y para el cumplimiento de la misión que me encomendó parte del pueblo de mi patria, al proceder de acuerdo con las normas de la Constitución Política, a manifestar mis opiniones y a exponer hechos que tienen relación con materias sobre las que el Senado debe pronunciarse, ME HAYA VUELTO EN CONTRA DE MI PATRIA. El Ejecutivo no es la patria, y criticar sus actuaciones o diferir de ellas, no es VOLVERSE CONTRA LA PATRIA.

Actuar contra la patria es aceptar sumisamente, callar o defender cosas indefendibles. Es aceptar sin protestas que, en el desarrollo de una política personalista que no ha podido ser justificada ni explicada, a pesar de los largos discursos y de las farragosas citas, se cometan injusticias y desaciertos que nos cubrirán de vergüenza ante el mundo civilizado.

Quiénes están contra Chile

Es aceptar que la politiquería interior prime sobre las actuaciones internacionales. Con ello se traiciona y se ataca a la patria. Si la patria no es un concepto antojadizo e interesado, si es algo puro no ligado a intereses materiales, justo y bello, sus intereses se confunden con los de la Verdad, la Justicia y la Libertad. Se defienden también esos conceptos por los que tantos hombres a través de tantos siglos se han sacrificado y han muerto; y se le ataca cuando se la quiere transformar en un útil de la politiquería personalista; cuando se la quiere confundir a ella, que es la suma de todos los chilenos presentes, pasados y futuros, con una sola persona. Peor aún: con la actitud transitoria de una sola persona que ha demostrado, en su carrera política, tener un exceso de actitudes contradictorias y una falta total de línea política honesta y consecuente.

La palabra y la verdad

Rechazo, por lo tanto, no en lo que me afecta personalmente, sino en mi calidad de senador, el juicio inaceptable, vejatorio para nuestra dignidad de representantes del pueblo, de que nos volvemos contra la patria, si criticamos, aquí en el Senado, abiertamente, las actuaciones del Ejecutivo. Lamento esta afrenta que se ha hecho en mi persona al Senado de Chile, sin que eso me mueva a calificar al Honorable senador en la forma arbitraria e injusta con que lo hizo conmigo. Existe una diferencia entre los dos: para él, no parece haber significado gran cosa el presentar desde el Senado a uno de sus colegas como «volviéndose contra su patria». Sabía bien que al afirmar eso afirmaba una vergüenza para el Senado y para Chile, así como significaba una afrenta para la justicia, porque eso no es verdad. Sin embargo, lo hizo y demostró que tenía más interés y adhesión para la palabra patria que para la patria misma. Yo, en cambio, lamento profundamente la indebida mancha que a nuestra Corporación y a nuestra democracia se ha hecho, y lo lamento porque, tal vez a causa del materialismo que tanto desprecio merece al Honorable senador, prefiero sacrificarme y entregarme por entero a la patria, tal como es en la realidad, en lugar de supeditarla a la mera palabra. No es la primera vez que los idealistas, antimaterialistas, como el Honorable senador, demuestran lo que podría parecer una paradoja: ellos, seres de altos y nobles pensamientos, desinteresados caballeros de un ideal, confunden en último término una mera autoridad política y transitoria, como es el jefe del Ejecutivo, con la patria que nos sobrepasa en el tiempo y en el espacio, y supeditan los altos principios de la Justicia y la Constitución a las meras consignas políticas ordenadas por los intereses del momento.

Traición política

En la carta a mis amigos de América, se ha calificado posiblemente como injuria mi denominación de los actos del Ejecutivo, que el Reglamento me impide llamar por su verdadero nombre: traición política; abandono del Programa del 4 de Septiembre, jurado y suscrito con solemnidad el 21 de julio de 1946, el mismo día en que el heroico pueblo de La Paz colgó de un farol al tirano Villarroel y al Secretario General de Gobierno, Roberto Hinojosa; guerra al Partido Comunista, que fue el factor decisivo en su campaña presidencial, ya que tuvo en su contra a destacados correligionarios suyos que forman ahora en la «Corte de los Milagros»; deslealtad al pueblo de Chile que votó por él en la confianza de que entraría a una fase superior el proceso político social iniciado por el gran Presidente Pedro Aguirre Cerda en 1938, y que en sus líneas fundamentales no modificó Juan Antonio Ríos, como sucesor de aquél; desaire afrentoso a los pueblos de América que vieron siempre en Chile a la vanguardia de todos ellos, deserción, en fin, a los grandes ideales que la humanidad progresista desea plasmar en esta época de posguerra, tan llena de esperanzas como de obstáculos, de afirmaciones como de apostasías, de lecciones de heroísmo cívico, como de los más repugnantes oportunismos personalistas.

Votamos por un programa

Siempre será poco sostener que en la última jornada presidencial el pueblo de Chile votó por un programa y no por un caudillo; votó por principios y no por banderas manchadas por el tráfico electoral, votó por la soberanía de la patria y la independencia económica y no por la subyugación y la entrega al imperialismo extranjero.

Para corroborar la destructiva acción política de que he acusado al Primer Mandatario, apelaré a sus propias palabras y declaraciones. La reproducción de ellas probará que no he vertido injurias y calumnias contra él, que no me interesa su vida privada personal, sino su categoría de político y sus actos de gobernante, y estableceré, además, la inconsecuencia de sus juramentos como candidato y de su conducta como Presidente.

Uno de sus biógrafos, su correligionario Januario Espinosa, acuña conceptos del discurso que, exactamente un mes después del triunfo del Frente Popular, expresara en el acto político en honor del Presidente electo don Pedro Aguirre Cerda, organizado por el Partido Radical, en el Teatro Municipal de Santiago. Dijo en esta ocasión el señor González Videla:

> Nosotros no queremos participar en el Gobierno ni en la administración pública con los Judas que nos venden, ni con los traidores que en la tremenda lucha de intereses sirvan clandestinamente al imperialismo, a los monopolios, a esa política económica que ha permitido que las contribuciones sean quitadas de los hombros de los ricos para ser impuestas sobre los hombros de los pobres.

Y agregó, dirigiéndose al señor Aguirre Cerda, que asumiría el Gobierno un mes más tarde:

> Como todos los soberanos, está el adulo de tanto filisteo que, como aves de variados plumajes, se entremezclarán furtivamente para entonarle, en los momentos difíciles y de vacilaciones, de menosprecio y abandono a los hombres y partidos que lo ungieron primero candidato y después Presidente de la República. Cuando esas aves de colores inverosímiles y cambiantes lleguen a anidar en el alero de aquel viejo caserón donde tanto se sufre, yo le pido a Su Excelencia don Pedro Aguirre Cerda, en esta noche solemne en que viven y están presentes los espíritus de Matta, de Gallo, de Mac Iver y Letelier, que recuerde el dolor de un pueblo entero, que, a pesar de haber sufrido tanta traición, con una fe y lealtad que no tienen parangón en la historia de América, lo designara el Mandatario de los pobres, del oscuro conventillo, de la carne de hospital.

Pocos años después, y antes de partir en el viaje obligado que los candidatos a Presidente suelen hacer a los Estados Unidos, a fines de octubre de 1945, declaró al diario de su propiedad, el *ABC* de Antofagasta:

> Un gobierno de izquierda debe tener visión y responsabilidad suficiente para no dejarse arrastrar por los sectores antiobreros de nuestro país, que están conspirando con éxito contra la unidad de izquierda y cuyo triunfo más sensacional habría sido utilizar a ministros radicales como instrumentos de represión contra la clase obrera.
>
> Las empresas extranjeras están reemplazando sus antiguos gestores y abogados con influencia en la derecha, por personeros elegidos inteligentemente en las filas de la izquierda y que aún continúan actuando e interviniendo dentro de ella y en permanente contacto con miembros del Parlamento y del Gobierno.

ASÍ HABLABA

En la sesión del Senado del 2 de febrero de 1946, a raíz de los acontecimientos de la Plaza Bulnes, el señor González Videla, entre otros juicios lapidarios, vertió los siguientes:

> Yo, en nombre del radicalismo chileno, quiero dejar establecido que estas responsabilidades, cualesquiera que ellas sean, no pueden comprometer al Partido Radical, puesto que sus principios, su tradición y su doctrina, manifestados claramente en la Convención de Valdivia, repudian todo pacto de violencia y represión en la solución de los problemas sociales.

Y, por si hubiera dudas, agregó:

> Desgraciadamente, la negación de los derechos sociales del pueblo y la represión por las armas de sus manifestaciones cívicas, hasta el extremo de convertirlas en masacre, comprometen la propia estabilidad del régimen democrático, en una época como ésta de posguerra, en que nace un mundo en plena revolución.

Y adelantándose a los hechos futuros que le tocaría protagonizar, en este mismo discurso, manifestó: «Son los pigmeos de la política que se encaraman en el poder los que producen estas calamidades públicas. Nadie más que ellos son los responsables de estos trastornos políticos y sociales que hoy conmueven al país.»

Sería cansar al Senado citar pasajes de los discursos que pronunció como candidato a la Presidencia de la República o de aquellos que como Presidente electo dirigió especialmente al Partido Comunista, jurando que no habría traición; pero no resisto a recordar una vez más pasajes del que pronunció en la Plaza Constitución, advirtiendo los peligros hacia donde suele llevar el anticomunismo. Dijo:

> Esto es lo que quieren, señores, los fascistas disfrazados que todos conocemos en este país. Y yo les temo mucho más —porque los vi actuar en la noble Francia— a los negros Lavales de la izquierda que a los hombres de derecha.
>
> El movimiento anticomunista, en el fondo, es la persecución, la liquidación de la clase obrera.
>
> Cuando las fuerzas del señor Hitler penetraron en Francia y se tomaron París, los soldados nazis no anduvieron pidiéndoles a los obreros el carnet de comunistas; bastaba que fueran afectos a un sindicato, bastaba que pertenecieran a una organización sindical para que fueran perseguidos, encarcelados y condenados a trabajos forzados.
>
> Esto es lo que se pretende, no sólo el miedo contra el comunismo que explota esta gente para intimidar a las clases productoras de este país, sino en el fondo lo que quieren es perseguir a la clase obrera, disolver los sindicatos, que los obreros no estén asociados ni disfruten de los derechos sociales, que yo estoy dispuesto a respetar como siempre los he respetado.

Juzgad ahora

Podría afirmar alguien que no hay traición política o, por lo menos, inconsecuencia entre los juramentos y la traducción real que ellos han tenido?

La política importa tanto por los hechos mismos como por sus consecuencias. Y bien, qué consecuencias ha tenido para la democracia chilena la política del señor González?

Que por él se encargue de contestar el diputado conservador, señor Enrique Cañas Flores, reciente huésped de Franco, quien, según los cables, como personero del gobierno de Chile, declaró que: «CHILE ESTÁ HACIENDO LO MISMO QUE HIZO ESPAÑA CON EL COMUNISMO.» Es decir, nuestro país se ha convertido también en un satélite del Eje fascista y en una amenaza para la paz y la democracia internacionales!

Qué calificativos merece esta conducta? Puede extrañar la triste fama que vamos adquiriendo en el exterior, incorporados al campeonato anticomunista y antisoviético, transformados en una colonia del imperialismo y en un foco de intrigas internacionales?

No es el pueblo de Chile, que sigue siendo fiel al programa y a los principios y a su mejor tradición democrática y antiimperialista, el que ha cambiado: es el Presidente del país quien ha hecho tan brusco viraje, adorando ahora lo que antes había quemado.

A mis serenas observaciones basadas en hechos QUE NO HAN SIDO REBATIDOS NI DESMENTIDOS, se ha preferido oponer la diatriba y la acusación altisonante, al razonamiento y la discusión. En todo el país, la prensa y la radio se han entregado a una encendida campaña difamatoria en mi contra.

LOS SALVADORES SE AVERGÜENZAN

El Honorable Senado sabe muy bien que, debido a las Facultades Extraordinarias, concedidas con demasiada amplitud y ejercidas en una forma tal, que no hay recuerdo entre nosotros, no existe actualmente en Chile libertad de palabra ni de prensa. La prensa que podría mantener los fueros de la verdad, la única prensa que apoyó al actual Presidente de la República en su campaña presidencial ha sido suprimida o censurada. Se ha reducido al silencio incluso una audición humorística por haber comparado las actividades turísticas y viajeras del Primer Mandatario con las del Judío Errante, y por haber afirmado que «el tónico de la esperanza, único remedio comestible que se ofrece al pueblo de Chile para compensar las alzas, está agotado hasta en las boticas». Los ciudadanos han sido detenidos, relegados y esparcidos a través del territorio. El Presidente de la República, en declaración hecha a los dirigentes ferroviarios y ampliamente difundida por la prensa y por la radio, DIO A CONOCER LA EXISTENCIA DE UNA PERSECUCIÓN INCONSTITUCIONAL E IDEOLÓGICA, AL AFIRMAR QUE LOS MIEMBROS DEL PERSONAL DE FERROCARRILES QUE HAN SIDO SEPARADOS DE SUS PUESTOS, LO HAN SIDO NO POR DELITOS QUE HAYAN COMETIDO, SINO POR SER COMUNISTAS. De este modo, la igualdad de todos los chilenos ante las leyes y la libertad de creencia, asociación, etc., han sido abolidas. Para acallar a los parlamentarios que se atreven a discrepar del Gobierno y a dar a conocer los hechos que se quieren guardar en estricto misterio, se ha iniciado, ahora, una petición de desafuero en mi contra. La razón de ella no está en las acusaciones que se me han hecho, SINO EN EL HECHO IMPERDONABLE PARA EL GOBIERNO DE HABER HECHO SABER AL PAÍS Y AL MUNDO LAS ACTUACIONES QUE ÉL QUERÍA HACER PERMANECER EN LA SOMBRA ESPESA, AHERROJADO EL PAÍS POR LAS FACULTADES EXTRAORDINARIAS, LA CENSURA DE PRENSA Y LAS DETENCIONES. De este modo, el Ejecutivo se nos presenta en una curiosa situación. Por un lado, dice que salva al país, a la tranquilidad y a la ciudadanía por medio del estricto cumplimiento de las leyes; dice que sólo detiene a disolventes y a los malos patriotas; afirma que ha liberado a Chile de gravísimos peligros internacionales. Pero, por el otro, se ofende y se irrita hasta llegar a épicos arrebatos de ira, todas las veces que sus actividades «salvadoras» son dadas a conocer. El país, en realidad, no se explica cómo el Presidente de la República puede estar al mismo tiempo tan orgulloso de sus procedimientos y tener tanta vergüenza y tanto miedo de que sean conocidos.

Pero la verdad se abre paso

Frente a la campaña de difamación que una prensa totalmente entregada ha emprendido en contra de un miembro de este Honorable Senado, se nos arrebatan los medios para defendernos, pretenden silenciarnos hasta en este sitial que algunos llaman tribuna, pero, de boca en boca, la verdad se hace presente y todo el mundo sabe a qué atenerse. Desde luego, quiero hacer notar cómo la sinrazón y la injusticia suelen llevar a los hombres, aun a los más ecuánimes, a abanderizarse en una facción demasiado cerrada y perder de vista los altos intereses nacionales y humanos. Los conceptos de patria y nación no pueden ser desvinculados de los conceptos fundamentales en que se asienta la libre y democrática convivencia humana. Cuando ellos son contrapuestos, entonces no cabe duda ninguna: el problema ha sido mal planteado, y gente interesada está usando indebidamente los conceptos sagrados de patria y patriotismo para encubrir con ello mercaderías que no resisten a la luz del sol; cuando no se cumple la palabra empeñada; cuando se gobierna para unos pocos; cuando se hambrea al pueblo; cuando se suprime la libertad; cuando se censura la prensa; cuando se teme que nuestras actuaciones sean conocidas; cuando se obra en contra de todo lo que se sustenta; cuando se abandona a sus amigos; cuando se es inferior, muy inferior a la tarea de gobernar que se ha asumido; cuando se crean campos de concentración y se entrega parte a parte la patria al extranjero; cuando se tolera la invasión segura y siempre creciente de funcionarios técnicos. Gemen, miembros del FBI, que cada vez se inmiscuyen más en nuestra vida interna, entonces es cuando la palabra patria es deformada, y es necesario levantarse virilmente, sin miedo, para restablecer las cosas en su lugar y devolver a esa palabra su verdadero significado.

Y ENTONCES?

Estoy acusado por haber hecho saber lo que en Chile sucede bajo el Gobierno con facultades extraordinarias y censura de prensa, del Excmo. señor Gabriel González Videla; se me hace el cargo de haberme dirigido contra la patria, por no estar de acuerdo con la decisión tomada por este mismo Excmo. señor. Es, en realidad, lamentable esta argumentación. Si no estar de acuerdo con el Excmo. señor González Videla es ir contra la patria, qué habríamos de decir con referencia a este mismo caso, al recordar que el señor González Videla, como Presidente del Comité de Ayuda al Pueblo Español, apoyó y defendió el DERECHO DE LOS ESPAÑOLES EXPATRIADOS, DE ATACAR DESDE EL EXTRANJERO AL GOBIERNO DE FRANCO CON EL CUAL ESTÁ AHORA EN TAN BUENAS RELACIONES? No autorizó en esos españoles, que llamaba sus amigos y cuya ayuda impetró, la libertad que ahora, mediante la petición de desafuero, pretende desconocer en mí, ex jefe de su campaña presidencial y senador de la República?

LA VERDAD NO ES INJURIA

Quiero referirme al cargo de haber injuriado al Presidente de la República. El abogado Carlos Vicuña, en la brillante defensa que de mi causa hizo ante el Pleno de la Corte de Apelaciones, sostuvo que hice cargos políticos al Presidente de la República, cargos que no pueden ser considerados como injuria, entre otras cosas, porque son perfectamente ciertos y están en la conciencia de todos los habitantes del país y de todos los extranjeros que se preocupan por nuestras cosas. En la carta íntima para millones de hombres que se me incrimina, nadie, ni siquiera un juez del viejo Santo Oficio, podría notar otra cosa que un acendrado y gran amor hacia mi tierra, a la que, dentro de mis posibilidades, he dado también algo de fama y renombre, más puras, más desinteresadas, más nobles y de mejor calidad, lo afirmo sin falsa modestia, que las que puede haberle dado con sus actividades políticas o diplomáticas el Excmo. señor González.

Año nuevo! Una excepción!

Precisamente, en este año nuevo quise comparar los mensajes que a sus pueblos dirigieron todos los jefes de los Estados americanos. En todos ellos, aun en aquéllos conocidos por sus regímenes tiránicos, injustos, hubo algunas palabras de fraternidad, de paz y de esperanza para sus compatriotas. En todos ellos, este solemne día que abre tal vez un ciclo histórico para la humanidad fue recibido con palabras augurales de concordia y respeto.

Hubo una sola excepción. Ésta fue la palabra del Excmo. señor González Videla, impregnada de odio y dirigida a fomentar la división y la persecución en nuestro pueblo.

Estoy orgulloso

Estoy orgulloso de que esta persecución quiera concentrarse sobre mi cabeza. Estoy orgulloso porque el pueblo que sufre y lucha tiene así una perspectiva abierta para ver quiénes se han mantenido leales hacia sus deberes públicos y quiénes los han traicionado.

Sólo Chile

En este momento histórico, en este año nuevo tan recargado de presagios, Chile es el único país del continente con centenares de presos políticos y relegados, con millares de seres desplazados de sus hogares, condenados a la cesantía, a la miseria y a la angustia. Chile es el único país, en este momento, con prensa y radio amordazadas. Chile es el único país del continente en que las huelgas se resuelven pisoteando el Código del Trabajo y con inmediatas exoneraciones en masa de los presuntos opositores políticos del Gobierno.

Yo acuso al Excmo. señor González Videla de ser el culpable de estos procedimientos deshonrosos para nuestra democracia.

Quién nos desprestigia?

En las versiones de la prensa servil y en la acusación del Presidente de la República, se pretende imputarme el desprestigio de mi país. Los que cometen estas acciones reprobables, los que han mancillado brutalmente el prestigio de Chile en la América, pretenden acusar tomando el papel de defensores del prestigio nacional.

Los que tienen a nuestro país aherrojado, atropellado, amordazado y dividido, pretenden tomar la bandera del prestigio que ellos han tirado al polvo.

Cuando comenzaron las persecuciones y exoneraciones en masa de los obreros del salitre, ya las compañías tenían preparadas sus listas de acuerdo con el plan de represión que ya conocían.

A Pisagua

Hay una mujer detenida en Pisagua por haber iniciado en el año 1941 una huelga de cocinas apagadas. Este acto magnífico de esta mujer, para exigir mejores artículos alimenticios en las pulperías, ha sido el único acto político de su vida. Sucedió en 1941. Ahora está en Pisagua.

Un republicano español de Casablanca que fue relegado nos contaba que el único acto político de su vida en Chile había sido contribuir con la modesta suma de 100 pesos a la campaña del señor González Videla.

No tengáis hijos

Entre las listas preparadas de las compañías del cobre y del salitre para las exoneraciones, detenciones y relegaciones en masa, las compañías escogieron a los obreros de familias más numerosas para ahorrarse algunos miles de pesos de asignación familiar.

Mientras más niños tenían los obreros chilenos, más comunistas eran, según estos aprovechadores del terror.

Y así pasó que, cuando los trenes y camiones se abrían en los sitios de destino con aquella inmensa carga de angustia humana, sólo se oía un ruido. Era el llanto de centenares y centenares de niños que, apretados a sus madres, lloraban y gemían al mismo tiempo, concentrándose en ese llanto todo el dolor de la persecución y del desamparo.

Mi sentencia

No habrá por ahora ningún tribunal que desafuere al Presidente de la República por los hechos y desventuras de nuestra patria.

Pero yo le dejo como una sentencia implacable, sentencia que oirá toda su vida, el llanto desgarrador de aquellos niños.

Yo acuso al Presidente de la República desde esta tribuna de ejercer la violencia para destruir las organizaciones sindicales.

Yo acuso al Presidente de la República, presidente de las organizaciones antifranquistas en Chile, durante su candidatura, de haber ordenado, como Presidente de la República, votar contra la ruptura de relaciones con Franco a nuestra delegación ante las NU, al mismo tiempo que en Chile se encarcelaba y relegaba a los republicanos que formaban parte de esas organizaciones que presidiera.

Yo acuso al señor González Videla de haber sido, durante su candidatura, vicepresidente de la organización mundial pro Palestina Hebrea y presidente de esa Asociación en Chile, y de haber ordenado como Presidente de la República a nuestra delegación ante las NU de abstenerse y silenciar la voz de Chile en favor de la creación del Estado Judío.

Yo acuso al señor González Videla de haber encabezado las organizaciones antiperonistas en Chile, durante su candidatura, y luego como Presidente, haber consultado en largas conversaciones con el señor Perón, anunciadas por la Secretaría General de Gobierno, medidas represivas contra las organizaciones populares de Chile y Argentina.

Yo acuso al Presidente de la República de haber denunciado al gobierno argentino un complot yugoslavo y comunista, cuyas bases habrían estado, según él, en Chile y en la ciudad de Rosario, en Argentina. La fantasía de estas afirmaciones queda de relieve con el caluroso telegrama publicado por la prensa de anteayer en que el General Perón felicita cordialmente al Mariscal Tito de Yugoslavia, y propicia una amistad cada vez mayor entre sus pueblos.

Yo acuso al señor González Videla por la mala conducción de nuestras Relaciones Exteriores que han llegado a ser un ejemplo continental de frivolidad y de inconsecuencia.

Yo acuso al Presidente de la República de la desorganización y descenso de la producción, como fruto de la evacuación en masa de miles de trabajadores experimentados en las faenas más duras de nuestras industrias.

Yo acuso al Presidente de la República de obligar a las fuerzas armadas a actuar en labores policiales y enfrentándolas contra el pueblo trabajador. Yo lo acuso de gastar en estas faenas, ajenas al Ejército, centenares de millones de pesos que pudieran ser dedicados a mejorar el armamento atrasado y en adquirir armas modernas, en especial, en el ramo de la Aviación. Estos conceptos han sido publicados en las mismas revistas del Ejército y han causado la brutal exoneración de altos oficiales.

Yo acuso al Presidente de la República de mantener en tiempos de paz bases militares extranjeras en nuestro territorio, con oficiales y tropa uniformada.

Yo acuso al Presidente de la República de autorizar, aún en los momentos que hablo, la fotografía aérea de nuestro territorio, por aviadores militares extranjeros.

Yo acuso al señor González Videla de empeñarse en una guerra inútil y estéril contra el pueblo y el pensamiento popular de Chile, y de querer dividir artificialmente a los chilenos.

YO ACUSO al señor González Videla de tomar medidas contra la libertad de opinión, como el caso de mi proceso de desafuero, y de tratar de acallar por medio de la censura más brutal, de medidas policiales y financieras, el diario *El Siglo*, el órgano oficial de su candidatura y el fruto de muchos años de lucha del pueblo chileno, *El Popular* y seis diarios más.

YO ACUSO al Presidente de la República de falta de fe en su país, lo acuso de solicitar y soñar con empréstitos extranjeros, con la «quimera del oro», aun a costa de recibir el país las peores humillaciones, en vez de formular una política grande, digna y amplia que dé trabajo a los obreros chilenos y empresas a los industriales de nuestro país. Es de la profundidad de la patria de donde se sacan los recursos; Chile no quiere ser un país mendigo.

Yo pregunto al Honorable Senado, dónde vamos a llegar? Es posible que continúe el estado anormal y de angustia en que vive nuestro país; los mercenarios de cierta prensa aplauden cada día lo que ellos llaman este reino de «paz social». Pero, es que no hay gente sensata que se dé cuenta de que, precisamente, no hay paz social, de que estamos viviendo sobre un volcán, de que este odio alimentado cada día desde la Presidencia de la República no constituye ninguna base posible para la actividad de la nación?

Dónde quiere conducirnos el señor González Videla? Continuarán las Facultades Extraordinarias, continuarán los desafueros, continuarán las exoneraciones en masa, la ley del garrote, sustituyendo la ley del trabajo, continuará la censura imperando, continuarán los sindicatos destruidos, continuarán los campos de concentración de Pisagua, continuará la persecución y la delación, la censura telefónica, el servilismo de los diarios cercanos al gobierno? Continuarán las alzas, los lanzamientos, los negociados de que no nos habla la prensa, sino con sordina, el camino descontrolado hacia la dictadura en contra, no sólo de comunistas, falangistas y democráticos, sino en contra de nuevos sectores, mientras se acusa de traición a quien, como yo, explica al país y al extranjero que estos hechos no afectan a la dignidad de nuestra patria, sino a gobernantes incapaces?

Hasta cuándo, se preguntan todos los chilenos, en este Senado y más allá de él, por todos los ámbitos, por todos los rincones de nuestro país amado? Hasta cuándo dura esta pesadilla, piensan obreros, profesionales, intelectuales, industriales, políticos, hombres de la ciudad y de los campos?

No es necesario detener esta carrera desenfrenada, este descentramiento de nuestra vida pública y política? No sería evidente para millones de chilenos la necesidad de volver a la equidad y la decencia?

Debe conocer el Honorable Senado qué respeto merecen a las autoridades las residencias de los senadores. Anoche se intentó incendiar mi casa. El fuego alcanzó a destruir parte de la puerta de entrada. Como mi teléfono ha sido controlado por el Gobierno, no me pude comunicar con la policía, lo cual, por lo demás, habría sido inútil.

Mi casa ha sido construida con grandes dificultades, y lo único doloroso sería ver quemadas las colecciones de libros antiguos y de arte, que tengo destinadas, desde hace tiempo, a los museos de mi país.

Es fácil ver la huella de este ultraje. Viene de la misma cueva de donde salieron las criminales persecuciones a Julieta Campusano, de donde salieron los que robaron y destruyeron papeles y máquinas de escribir en el Comité de Defensa de las Libertades Públicas.

Si este atentado llegara a consumarse y mi familia y yo podemos escapar de las llamas, no buscaré la justicia, sino que sobre las ruinas de mis libros quemados dejaré este letrero: «Ejemplo de democracia durante la Presidencia de González Videla.»

Un juicio político

He sido acusado de calumniar y de injuriar al Presidente de la República.

Rechazo y rechazaré estos cargos hasta el final de mi vida.

He hecho el juicio político e histórico de un político que se sentó a mi lado en esta Corporación, que fue elegido por los mismos votos que a mí me eligieron. Cuando salió de este recinto para llegar a la Presidencia, el país conoce el esfuerzo de mi partido para darle una victoria que trajese libertad, honor y progreso a nuestra patria.

Si quisiera injuriar al Presidente de la República, lo haría dentro de mi obra literaria. Pero si me veo obligado a tratar su caso en el vasto poema titulado *Canto general de Chile*, que escribo actualmente, cantando la tierra y los episodios de nuestra patria, lo haré también con la honradez y la pureza que he puesto en mi actuación política.

El Presidente de la República, en su escrito, que no quiero calificar, pretende que mi carta íntima es la obra satánica del Partido Comunista y que se ha escogido a una persona políticamente inocua para firmarla. Mi inocuidad política se probó cuando dirigí su campaña de propaganda presidencial.

Asumo la responsabilidad de mis palabras, pero no hay duda de que la claridad, la verdad con que han sido dichas, contienen el espíritu militante del grande, del heroico partido de Recabarren.

A todos los comunistas de Chile, a las mujeres y a los hombres maltratados, hostilizados y perseguidos, saludo y digo: «Nuestro partido es inmortal. Nació con los sufrimientos del pueblo y estos ataques no hacen sino enaltecerlo y multiplicarlo.»

Ayer en la noche escuché la sentencia que ha dado una triste victoria al Ejecutivo concediendo mi desafuero por la Corte de Apelaciones. Se ha presionado a la justicia, llegando hasta a darle minuciosas instrucciones desde las columnas mercantiles de *El Mercurio* y de toda la prensa y radio mercenarias.

Ha olvidado la Corte de Apelaciones, con la honorable excepción de algunos ministros, que no debe imperar en ella la pasión política, y que su deber no es encubrir las arbitrariedades del Presidente de la República, sino proteger a los ciudadanos del atropello y del abuso.

Pero quién recuerda ahora los fallos de la Corte, sobre el proceso de los subversivos de 1920, cuando se llegó a fallar en detalle sobre el oro peruano? Dónde está hoy el oro peruano? Estos jueces tienen mala memoria.

Así será enterrada en el olvido, estoy seguro, esta sentencia de la Corte de Apelaciones.

A mí no me desafuera nadie, sino el pueblo.

Ya iré cuando pasen estos momentos de oprobio para nuestra patria a la pampa salitrera. Y les diré a los hombres y a las mujeres que han visto tanta explotación, tantos martirios y tantas traiciones:

> Aquí estoy, prometí ser leal a vuestra vida dolorosa, prometí defenderos con mi inteligencia y con mi vida si esto fuera necesario. Decidme si he cumplido, y dadme o quitadme el único fuero que necesito para vivir honradamente, el de vuestra confianza, el de vuestra esperanza, el de vuestro amor.

Y cantaré con ellos otra vez bajo el sol de la pampa, bajo el sol de Recabarren, nuestro Himno Nacional, porque sólo sus palabras y la lucha del pueblo podrán borrar las ignominias de este tiempo:

DULCE PATRIA, RECIBE LOS VOTOS
CON QUE CHILE EN TUS ARAS JURÓ
QUE O LA TUMBA SERÁ DE LOS LIBRES
O EL ASILO CONTRA LA OPRESIÓN.

(Discurso pronunciado en el Senado de la República de Chile, el 6 de enero de 1948.)

CARTA A S.E. DON CARLOS IBÁÑEZ DEL CAMPO

En mi calidad de presidente de la Sociedad de Escritores de Chile y en defensa de los intereses y derechos de los creadores y continuadores de la cultura chilena, he tenido el mayor agrado de acompañar al Directorio de la Sociedad de Escritores de Chile para plantear a su Excelencia algunos de nuestros problemas gremiales. He tenido de antemano la seguridad de encontrar acogida a las iniciativas que dignifiquen prácticamente la vida de los escritores en la patria de Gabriela Mistral.

Pero he dejado sin tratar, ante el señor Presidente de la República, un problema político y personal que me ha preocupado gravemente antes de conversar con autoridad de tanta importancia y responsabilidad. Tuve cuidado en no tratar esta materia política para separarla cuidadosamente de mi actividad como presidente de la Sociedad de Escritores de Chile, agrupación exclusivamente cultural.

Sucede, señor Presidente, que no me considero ni soy prácticamente un ciudadano de la República de Chile, y por lo tanto, no habría debido sostener entrevista alguna ni con su Excelencia ni con otras autoridades. Debo ser considerado como un hombre invisible. Estoy borrado de las listas electorales. Por lo tanto, tengo serias dudas sobre mi existencia cívica. Si no se me reconoce el derecho que tienen en mi país hasta los viles delincuentes, sin hablar de los más hábiles explotadores, cómo puedo presentarme ante los gobernantes? Y estos gobernantes, pueden considerar las peticiones de un hombre al que se le niega el ejercicio de la ciudadanía, considerado y consagrado aun en las naciones más atrasadas?

Señor Presidente, he sido honrado en todos los países donde he estado, y no quiero recordar estos honores, si no los creyera directamente otorgados a mi pueblo y a mi patria. Cuando María Casares y Jean-Louis Barrault recitaban con emoción mis versos en la Sorbonne de Francia, o cuando las Municipalidades de Venecia, de Turín, de Génova, de Nápoles y de Florencia me recibían en pleno, pensé que esos estímulos hacían brillar el nombre lejano de mi país. Cuando el Premio Mundial de la Paz y el Premio Nacional de Literatura de Chile recayeron en mi persona, pensé que estas dignidades pertenecían a mi pueblo. Cuando mis libros se tradujeron a casi todos los idiomas que se hablan y escriben en el mundo, pensé con orgullo que a través de ello serían conocidas la historia, las luchas, el pensamiento y la belleza de nuestra patria.

Pero todo esto, señor Presidente, no me ha servido ni para tener derecho a voto en Chile. Y una delegación de los hombres que en nuestro país representan el atraso colonial y la inicua codicia se ha atrevido a presentarse ante su Excelencia a pedirle que yo y algunos miles de ciudadanos sigamos en el Limbo, en la oscuridad que ellos propician, en las tinieblas medievales que ellos desean para todos los chilenos. Estos antiguos usurpadores han decidido que no tenemos parte en las próximas elecciones, y pretenden avasallar al Gobierno de la República para recuperar y prolongar de alguna manera su reinado de ignorancia y miseria.

Naturalmente, Excelentísimo señor, yo no quiero estar en situación privilegiada y no aceptaré una rehabilitación personal de mis derechos a la ciudadanía. No es éste el tema de mi carta ni la finalidad de mis intenciones.

Me atrevo a pedir a su Excelencia que se nos devuelva a todos los chilenos que fuimos inconstitucionalmente borrados de los Registros Electorales nuestros derechos de ciudadanos y de chilenos. Fuimos separados de este aspecto de la vida patria por un mandatario que contribuimos grandemente a elegir y que traicionó todos sus principios, causando el más grande agravio a la libertad y a la dignidad de Chile en toda su historia.

Me corresponde pedir a un Presidente, a cuya elección no contribuí, que rectifique esos monstruosos errores. Así es de intrincado el proceso de la Historia. Pero a pesar de ello no puede haber nada más monstruoso que esta odiosa discriminación en la ciudadanía ejercida en este caso para separar a los chilenos, dividirlos y luego explotar a la nación entera.

No puede haber tampoco nada más reconfortante para la continuidad de la democracia y la libertad de nuestro país que la acción inmediata, hoy en sus manos, para que se restauren los derechos inalienables de miles de patriotas, entre los cuales tengo el honor y el orgullo de contarme.

Reitera sus cordiales saludos al señor Presidente de la República,

PABLO NERUDA.

(Carta enviada en 1958.)

CON LA ACADEMIA SÍ, CON EL IMPERIALISMO NO

Querido señor Neruda:

Tengo el honor de informarle que los miembros de la Academia Estadounidense de Artes y Letras y los miembros del Instituto Nacional de Artes y Letras lo eligieron a usted como miembro honorario, tanto de la Academia como del Instituto. Por sus estatutos, la distinción de miembros honorarios de ambas organizaciones es conferida a artistas, escritores y compositores que no son ciudadanos de Estados Unidos, cuyos servicios al arte son reconocidos con gratitud por sus colegas de esta República. Espero que podamos tener el agrado de comunicar a los miembros de ambas instituciones que usted acepta esta invitación.

Le enviamos por correo una copia de los Anuarios de la Academia y del Instituto y un folleto explicativo de la función y objetivos de estos organismos y de los derechos y privilegios de sus miembros.

La Academia y el Instituto al recibir su aceptación tratarán, por medio del Departamento de Estado, de que el Embajador de Estados Unidos le haga entrega de la insignia y del diploma como miembro honorario.

Respetuosamente suyo

GEORGE F. KENNAN

Estimado señor Kennan:

Contesto muy tarde su carta del 15 de enero de este año y créame que siento mucho esta tardanza. He pasado fuera de Chile todo el mes de febrero y recién en estos días a mi regreso debo atender a sus importantes comunicaciones.

Me informa usted que la Academia Americana de Artes y Letras y el Instituto Nacional de Artes y Letras me han elegido como miembro honorario de ambas organizaciones. He comprendido que esta distinción, reservada a artistas, escritores y compositores extranjeros, es un reconocimiento altamente honroso para quien lo recibe. Basta con leer algunos nombres entre los antiguos y recientes miembros honorarios para darse cuenta de ello. Me sentiría, pues, incómodo y honrado al mismo tiempo figurando con mi pequeña obra de poeta entre personalidades tan esclarecidas del pasado y del presente, como Braque, Chagall, Isak Dinesen, T. S. Eliot, Gide, Malraux, Matisse, Miró, Henry Moore, Nehru, Orozco, Bertrand Russell, Bernard Shaw, Schweitzer, Shostakovich, Villa-Lobos y H. G. Wells.

Estimo también que el pensamiento de ustedes al distinguirme de este modo recae por extensión en mi país, en su cultura y en su pueblo. Pienso, asimismo, que la amplitud de criterio con que la Academia y el Instituto elige a sus miembros extranjeros tiene un alto significado en los momentos actuales. Veo en ello la unidad del pensamiento norteamericano, manifestado en estos últimos tiempos en contra de la guerra del Vietnam por los altos valores de la cultura de su país, que forman parte de esas instituciones.

Al aceptar esta distinción, me es forzoso expresar con claridad mi adhesión a la protesta de tantos intelectuales norteamericanos, cuya oposición y actitud acompaño también, interpretando así a la mayoría de los escritores, artistas y compositores del continente latinoamericano.

Los acontecimientos desgarradores de nuestra época se vinculan a nuestras propias preocupaciones morales y estéticas, dando un color sombrío a nuestros días y a nuestras noches, pero también el sentimiento de que la dignidad de la inteligencia se levanta en contra de la agresión en el sitio mismo en que ésta nace, no puede ser sino un estímulo para los que sostenemos la razón y el humanismo en contra de la injusticia y la violencia.

Así, pues, al aceptar la noble distinción de que me hacen objeto la Academia y el Instituto Americanos, quiero significarles que no podría recibir ni la insignia ni el diploma correspondientes de manos de ningún embajador de Estados Unidos, ni en ninguna oficina que represente a su gobierno.

Me sentiré muy honrado recibiendo el título oficial de manos del presidente de esa institución o de cualquiera de sus miembros, entre los cuales figuran admirados amigos míos, como Malcolm Cowley, Arthur Miller, Robert Lowell y tantos otros. Pero si este cambio en las costumbres establecidas por esas instituciones fuera motivo de dificultades en su seno, aceptaré también muy complacido, si así se dispusiera, que en otra oportunidad más favorable se pensara en mi nombre para tan honrosa designación.

Mientras tanto, agradezco con emoción al Sr. Presidente y a los miembros de la Academia Americana e Instituto Nacional de Artes y Letras su bondadosa proposición.

Lo saluda atentamente

PABLO NERUDA

La Academia de Artes y Letras Norteamericana en una de sus sesiones en Nueva York ratificó la designación de Pablo Neruda como miembro de esa entidad declarando que el rechazo del poeta a recibir el diploma de manos del Embajador de Estados Unidos en Chile, Edward Korry, no interfería en su elección.

Felicia Geffen, vocero oficial de la Academia Norteamericana dijo que «se harán otros arreglos satisfactorios a Pablo Neruda» y que «el diploma le podría ser enviado por Correo o entregado personalmente si visita Estados Unidos».

George F. Kennan escribió a Neruda:

> Tuve el agrado de recibir su carta y su aceptación como miembro honorario de la Academia y el Instituto Nacional de Artes y Letras.
>
> No obstante comprendo y respeto sus sentimientos para no aceptar la mención e insignia de manos de nuestro Embajador en Chile. Esto no impide, en ningún sentido, su elección.
>
> Si usted proyecta estar en Estados Unidos en un futuro inmediato sería un placer para mí entregarle la insignia y la mención.
>
> Si, de otra manera, usted se hallare en otro país cercano, como México, por ejemplo, yo podría viajar para hacerle entrega a usted, personalmente.
>
> En una reunión que la Academia realizará el 23 de mayo, leeremos un Acta de la elección de Pablo Neruda, designado Miembro Honorario por su valor como poeta.

(Cartas cruzadas con George F. Kennan, presidente de la Academia Estadounidense de Artes y Letras, en enero-marzo de 1969.)

OH PRIMAVERA, DEVUÉLVEME A MI PUEBLO!

Queridos compatriotas:

Comenzaré por hablarles de mis últimos viajes.

Europa es una construcción contradictoria y su cultura aparece vencedora del tiempo y de la guerra. Francia entre todas las naciones me acogió con su eterna lección de razón y de belleza. Tuve, es claro, una emoción que humedeció mis ojos cuando el soberano de Suecia, el sabio Rey que ha cumplido 90 años, me entregó un saludo de oro, una medalla destinada a ustedes, todos los chilenos. Porque mi poesía es propiedad de mi patria.

Pero a pesar del prolongado viaje, aquí, entre la multitud de los chilenos, quiero declarar mi confesión que es a la vez mi confusión.

Con la ayuda de ustedes quiero descifrar mi propia confusión. Aquí se supone que están ustedes recibiéndome o recepcionándome o acogiéndome. Y bien, muchas gracias, muchas veces muchas gracias. Pero lo que pasa es que me parece que nunca salí de aquí, que nunca estuve fuera, que nunca me ha pasado nada en ninguna parte, sino aquí, en esta tierra. Mis alegrías y mis dolores vienen de aquí o aquí se quedaron. O bien, el viento de la patria, el vino de la patria, la lucha y sueño de la patria, llegaron hasta mi sitio de trabajo en París y allí me envolvieron de noche y día, más bellos que las catedrales, más altos que la Tour Eiffel, más abundante que las aguas del Sena. En dos palabras, aquí me tienen de regreso sin haber salido nunca de Chile.

Hay de todo en este mundo. Hay gente para quedarse y para irse. Hay algunos que se van porque tienen un amor allá lejos, o porque les gusta una calle, una biblioteca, un laboratorio, en algún otro punto de la tierra. Yo no los desapruebo. Hay otros que sintieron en peligro sus bolsillos, creyeron en un terremoto para sus cuentas bancarias, y se largaron. Yo no los desapruebo. No nos hacen mucha falta.

Pero, por una razón o por otra, yo soy un triste desterrado. De alguna manera o de otra yo viajo con nuestro territorio y siguen viviendo conmigo, allá lejos, las esencias longitudinales de mi patria.

Nací en el centro de Chile, me crié en la Frontera, comencé mi juventud en Santiago, me conquistó Valparaíso, se abrió para mí la pampa y el desierto, dándome el oxígeno y el espacio que mi alma necesitaba, recorrí las viñas del valle central, los arenales de Iquique, las praderas de la Patagonia, la costa salvaje del solitario Aysén, y no tienen secreto para mí las ilustres ciudades como Chillán, Valdivia, Talca, Osorno, Iquique, Antofagasta, o los pueblitos ensimismados como Chanco o Quitratué o Taltal o Villarrica o Lonquimay o El Quisco. Conociéndola o cantándola, recorriéndola y luchando, me he dividido y me he multiplicado entregando mi poesía a toda la patria en su extensión, en su elevación, en su profundidad, en su pasado y en el porvenir que estamos construyendo.

Grandes y pequeñas cosas me llegaban de Chile durante estos dos años de ausencia. Entre las grandes, los problemas de la deuda externa que hemos heredado de gobiernos anteriores como una cruz agobiadora. Y luego, la defensa de nuestro cobre que me tocó dirigir, desde la Embajada en París, contra los piratas internacionales que quieren continuar el saqueo de nuestras riquezas.

Pero no sólo estas grandes causas, estas grandes cosas, son las que golpean el corazón del ausente. Son otras también: los mensajes de centenares de amigos, conocidos y desconocidos, que me congratularon. Fue un montón tan grande de cables y telegramas, que hasta ahora no he podido contestarlos todos. Otra vez fue una encomienda que recibí de Chile, de una mujer del pueblo, desconocida para mí y que contenía un mate de calabaza, cuatro paltas y media docena de ají verde.

Al mismo tiempo, el nombre de Chile se ha engrandecido durante este tiempo en forma extraordinaria. Nos hemos transformado para el mundo en un país que *existe*. Antes pasábamos desapercibidos entre la multitud del subdesarrollo. Por primera vez tenemos fisonomía propia y no hay nadie en el mundo que se atreva a desconocer la magnitud de nuestra lucha en la construcción de un destino nacional.

Todo lo que pasa en nuestra patria apasiona a Francia y a Europa entera. Reuniones populares, asambleas estudiantiles, libros que aparecen cada semana en todos los idiomas, nos estudian, nos examinan, nos retratan. Yo debo contener los periodistas que cada día, como es su deber, quieren saberlo todo o mucho más de todo. El Presidente Allende es un hombre universal. La disciplina y la firmeza de nuestra clase obrera es elogiada y admirada. Nuestras Fuerzas Armadas, con su preclaro concepto del deber, asombran a los observadores del panorama latinoamericano.

Esta ardiente simpatía hacia Chile en el extranjero se ha multiplicado con motivo de los conflictos derivados de la nacionalización de nuestros yacimientos de cobre. Se ha comprendido en el exterior que éste es un paso gigantesco en la nueva independencia de Chile. Todos se preguntaban cómo un país soberano podía poner en manos extranjeras la explotación de sus riquezas naturales.

Sin subterfugios de ninguna especie, el Gobierno Popular hizo definitiva nuestra soberanía reconquistando el cobre para nuestra patria.

Cuando la Compañía norteamericana pretendió el embargo del cobre chileno, una ola de emoción recorrió a Europa entera. No sólo los periódicos, las televisiones, las radios, se ocuparon de este asunto dándonos su respaldo, sino que una vez más fuimos defendidos por una conciencia mayoritaria y popular.

Fueron muchos los testimonios de adhesión que recibimos en estas dolorosas circunstancias. Déjenme contarles tres de ellos, que muestran de manera emocionante de qué lado está latiendo el corazón europeo. Ya saben ustedes que los estibadores de Francia y de Holanda se negaron a descargar el cobre en aquellos puertos para significar su repudio a la agresión. Este maravilloso gesto conmovió a todo el mundo. En verdad, estas acciones solidarias enseñan más sobre la historia de nuestro tiempo que las lecciones de una universidad: son los pueblos que se comunican, se conocen y se defienden. Esta defensa llegó a situaciones aún más conmovedoras: Al segundo día del embargo, una modesta señora francesa nos mandó un billete de 100 francos, fruto de sus ahorros, para ayudar a la defensa del cobre chileno. Y en una carta enviada desde una pequeña ciudad de Francia se estampaba la más calurosa adhesión a la causa de Chile. Esta carta la firmaban todos los habitantes del pueblo, desde el alcalde hasta el cura párroco, todos los obreros, deportistas y estudiantes de la localidad.

Así, pues, el resplandor de Chile me ha seguido, me ha envuelto, me ha rodeado. Nunca me sentí temeroso ni orgulloso de los daños o de los premios que me correspondieron en el camino de mi vida. Pero el temor y el orgullo los sentí siempre cuando afectaban la imagen de mi patria. Y así como me sentí orgulloso, allá lejos, de la importancia que adquiríamos ante los ojos europeos, sentí también el temor ante la incomprensión o la amenaza que nos acechan desde adentro y desde fuera.

Me he dado cuenta de que hay algunos chilenos que quieren arrastrarnos a un enfrentamiento, hacia una guerra civil. Y aunque no es mi propósito, en este sitio y en esta ocasión, entrar a la arena de la política, tengo el deber poético, político y patriótico, de prevenir a Chile entero de este peligro. Mi papel de escritor y de ciudadano ha sido siempre el de unir a los chilenos. Pero ahora sufro el grave dolor de verles empeñados en herirse. Las heridas de Chile, del cuerpo de Chile, harían desangrarse mi poesía. No puede ser.

Por ahí leí en un periódico que un caballero político, ardiente partidario de la guerra civil, había dicho esta frase célebre: «No importa que tengamos que reconstruir a Chile partiendo desde cero.» Seguramente, este extraño señor tiene en sus planes que se derrame la sangre de todos, la sangre de todos los chilenos, de todos los chilenos, menos él, para partir desde cero y para que reconstruyan otros, y no él, su bienestar personal. Pero la guerra civil es cosa muy seria. Y hay que tomar medidas para que estas incitaciones fratricidas no cundan ni prosperen. La legalidad nos impone muchas veces sacrificios muy graves: pero es éste el camino tradicional y también revolucionario de nuestra historia, y lo seguiremos. La lucha por la justicia no tiene por qué ensangrentar nuestra bandera.

Yo asistí a una guerra civil y fue una lucha tan cruel y dolorosa, que marcó para siempre mi vida y mi poesía. Más de un millón de muertos! Y la sangre salpicó las paredes de mi casa y vi caer los edificios bombardeados y vi a través de las ventanas rotas a hombres, mujeres y niños despedazados por la metralla. He visto, pues, exterminarse los hombres que nacieron para ser hermanos, los que hablaban la misma lengua y eran hijos de la misma tierra. No quiero para mi patria un destino semejante.

Por eso, quiero pedir a los chilenos más cuerdos y más humanos se ayuden entre sí para poner camisa de fuerza a los locos y a los inhumanos que quieren llevarnos a una guerra civil.

Ustedes han visto cómo los grandes intereses extranjeros intrigan y presionan en el exterior para destruir las conquistas nacionales instauradas por nuestro Gobierno Popular. Pero deben darse cuenta los chilenos que los hilos de una conspiración internacional de estos grandes intereses pasan también por nuestro territorio. Ya quedó al descubierto, después del asesinato de un soldado glorioso, el general Schneider, que este crimen fue urdido en el extranjero. Para vergüenza nuestra, las manos de los asesinos fueron manos chilenas.

Hace ochenta años, poderosas compañías europeas, que en esa época dominaban en Chile, promovieron una guerra civil entre chilenos. Llevaron al frenesí las discrepancias entre el Parlamento y el Presidente. Entre los muertos de aquella guerra civil se cuenta un Presidente grandioso y generoso. Se llamaba José Manuel Balmaceda. Se burlaron de él, lo amenazaron, lo escarnecieron y lo insultaron hasta llevarlo al suicidio. Aunque la historia la escribieron entonces los enemigos de Balmaceda, después su nombre fue lavado de todo escarnio por el pueblo de Chile y restaurado en su sitio de gobernante patriota y visionario.

Yo creo que esta etapa de nuestra vida histórica se asemeja a muchas otras del pasado. Viviremos horas duras en Chile, ha dicho el Presidente Allende, al partir en un viaje agobiador para afirmar en el mundo entero nuestra soberanía y nuestros principios.

También después de 1810, luego de proclamada nuestra independencia nacional, Chile sobrellevó dificultades grandes y pequeñas y el ataque de los que querían volvernos al coloniaje español. Pero la República se afirmó en las manos de O'Higgins, de Carrera, de Manuel Rodríguez, de Freire, de Camilo Henríquez y de los patriotas harapientos y descalzos que combatieron en Rancagua, en Chacabuco, en Maipo, en los caminos, en el mar, en las cordilleras de Chile.

La historia nos enseña que marchamos hacia adelante y que la liberación de los pueblos se va cumpliendo, a pesar de todo.

Yo quiero, para terminar, agradecer las palabras del Vice-Presidente de la República y su presencia junto a mí. El general Prats me ha conferido un gran honor. Para mí no es extraño que un soldado y un poeta presidan una ceremonia a campo abierto, frente al pueblo. Se sabe en Chile, y fuera de Chile, que nuestro Vice-Presidente es una garantía para nuestra constitución política y para nuestro decoro nacional.[1] Pero su firmeza y su nobleza van más allá de estos conceptos: es el centro moral de nuestro cariño hacia las Fuerzas Armadas de Chile, hacia los que en tierra, mar o aire llevan, con los colores violentos de nuestra bandera, la tranquila continuidad de una gloriosa tradición.

1. La confianza de Pablo Neruda en la firmeza institucionalista del general Carlos Prats fue convalidada más tarde por la historia. En vísperas del golpe militar contra el Gobierno constitucional de Salvador Allende, el general Prats renunció a su cargo por presión de los conjurados. Con ese motivo Neruda le escribió la siguiente carta:

ISLA NEGRA, 31 agosto 1973.

Señor
General, don Carlos Prats,
SANTIAGO.

Mi respetado General:

Podrá usted haber renunciado, pero seguirá siendo para los chilenos, para su gran mayoría, el General en Jefe y un ciudadano ejemplar.

En verdad, la incitación a la ofensa y a la sedición vienen de muy lejos en la historia de Chile. Cuando la República estaba aún en pañales, el año 1811, el traidor Tomás de Figueroa se levantó en armas contra nuestra República recién nacida. Naturalmente que el mismo grupo de entonces, a través de sus descendientes, cultiva su memoria: una calle de Santiago, en Las Condes, lleva su nombre. Esto lo dice todo.

Es imposible ver sin angustia el empeño ciego de los que quieren conducirnos a la desdicha de una guerra fratricida, sin más ideal que la conservación de antiguos privilegios caducados por la historia, por la marcha irreversible de la sociedad humana. Y esto reza para Chile y para el mundo.

Al enfrentarse usted, con sacrificio de su brillante carrera, a las posibilidades de una contienda civil, ha puesto de relieve, no sólo la nobleza de su carácter, sino la profundidad de su patriotismo.

Reciba el saludo, la admiración y la adhesión de

PABLO NERUDA

El general Prats, a su vez, respondió al poeta de esta manera:

SANTIAGO, 4 de septiembre de 1973.

Señor
Pablo Neruda
ISLA NEGRA.

Yo celebré en mis canciones a los héroes que tejieron con mimbres ensangrentados la cuna de la patria. Yo canté sus hechos, sus apasionadas existencias, sus vidas, a menudo dolorosas. Se confunden en mi poesía el amor a nuestra tierra y la reverencia hacia aquellos que fundaron, con valor y sacrificio, las bases de nuestra vida republicana. Y reconozco en este General en Jefe de la República, así como en todas las Fuerzas Armadas de Chile, la grandeza del pasado histórico y la insobornable lealtad con que han defendido los fueros de nuestra soberanía y de nuestra democracia.[2]

Carabineros de Chile se han hecho presente en este gran estadio. Bien sabemos que, identificados con la geografía de Chile, por montes y caminos, en las ciudades y en las fronteras, en la lluvia, en la arena, en el desierto, en el peligro, ellos resguardan a toda hora el trabajo y el reposo de los chilenos.

Aquí están presente las delegaciones del pueblo. Saludo a cada una

---

Distinguido don Pablo:

Mil gracias por los estimulantes conceptos que Ud. vierte en su carta del 31 de agosto y que fortalecen la tranquilidad de conciencia que realmente siento —ahora— convertido en un ciudadano común, después de la decisión que adoptara frente a la bajeza y cobardía moral, que, lamentablemente, han pasado a ser el factor común del accionar de aquellos que pretenden reeditar en Chile la historia de *El gatopardo*.

Recordaré, como uno de los momentos más edificantes que las circunstancias del destino me depararan, la oportunidad que me brindara el Sr. Presidente de la República de representar el sentimiento nacional, al rendir homenaje al gran poeta chileno, galardonado con el Premio Nobel de Literatura.

Formulo los mejores votos por el pronto restablecimiento de su salud, porque Chile necesita —empinándose por sobre las trincheras políticas— de la vigencia de valores intelectuales, como los que Ud. simboliza, para que reimperen la razón y la cordura en este bello país, a fin de que su pueblo logre la justicia social que tanto se merece.

Junto con reiterarle mi reconocimiento, por su adhesión, le expreso mi personal aprecio.

Carlos Prats González

Después de la asonada militar, el general Prats se vio obligado a salir de Chile y fue asesinado en Buenos Aires el 30 de septiembre de 1974.

2. El reconocimiento de Neruda a la «insobornable lealtad» de las fuerzas armadas de Chile, antes del golpe del 11 de septiembre de 1973, era compartida por la inmensa mayoría de la población, dados los antecedentes históricos del país.

de ellas, a los trabajadores petroleros de Magallanes, a los obreros de la construcción de Santiago, a los salitreros de Tarapacá, a los pirquineros de Coquimbo, a los cupreros de Antofagasta, a los textiles de Concepción, a los mercantes de Valparaíso, a los viñateros de Curicó, a los azucareros de Linares, a los pescadores de Chiloé, a los lancheros de Maule, a los trabajadores lecheros de Osorno, a los compañeros de Polpaico.

A las mujeres que trajeron aquí el testimonio de su ternura, reciban el homenaje de un poeta que les debe la inspiración de cada uno de sus libros.

A la juventud que ha dado el color, el movimiento y la alegría a esta fiesta maravillosa, doy este mensaje: Yo he alabado y cantado nuestra patria. El trabajo de ustedes es continuarla y engrandecerla, hacerla más justa, más generosa y más bella cada día.

A los niños que por centenares llegaron al estadio, ya que no puedo regalarles una estrella, dejo un beso para cada uno.

No han sido pocos los poetas que han recibido distinciones, como los Premios Nacionales o el mismo Premio Nobel. Pero, tal vez, ninguno ha recibido este laurel supremo, esta corona del trabajo que significan las representaciones de todo un país, de todo un pueblo. Esta presencia no sólo sacude las raíces de mi alma, sino que me indica también que tal vez no me he equivocado en la dirección de mi poesía.

Hace años, en un destierro forzoso, muy lejos de Chile, desesperado de sentirme tan lejos y sin esperanzas de volver, escribí estos versos:

Oh Chile, largo pétalo
de mar y vino y nieve,
ay cuándo
ay cuándo y cuándo
ay cuándo
me encontraré contigo,
enrollarás tu cinta
de espuma blanca y negra en mi cintura,
desencadenaré mi poesía
sobre tu territorio.

Pueblo mío, verdad que en primavera
suena mi nombre en tus oídos
y tú me reconoces

como si fuera un río
que pasa por tu puerta?

Soy un río. Si escuchas
pausadamente bajo los salares
de Antofagasta, o bien
al sur de Osorno
o hacia la cordillera, en Melipilla,
o en Temuco, en la noche
de astros mojados y laurel sonoro,
pones sobre la tierra tus oídos,
escucharás que corro,
sumergido, cantando.
Octubre, oh primavera,
devuélveme a mi pueblo!

Qué haré sin ver mil hombres,
mil muchachas,
qué haré sin conducir sobre mis hombros
una parte de la esperanza?
Qué haré sin caminar con la bandera
que de mano en mano en la fila
de nuestra larga lucha
llegó a las manos mías?

Ay patria, patria,
ay patria, cuándo
ay cuándo y cuándo,
cuándo
me encontraré contigo?

Lejos de ti
mitad de tierra tuya y hombre tuyo
he continuado siendo,
y otra vez hoy la primavera pasa.
Pero yo con tus flores me he llenado,
con tu victoria voy sobre la frente
y en ti siguen viviendo mis raíces.

Ay cuándo
me sacará del sueño un trueno verde
de tu manto marino.
Ay cuándo, patria, en las elecciones
iré de casa en casa recogiendo
la libertad temerosa
para que grite en medio de la calle.
Ay cuándo, patria,
te casarás conmigo
con ojos verdemar y vestido de nieve
y tendremos millones de hijos nuevos
que entregarán la tierra a los hambrientos.

Ay patria sin harapos,
ay primavera mía,
ay cuándo y cuándo
despertaré en tus brazos
empapado de mar y de rocío.
Ay cuando yo esté cerca
de ti, te tomaré de la cintura,
nadie podrá tocarte,
yo podré defenderte
cantando,
cuando
vaya contigo, cuando
vayas conmigo, cuándo,
ay cuándo.

Bien, compatriotas, amigos, compañeros míos, todo se cumplió, el retorno se cumplió, los versos del «Cuándo» se cumplieron.

Andaré de casa en casa en las elecciones de marzo.

Esta mañana me despertó el trueno marino de Isla Negra. Ya pasó la tierra de las manos de los saciados a las manos de los hambrientos.

En esta ceremonia con pitos y tambores me parece haberme casado una vez más con mi patria. Y no piensen ustedes que éste pueda ser un matrimonio de conveniencia. Se trata sólo de amor, del gran amor de mi vida.

Salud, chilenas y chilenos, compañeras y compañeros, amigos y amigas, gracias por la amistad, por el cariño, por el reconocimiento que otros nuevos poetas con el tiempo recibirán también de ustedes.

Porque la vida, la lucha, la poesía, continuarán viviendo cuando yo sea sólo un pequeño recuerdo en el luminoso camino de Chile.

Gracias porque ustedes son el pueblo, lo mejor de la tierra, la sal del mundo.

SALUD.

(Discurso pronunciado en el Estadio Nacional, a su regreso a Chile después del Premio Nobel, noviembre de 1972.)

DISCURSO DE LA INTIMIDAD

Querido candidato del pueblo:

He hecho muchos discursos en el norte y en el sur, en el este y en el oeste de Chile por esta candidatura, por las ideas y los ideales que le dan significado, dirección y altura. He hablado para mineros, para campesinos, para ciudadanos de todos los tipos humanos.

Hoy quisiera hacer el discurso de la intimidad, la conversación de familia.

Por primera vez los escritores y los artistas vamos a tener un amigo verdadero o, más bien, un pariente próximo en la Moneda. Por ahí circula, en la propaganda de otro candidato a la Presidencia, un sillón vacío, una especie de trono que, según su propaganda, espera a ese caballero. En general, los escritores y los artistas, los llamados intelectuales, hemos vivido lejos de la Presidencia de la República, la hemos sentido como un trono vacío, como un sillón sin hombre. Algunas veces nos parecía ver a un ser humano, a un chileno con verdaderas preocupaciones profundas por la vida de Chile. Pero pronto no veíamos sino el antiguo rostro de la indiferencia, de la frivolidad y de la crueldad. No quiero nombrar a nadie. No se trata de nombrar el vacío, sino de llamar a la esperanza.

Esta esperanza no es desaforada, no es ciega, ni es amenazadora. Pedimos apenas que se nos tome en cuenta, que se nos reconozca el derecho a la existencia, al crecimiento y a la creación. Los países pequeños, tirados por la geografía a los más lejanos repliegues del planeta, tienen un solo destino para combatir con la adversidad y este destino se relaciona con su creación espiritual, con el poder de su cultura. Éste es su gran combate.

En estos días se está desmantelando una inmensa mole de fierro y acero que nunca tuvo necesidad de disparar, ni exterminar a nadie en defensa de nuestra bandera. Pero el arma más poderosa que ha tenido Chile durante su existencia no era tan cara, ni pesó tanto: era una pequeña y frágil mujer, agobiada por todas las preocupaciones de la inteligencia y de la existencia: se llamaba Gabriela Mistral.

Me consta que Gabriela, aun después del Premio Nobel, vivía temblando por su puesto, aterrorizada por el Ministerio, esperando de alguna manera el zarpazo, el ataque, la represalia. Esta desconfianza permanente desgarró mucho su carácter, la transformó, dejándola huraña, como esos pinos de la Patagonia amenazados por el viento, pinos que ella cantó, autorretratándose un poco.

Está claro que no pensamos en un trato de excepción. No se crea que contemplamos una corte de pensadores coronados, favorecidos por un dinámico poder intelectual. En plena conciencia del aporte que hacen los artistas y escritores al desarrollo y al honor de nuestra patria, exigimos atención a nuestras vidas y a nuestros problemas, seguridad para que los jóvenes continúen sin tormento su desarrollo creativo. Pero sabemos, y por eso estamos aquí, que ante todo debe elevarse nuestro pueblo a la dignidad humana que merece. Y en esta lucha, en esta convicción combatiente, nos sentimos representados por Salvador Allende.

Salvador, te acompañé en tu gira por todos los rincones del Norte Chico. Juntos comimos el mejor pan amasado para ti por las campesinas de Paihuano. Después estuvimos juntos en Monte Grande. Allí los valles del Elqui se reúnen. Arriba es piedra erizada, paredes de roca y espinas. Abajo cantan las aguas y comienzan a moverse los brotes.

Pero más imponente que la naturaleza, más prometedora que los valles verdes, silenciosa y ardiente, es nuestra gente, nuestros chilenos y chilenas, nuestros abandonados campesinos y mineros del Norte Chico. Nunca podrás olvidar, Salvador, ni yo podré olvidar a los que bajaban de los montes con una banderita a saludarte, a las miles de mujeres que llenaban la plaza de Vicuña aquella noche, rodeadas por sus niños descalzos. Habían venido de todos los rincones, y allí estaban, seguras, firmes, protagonistas del desamparo y de la esperanza del pueblo. Eran solemnes como estatuas que al mismo tiempo representaran, allí, bajo los árboles de la plaza de Vicuña, la fuerza y la ternura de Chile.

Nos preguntamos aquella noche, mirando aquellas muchachitas descalzas en su propia tierra natal, cuántas Gabrielas, cuántas, andarán descalzas por ésta y por otras ciudades, pueblos, montañas y puertos de la patria?

Artistas y escritores tenemos mucho que pedir, tenemos mucho que hablar, tenemos mucho que trabajar con el nuevo Presidente de Chile. No queremos dejarlo solo, ni que nos deje solos. Pero hay problemas vitales para nosotros, problemas de la conciencia herida. Son problemas totales de nuestro país y, por lo tanto, vienen antes que nuestros propios problemas profesionales.

Primero: Basta de analfabetos! No queremos seguir siendo escritores de un pueblo que no sabe leer. No queremos sentir la vergüenza, la ignominia de un pasado estático y leproso. Queremos más escuelas, más maestros, más periódicos, más libros, más revistas, más cultura.

Este régimen de señores rodeados por servidores y letrados y harapientos no puede continuar. Ya hizo crisis, ya se terminó en el mundo. Comprendemos que haya partidos que quieran conservarlo y para ello se llaman, con cinismo, conservadores o, con engaño, liberales. Pero a nosotros nos conviene una batalla a muerte con el pasado, no con el pasado ilustre cuya continuidad representamos, no, continuaremos lo mejor del pasado, pero mataremos el gusano del pasado, y ese gusano se llama ignorancia, atraso, abandono.

Nosotros creemos, y al decir nosotros quiero significar todas las fuerzas que acompañan esta esperanza, creemos, con apasionada creencia, en las posibilidades creadoras del pueblo de Chile. Creemos en la inteligencia del pueblo, en su destreza, en su rectitud, en su valentía. El pueblo de Chile constituye un terreno inagotable, cuya fecundidad y florecimiento nos corresponde apresurar.

Futuro Presidente de Chile:

Espero que llames muchas veces a los escritores y a los artistas, y que en el Gobierno nos hables y nos escuches. Hallarás siempre en nosotros la mayor fidelidad al destino de nuestra patria y también el mayor desinterés.

Tenemos un solo interés que tú compartes: la dignificación de nuestro pueblo. En este sentido queremos decirte que esta lucha que tú encabezas, hoy, es la más antigua de Chile: es el glorioso combate de la Araucanía contra sus invasores, es el pensamiento que levantó las banderas, los batallones y las proclamas de la Independencia, el mismo contenido de avance popular que tuvo el movimiento de Francisco Bilbao. Y ya muy cerca de nosotros, Recabarren no sólo aportó su condición del más grande dirigente proletario de las Américas, sino también la de escritor de dramas y panfletos populares.

El pensamiento de Chile ha acompañado dramáticamente todas las ansiedades, todas las tragedias y las victorias de nuestro pueblo.

Te acompañamos en esta ocasión y te proclamamos candidato a la Presidencia de la República de Chile porque creemos con firmeza y con alegría que no abandonarás este camino.

En la victoria te acompañarán todos los que cayeron, infinitos sacrificios y sangre derramada, agonías y dolores que no lograron detener nuestra lucha. Te acompaña también el presente, una conciencia más amplia y más segura de la verdad y de la historia.

Y, por último, también te acompañan las inmensas victorias alcanzadas y la liberación inaplazable de todos los pueblos.

(Escrito durante la campaña presidencial de Salvador Allende.)

PABLO NERUDA HABLA

Cuaderno 7

EL POETA NO ES UNA PIEDRA PERDIDA

El Rector ha tenido palabras magníficas. Entre ellas destaco las que en su discurso relacionaron al poeta y a su pueblo.

Yo soy, una vez más, ese poeta.

Digo una vez más, porque fue deber de todos, a través de la historia, cumplir esta relación. Cumplirla con devoción, con sufrimiento y con alegría.

La primera edad de un poeta debe recoger con atención apasionada las esencias de su patria, y luego debe devolverlas. Debe reintegrarlas, debe donarlas. Su canto y su acción deben contribuir a la madurez y al crecimiento de su pueblo.

El poeta no puede ser desarraigado, sino por la fuerza. Aun en esas circunstancias sus raíces deben cruzar el fondo del mar, sus semillas seguir el vuelo del viento, para encarnarse, una vez más, en su tierra. Debe ser deliberadamente nacional, reflexivamente nacional, maduramente patrio.

El poeta no es una piedra perdida. Tiene dos obligaciones sagradas: partir y regresar.

El poeta que parte y no vuelve es un cosmopolita. Un cosmopolita es apenas un hombre, es apenas un reflejo de la luz moribunda. Sobre todo en estas patrias solitarias, aisladas entre las arrugas del planeta, testigos integrales de los primeros signos de nuestros pueblos, todos, todos, desde los más humildes hasta los más orgullosos, tenemos la fortuna de ir creando nuestra patria, de ser todos un poco padres de ella.

Yo fui recogiendo estos libros de la cultura universal, estas caracolas de todos los océanos, y esta espuma de los siete mares la entrego a la Universidad por deber de conciencia y para pagar, en parte mínima, lo que he recibido de mi pueblo. Esta Universidad no nació por decreto, sino de las luchas de los hombres, y su tradición progresista, renovada hoy por el Rector Gómez Millas, viene de las sacudidas de nuestra historia y es la estrella de nuestra bandera. No se detendrá en su camino. Será algún día la Universidad futura más ancha y popular, consecuente con las transformaciones profundas que esperamos. Recogí estos libros en todas partes. Han viajado tanto como yo, pero muchos tienen cuatro o cinco siglos más que mis actuales cincuenta años. Algunos me los regalaron en China, otros los compré en México. En París encontré centenares. De la Unión Soviética traigo algunos de los más valiosos. Todos ellos forman parte de mi vida, de mi geografía personal. Tuve larga paciencia para buscarlos, placeres indescriptibles al descubrirlos y me sirvieron con su sabiduría y su belleza. Desde ahora servirán más extensamente, continuando la generosa vida de los libros.

Cuando alguien a través del tiempo recorra estos títulos no sabrá qué pensar del que los reuniera, ni se explicará por qué muchos de ellos se reunieron.

Hay aquí un pequeño almanaque Gotha del año 1838. Estos almanaques Gotha llevaban al día los títulos de las caducas aristocracias, los nombres de las familias reinantes. Eran el catálogo en la feria de la vanidad.

Lo tengo porque hay una línea perdida en su minúscula ortografía que dice lo siguiente:

«Día 12 de febrero de 1837, muere a consecuencia de un duelo el poeta ruso Aleksandr Pushkin.»

Esta línea es para mí como una puñalada. Aún sangra la poesía universal por esta herida.

Aquí está el *Romancero gitano* dedicado por otro poeta asesinado. Federico escribió delante de mí esa magnánima dedicatoria y Paul Éluard, que también se ha ido, también en la primera página de su libro me dejó su firma.

Me parecían eternos. Me parecen eternos. Pero ya se fueron.

Una noche en París me festejaban mis amigos. Llegó el gran poeta de Francia al festejo trayéndome un puñado de tesoros. Era una edición clandestina de Victor Hugo, perseguido en su tiempo por un pequeño tirano. Me trajo otra cosa, tal vez lo más preciado de todo lo que tengo. Son las dos cartas en las que Isabelle Rimbaud, desde el hospital de Marsella, cuenta a su madre la agonía de su hermano.

Son el testimonio más desgarrador que se conoce. Me decía Paul al regalarme estas cartas: «Fíjate cómo se interrumpe al final, llega a decir: "Lo que Arthur quiere"... y el fragmento que sigue no se ha encontrado nunca. Y eso fue Rimbaud. Nadie sabrá jamás lo que quería.»

Aquí están las dos cartas.

Aquí está también mi primer Garcilaso que compré en cinco pesetas con una emoción que recuerdo aún. Es del año 1549. Aquí está la magnífica edición de Góngora del editor flamenco Foppens, impresa en el siglo XVII cuando los libros de los poetas tenían una inigualada majestad. Aunque costaba sólo cien pesetas en la Librería de García Rico, en Madrid, yo conseguí pagarlo por mensualidades. Pagaba diez pesetas mensuales. Aún recuerdo la cara de asombro de García Rico, aquel prodigioso librero que parecía un gañán de Castilla, cuando le pedí que me lo vendiera a plazos.

También dos de mis poetas favoritos del Siglo de Oro quedan aquí en sus ediciones originales. Son *El desengaño de amor en rimas* de Pedro Soto de Rojas y las nocturnas poesías de Francisco de Latorre:

... Claras lumbres del cielo, y ojos claros
del espantoso rostro de la noche,
corona clara y clara Casiopea,
Andrómeda y Perseo...

Tantos libros! Tantas cosas! El tiempo aquí seguirá vivo. Recuerdo cuando, en París, vivíamos junto al Sena con Rafael Alberti. Sosteníamos con Rafael que nuestra época es la del realismo, la de los poetas gordos.

—Basta de poetas flacos! —me decía Rafael, con su alegre voz de Cádiz—. Ya bastantes flacos tuvieron para el Romanticismo!

Queríamos ser gordos como Balzac y no flacos como Bécquer. En los bajos de nuestra casa había una librería y allí, pegados a la vitrina, estaban todas las obras de Victor Hugo. Al salir nos deteníamos en la ventana y nos medíamos:

—Hasta dónde mides de ancho?

—Hasta *Los trabajadores del mar*. Y tú?

—Yo sólo hasta *Notre-Dame de Paris*.

También se preguntarán alguna vez por qué hay tantos libros sobre animales y las plantas. La contestación está en mi poesía.

Pero, además, estos libros zoológicos y botánicos me apasionaron siempre. Continuaban mi infancia. Me traían el mundo infinito, el laberinto inacabable de la naturaleza. Estos libros de exploración terrestre han sido mis favoritos y rara vez me duermo sin mirar las efigies de pájaros adorables o insectos deslumbrantes y complicados como relojes.

En fin, es poco lo que doy, lo que devuelvo, lo que pongo en las manos del Rector y a través de él en el patrimonio de la patria. Son, en último término, fragmentos íntimos y universales del conocimiento atrapados en el viaje del mundo. Aquí están. No pertenezco a esas familias que predicaron el orgullo de casta por los cuatro costados y luego venden su pasado en un remate.

El esplendor de estos libros, la flora oceánica de estas caracolas, cuanto conseguí a lo largo de la vida, a pesar de la pobreza y en el ejercicio constante del trabajo, lo entrego a la Universidad, es decir, lo doy a todos.

Una palabra más.

Mi generación fue antilibresca y antiliteraria por reacción contra la exquisitez decadente del momento. Éramos enemigos jurados del vampirismo, de la nocturnidad, del alcaloide espiritual. Fuimos hijos naturales de la vida.

Sin embargo, la unidad del conocimiento continúa la naturaleza, la inteligencia revela las relaciones más remotas o más simples entre las cosas, y entonces unidad y relación, naturaleza y hombre se traducen en libros.

Yo no soy un pensador, y estos libros reunidos son más reverenciales que investigadores. Aquí está reunida la belleza que me deslumbró y el trabajo subterráneo de la conciencia que me condujo a la razón, pero también he amado estos libros como objetos preciosos, espuma sagrada del tiempo en su camino, frutos esenciales del hombre. Pertenecen desde ahora a innumerables ojos nuevos.

Así cumplen su destino de dar y recibir la luz.

(Leído en el acto inaugural de la «Fundación Pablo Neruda, para el estudio de la poesía», el 20 de junio de 1954.)

BIEN VALE HABER VIVIDO SI EL AMOR ME ACOMPAÑA

Andando hace muchos años por el lago Ranco hacia adentro me pareció encontrar la fuente de la patria o la cuna silvestre de la poesía, atacada y defendida por toda la naturaleza.

El cielo se recortaba entre las altaneras copas de los cipreses, el aire removía las sustancias balsámicas de la espesura, todo tenía voz y era silencio, el susurro de las aves escondidas, los frutos y maderas que cayendo rozaban los follajes, todo estaba detenido en un instante de solemnidad secreta, todo en la selva parecía esperar. Era inminente un nacimiento y lo que nacía era un río. No sé cómo se llama, pero sus primeras aguas, vírgenes y oscuras, eran casi invisibles, débiles y calladas, buscando una salida entre los grandes troncos muertos y las piedras colosales.

Mil años de hojas caídas en su fuente, todo el pasado quería detenerlo, pero sólo embalsamaba su camino. El joven río destruía las viejas hojas muertas y se impregnaba de frescura nutricia que iría repartiendo en su camino.

Yo pensé: es así como nace la poesía. Viene de alturas invisibles, es secreta y oscura en sus orígenes, solitaria y fragante, y, como el río, disolverá cuanto caiga en su corriente, buscará ruta entre los montes y sacudirá su canto cristalino en las praderas.

Regará los campos y dará pan al hambriento. Caminará entre las espigas. Saciarán en ella su sed los caminantes y cantará cuando luchan o descansan los hombres.

Y los unirá entonces y entre ellos pasará fundando pueblos. Cortará los valles llevando a las raíces la multiplicación de la vida.

Canto y fecundación es la poesía.

Dejó su entraña secreta y corre fecundando y cantando. Enciende la energía con su movimiento acrecentado, trabaja haciendo harina, curtiendo el cuero, cortando la madera, dando luz a las ciudades. Es útil y amanece con banderas en sus márgenes. Las fiestas se celebran junto al agua que canta.

Yo recuerdo en Florencia un día en que fui a visitar una fábrica. Yo ahí leí mis poemas a los obreros reunidos, los leí con todo el pudor que un hombre del joven continente puede sentir hablando junto a la sagrada sombra que allí sobrevive. Los obreros de la fábrica me hicieron después un presente. Lo guardo aún. Es una edición de Petrarca del año 1484.

La poesía había pasado con sus aguas, había cantado en esa fábrica y había convivido por siglos con los trabajadores. Aquel Petrarca, que siempre vi arrebujado bajo una caperuza de monje, era uno más de aquellos sencillos italianos y aquel libro, que tomé en mis manos con adoración, tuvo un nuevo prestigio para mí, era sólo una herramienta divina en las manos del hombre.

Yo pienso que si muchos de mis compatriotas y algunos ilustres hombres y mujeres de otras naciones han acudido a estas celebraciones, no vienen a celebrar en mi persona sino la responsabilidad de los poetas y el crecimiento universal de la poesía.

Si estamos aquí reunidos estoy contento. Pienso con alegría que cuanto he vivido y escrito ha servido para acercarnos. Es el primer deber del humanista y la fundamental tarea de la inteligencia asegurar el conocimiento y el entendimiento entre todos los hombres. Bien vale haber luchado y cantado, bien vale haber vivido si el amor me acompaña.

Yo sé que aquí en esta patria aislada por el inmenso mar y las nieves inmensas no me estáis celebrando a mí, sino a una victoria del hombre. Porque si estas montañas, las más altas, si estas olas del Pacífico, las más encarnizadas, quisieran impedir que mi patria hablara en el mundo, se opusiesen a la lucha de los pueblos y a la unidad universal de la cultura, fueron vencidas estas montañas y ese gran océano fue vencido.

En este remoto país, mi pueblo y mi canto lucharon por la intercomunicación y la amistad.

Y esta Universidad que nos recibe cumpliendo con sus tareas intelectuales consagra una victoria de la comunidad humana y reafirma el honor de la estrella de Chile.

Bajo nuestra estrella antártica vivió Rubén Darío. Venía del maravilloso trópico de nuestras Américas. Llegó tal vez en un invierno blanco y celeste como el de hoy, a Valparaíso, a fundar de nuevo la poesía de habla hispana.

En este día mi pensamiento y mi reverencia van a su estrellada magnitud, al sortilegio cristalino que sigue deslumbrándonos.

Anoche, con los primeros regalos, me trajo Laura Rodig un tesoro que desenvolví con la emoción más intensa. Son los primeros borradores escritos con lápiz y llenos de correcciones de los *Sonetos de la muerte*, de Gabriela Mistral. Están escritos en 1914. El manuscrito tiene aún las características de su poderosa caligrafía.

Pienso que estos sonetos alcanzaron una altura de nieves eternas y una trepidación subterránea quevedesca.

Yo recuerdo a Gabriela Mistral y a Rubén Darío como poetas chilenos y al cumplir cincuenta años de poeta, quiero reconocer en ellos la edad eterna de la verdadera poesía.

Debo a ellos, como a todos los que escribieron antes que yo, en todas las lenguas. Enumerarlos es demasiado largo, su constelación abarca todo el cielo.

(Discurso pronunciado en la Universidad de Chile, en el 50.º aniversario del poeta.)

SALUD Y QUE COMIENCE EL BAILE

Queridos jóvenes de todos los países:

Permitidme que os presente los juegos, los bailes, las canciones tristes y alegres, la picardía y la esencia de los pueblos americanos.

Nos dejaron los aztecas su semilla, sus cantos de las cosechas, sus himnos de guerra, sus ritos de paz. Los mayas establecieron su fuego florido en la delgada cintura de América Central.

Los araucanos bailaron bajo sus árboles tutelares.

Los españoles dejaron una cinta de suspiros, el aire alegre de las comarcas montañesas y el lenguaje en que por siglos se desgranaron luchas, ilusiones, oscuros dramas del pueblo, historias increíbles.

En el Brasil temblaron los ríos más poderosos de la tierra, contando y cantando historias. Los hombres y las mujeres se arrullaron y bailaron bajo las palmeras. Desde el Portugal llegaron los más dulces sonidos, y la voz del Brasil se penetró de sus profundidades selváticas y de azahares marinos.

Éstas son las canciones y los bailes de América.

En este continente, la sangre y la sombra sumergieron muchas veces la esperanza, parecían desangrados los pueblos, una ola de terror aniquiló los corazones: sin embargo, cantamos.

Lincoln fue asesinado, pareció morir también la liberación, sin embargo, por las orillas del Mississippi cantaron los negros. Era un canto de dolor que aún no termina, era un canto profundo, un canto con raíces.

En el Sur, en las grandes pampas, sólo la luna iluminó la soledad de las praderas, la luna y las guitarras.

En el alto Perú cantaron los indios como los manantiales en la cordillera.

En todo el continente el hombre ha guardado sus canciones, ha amparado, con sus brazos y su fuerza, la paz de sus placeres, ha desarrollado su antigua tradición, el fulgor y la dulzura de sus fiestas, el testimonio de sus dolores.

Os presento el tesoro de nuestros pueblos, la gracia de ellos, lo que preservaron a través de acontecimientos terribles, desamparados y martirizados.

Que la alegría, las canciones y los bailes de las tierras americanas brillen en esta fiesta de la juventud y de la paz, junto a otras alegrías, otras canciones y otras danzas.

Desde el más lejano de los países de América, desde Chile, separado del mundo por la cordillera andina y unido a todos los pueblos por su océano y por su historia de luchas, yo saludo a los jóvenes del festival y les digo:

Más altas que nuestras montañas fueron nuestras canciones, puesto que aquí pueden escucharse, más insistente que las olas del océano fueron nuestras danzas, puesto que aquí mostrarán su alegría. Defendamos toda esta fuerza delicada, defendamos unidos el amor y la paz que los mantuvo. Ésta es la tarea de todos los hombres, el tesoro central de los pueblos y la luz de este festival.

Salud y que comience el baile.

(Mensaje enviado a un festival de la juventud en Varsovia, el 22 de julio de 1955.)

HUÉSPED DE CARACAS

Nunca pensé que un honor tan grande fuera a recaer sobre mi poesía, sobre la acción errante de mis cantos. Celebro recibir tal distinción cuando se otorgan los altos premios de la cultura venezolana. Este honor se hace más alto con las palabras del clarísimo poeta Juan Liscano. No voy a protestar ante su fraternal ditirambo. Lo guardaré para examinarme en ese espejo y continuar siendo fiel a la dignidad de la poesía y a las inseparables luchas del pueblo.

Esta mañana bajé del monte Ávila. Allá arriba tiene Caracas su corona verde, sus esmeraldas mojadas, pero la ciudad se había escapado. Su lugar había sido ocupado por una conjuración de harina, de vapor, de pañuelos celestes, y había que buscar a la ciudad perdida, entrar en ella desde el cielo y encontrarla al fin en la niebla amarrada a sus cordilleras, erecta, intrincada, tentacular y sonora, como colmena desbordante erigida por la voluntad del hombre. Los fundadores escogieron con ojo de águila este valle arrugado para establecer en él la primavera de Caracas. Y luego, el tiempo hizo por igual la belleza de casas enrejadas que protegen el silencio, y edificios de pura geometría y luz, en donde se instala el porvenir. Como americano esencial, saludo en primer lugar a la ciudad deslumbrante, por igual a sus cerros populares, a sus callejas coloreadas como banderas, a sus avenidas abiertas a todos los caminos del mundo. Pero saludo también a su historia, sin olvidar que de esta ciudad matriz salió como un ramo torrencial de aguas heroicas el río de la independencia americana.

Salud, ciudad de linajes tan duros que hasta ahora sobreviven, de herencias tan poderosas que aún siguen germinando, ciudad de las liberaciones y de la inteligencia, ciudad de Bolívar y de Bello, ciudad de martirios y nacimientos, ciudad que el 23 de enero recién desgranado en el trigo del tiempo diste un resplandor de aurora para el Caribe y para toda nuestra América amada y dolorosa!

Pero toda esta belleza y la historia misma, el laurel y los archivos, las ventanas y los niños, los edificios azules, la sonrisa color cereza de la bella ciudad, todo esto puede desaparecer. Un puñado de esencia infernal, de energía desencadenada puede hacer cenizas y terminar con las construcciones y las vidas, un solo puñado de átomos puede terminar con Caracas y con Buenos Aires, con Lima y con Santiago, con la poderosa Nueva York y la plateada Leningrado.

Al bajar de las cumbres y contemplar la palpitante belleza de la ciudad que ahora me confiere el honor de ser su amigo, pensé en la destrucción que nos amenaza. Que amenaza a todo lo creado por el hombre y persigue con estigma maldito a sus descendientes, por eso pensé que así como los cabildos americanos fueron la cuna de nuestra libertad, pueden en el presente o en el futuro elevar la advertencia contra la muerte nuclear, y proteger así, no sólo nuestra ciudad, sino todas las ciudades, no sólo nuestra vida, sino la existencia del hombre sobre la tierra.

Una vez más agradezco la fraternidad con que me recibe el Concejo Municipal de la ciudad de Caracas. Gracias, porque así me siento autorizado para continuar mi camino defendiendo el amor, la claridad, la justicia, la alegría y la paz, es decir, la poesía.

(Discurso dicho en el Concejo Municipal de Caracas, el 4 de febrero de 1959.)

LAVANDERA NOCTURNA

Tal vez estoy cumpliendo el sueño de todos los poetas de todos los tiempos. Ellos quisieron unirse y reunirse, abarcar y dirigirse a más mujeres que hombres.

Esto trataron de hacerlo los poetas griegos, italianos, alemanes, noruegos y persas, españoles y franceses. Y la vida ha dispuesto que yo, humilde poeta del primer rincón del mundo, me reúna en un solo día, en una sola hora, con mayor número de mujeres que las que soñaron todos aquellos poetas juntos.

Muéranse de envidia, compañeros!

Además, porque se trata de mujeres chilenas, de inteligentes, graciosas, sufridas, esforzadas y bellas compatriotas. Y si me han hecho el honor de venir a escuchar mis versos y mis palabras, me declaro favorecido por la suerte, pero no indigno de ella.

Acepto el honor de ser profeta en mi tierra, aunque sólo quise para mi destino ser poeta de mi tierra y de mi pueblo.

Pero yo, sinceramente, no soy capaz de producir este milagro: lo produce la historia, el cambio de las épocas, el incesante avance de la humanidad. Esta cita de un poeta con las mujeres de Chile no pudo pasar antes. Es un signo de los tiempos.

Desde las edades más antiguas, las mujeres oyeron los secretos de los hombres: de los guerreros, de los gobernantes, de los insurrectos, de los grandes y atormentados artistas, de los conquistadores y de los conquistados, de los héroes y de los criminales. Las oraciones de los sacerdotes buscaron la forma de una mujer para llegar al cielo. Los músicos, los escultores, los pintores y los escritores establecieron la incomparable belleza, la sublime maternidad, el amor, el dolor o el heroísmo de la compañera amada. Pero, a través de siglos de alabanza, la mujer siguió en una edad oscura, explotada, martirizada y olvidada por una sociedad áspera y brutal, que llegó a discutir en un Concilio si la mujer tenía o no alma.

La verdad es que el alma de la mujer ya iluminaba el mundo.

Era una época trágica de sangre y de violencia, de incienso en las basílicas, de guerras en que los hombres luchaban como larvas. La conquista, la invasión, el incendio, llenaron la Edad Media. Los romances de caballería hicieron de la mujer un mito dorado, una estrella intocable que los caballeros andantes debían conquistar con espada y poesía. La mujer debía aparecer inalcanzable, ajena a la realidad y a la verdad.

Duró siglos esta postergación y sólo fue superada en la medida que la mujer tomó parte en las luchas del hombre, poniéndose a su altura o aventajándolo en abnegación, en valentía, en grandeza.

La historia probó que la lucha es igual para hombres o mujeres, para negros o blancos, para creyentes o no creyentes. Es una lucha universal para cambiar la condición humana, para que la justicia alcance por igual a todos los explotados. Se trata, pues, de que la mujer comparta esta lucha universal.

La madre es el primer paso en el futuro del hijo. Madre y luz son, en un comienzo, una sola entidad. La vida del hijo, la vida del hombre es sólo la continuación de la luz.

Yo tuve no sólo madre, sino mamadre. Yo he contado otras veces cómo mi madre se extinguió a poco de haberme dado la vida. Murió en Parral, de tuberculosis. Era maestra. Mi padre, ferroviario, se casó más tarde. Así tuve yo madre y mamadre.

Pero el mundo en que vivimos no sólo requiere mujeres abnegadas y apagadas, como la que saqué de mi viejo corazón para que estuviera presente en esta sala. Lo importante es la mujer que no tuvo nombre, sino para unos pocos y casi para nadie más. Es desconocida, pero se llama «madre». Sigue en el silencio y se llama «esposa», para después llamarse «abuela», sin que la conocieran ni la amaran, sino algunos que tuvieron ese honor y ese amor, ese honor desconocido y ese amor tantas veces mal pagado. Porque las mujeres conocen la ingratitud, como el marinero conoce el mar, como el campesino la tierra. Y como el mar y como la tierra, la ingratitud es siempre inesperada: cuando todo estaba previsto hay otro golpe aún, tempestad o terremoto.

Hace años, cuando vivíamos en Santiago, Matilde y yo nos sentábamos en la noche a mirar la ciudad desde lo alto. Bajo nuestra casa, en una calle vecina que se divisaba perpendicularmente desde arriba, siempre, como en un rito, aparecían dos velas y una lavandera con su artesa. Puntualmente, desde las nueve hasta tarde de la noche, aquella mujer fregaba y refregaba la ropa de la artesa. Nunca pudimos divisarle la cara. Era una silueta encorvada bajo la noche, bajo el peso de la noche, entre las dos luces mínimas y temblorosas de las velas. Si yo hubiera sido uno de los antiguos poetas que amaban la belleza por la belleza y el arte por el arte, yo hubiera celebrado aquella lavandera ritual, que como una sacerdotisa operaba en su tabernáculo con espuma, cendales y velos religiosos.

Pero yo, poeta de esta época, vi en aquella lavandera no un rito, sino una dolorosa realidad y la vida de millones de mujeres de esta América inmensa y desamparada. Aquellas velas, a esa hora, en invierno o verano, estarían también alumbrando la dura tarea de una madre del Ecuador, de Bolivia, de Venezuela. Desde el Orinoco hasta la Patagonia, desde los volcanes de lujo que nos dio la naturaleza, hasta los gigantescos cactus espinudos de la meseta mexicana, esa lavandera, esa mujer nocturna lavando ropa, mientras duermen sus hijos, fue para mí la heroína oscura de nuestros pueblos. Nunca la vi, y tal vez nunca supo que yo la miraba desde la oscuridad de mi casa. A ella le dediqué estos versos:

ODA A UNA LAVANDERA NOCTURNA

Desde el jardín, en lo alto,
miré la lavandera.
Era de noche.
Lavaba, refregaba,
sacudía,
un segundo sus manos
brillaban en la espuma,
luego
caían en la sombra.
Desde arriba

a la luz de la vela
era en la noche la única
viviente,
lo único que vivía:
aquello
sacudiéndose
en la espuma,
los brazos en la ropa,
el movimiento,
la incansable energía:
va y viene
el movimiento,
cayéndose y levantándose
con precisión celeste,
van y vienen
las manos sumergidas,
las manos, viejas manos
que lavan en la noche,
hasta tarde, en la noche,
que lavan
ropa ajena,
que sacan en el agua
la huella
del trabajo,
la mancha
de los cuerpos,
el recuerdo impregnado
de los pies que anduvieron,
las camisas
cansadas,
los calzones
marchitos,
lava
y lava,
de noche.

La nocturna
lavandera

a veces
levantaba
la cabeza
y ardían en su pelo
las estrellas
porque
la sombra
confundía
su cabeza
y era la noche, el cielo
de la noche
la cabellera
de la lavandera,
y su vela
un astro
diminuto
que encendía
sus manos
que alzaban
y movían
la ropa
subiendo
y
descendiendo,
enarbolando
el aire, el agua,
el jabón vivo,
la magnética espuma.

Yo no oía,
no oía
el susurro
de la ropa en sus manos.
Mis ojos
en la noche
la miraban
sola
como un planeta.

Ardía
la nocturna
lavandera,
lavando,
restregando
la ropa,
trabajando,
en el frío,
en la dureza,
lavando en el silencio nocturno del invierno,
lava y lava
la pobre
lavandera.

(Discurso pronunciado en un congreso de mujeres en el teatro Caupolicán, de Santiago de Chile.)

LA POESÍA ES UNA INSURRECCIÓN

Nunca supe, señor Rector, agradecer con elocuencia. Lo más ancho del mundo, el conocimiento, el reconocimiento, la alegría que deja un regalo, como un suavísimo cometa, todo esto y mucho más caben en la extensión de una palabra. Cuando se dice gracias, se dicen muchas cosas más, que vienen de muy lejos y de muy cerca, de tan lejos como el origen del individuo humano, de tan cerca como el secreto latido del corazón.

Así, pues, con estas gracias quiero expresar y abarcar movimiento, circunstancias, caminos indefinibles, tal vez lo inevitable que me hace volver sin cesar en mi vida y en mi poesía hasta estas fronteras del sur lluvioso, a estos grandes ríos natales, al generoso silencio de estas tierras y de estos hombres.

Si aprendí una poética, si estudié una retórica, mis textos fueron las soledades montañosas, el acre aroma de los rastrojos, la pululante vida de los cárabos dorados bajo los troncos derribados en la selva, la espesura en donde cuelga la cápsula de jade de los frutos del copihue, el golpe del hacha en los raulíes, las goteras que cayeron sobre mi pobre infancia, el amor lleno de luna, de lágrimas y jazmines de la adolescencia estrellada.

Pero la vida y los libros, los viajes y la guerra, la bondad y la crueldad, la amistad y la amenaza, hicieron cambiar cien veces el traje de mi poesía. Me tocó vivir en todas las distancias y en todos los climas, me tocó padecer y amar como un hombre cualquiera de nuestro tiempo, amar y defender causas profundas, padecer los dolores míos y la condición humillada de los pueblos.

Tal vez, los deberes del poeta fueron siempre los mismos en la historia. El honor de la poesía fue salir a la calle, fue tomar parte en ese combate y en aquél. No se asustó el poeta cuando le dijeron insurgente. La poesía es una insurrección. No se ofende el poeta porque le llaman subversivo. La vida sobrepasa las estructuras y hay nuevos códigos para el alma. De todas partes salta la semilla, todas las ideas son exóticas, esperamos cada día cambios inmensos, vivimos con entusiasmo la mutación del orden humano: la primavera es insurreccional.

Los poetas odiamos el odio y hacemos guerra a la guerra.

Hace sólo algunas semanas encabecé mi recital en el corazón de Nueva York con unos versos de Walt Whitman. Sólo aquella mañana había comprado, una vez más, un ejemplar de sus *Hojas de hierba*. Cuando lo abrí en mi cuarto del hotel, en la Quinta Avenida, lo primero que leí fueron estas líneas en las cuales nunca antes había puesto atención:

Away with themes of war!
(Away with war itself!)
Hence from my shuddering
sigth to never more return
that show blacken'd mutilated corpses!
That hell unpent and rair
of blood, fit for wild
tigers of for lop-tongued
wolves, not reasoning men.

Fuera los temas de la guerra,
fuera la guerra misma,
de aquí veo mi vista que tiembla.
No volvamos más a mirar
estos negros cuerpos mutilados.
El infierno y el rey de sangre,
hecho para tigres sangrientos,
o para lobos de larga lengua,
no está hecho para los hombres razonables.

... Estos versos tuvieron una respuesta instantánea. El público que llenaba las salas se puso de pie en un aplauso encendido. Sin saberlo, con las palabras del bardo Walt Whitman, había tocado yo el corazón acongojado del pueblo norteamericano. La destrucción de las aldeas indefensas, el napalm quemando poblaciones vietnamitas, todo esto por la virtud de un poeta que vivió hace cien años, maldiciendo con su poesía la injusticia, fue palpable y visible para los que me escuchaban. Ojalá que así sean de perdurables mis versos, la poesía que existe y la que esperamos.

No recuerdo cuál fue el título de los primeros versos míos que publicó esta noble revista *Atenea*. Pero sí recuerdo, a pesar de los años, la emoción de ver mis estrofas negras ocupando las páginas blancas de *Atenea*. Recuerdo el grosor y el aroma del papel, y cómo me llevé aquel cuaderno bajo el brazo para mostrarlo orgulloso a todos mis amigos. Me parecía que la fragancia de los bosques del Sur que se desplegaba de aquellas hojas era mi origen austral que me reconocía como hijo y me daba, como hoy, la palabra.

Señor Rector: aquel orgulloso adolescente me acompaña aún, y mi reconocimiento me trajo de nuevo a estas riberas, donde el gran río sereno lleva en su espejo que camina la imagen creadora de la historia y de la inteligencia.

Y para estos honores que la Universidad me otorga, el honor de nombrarme y el honor de recordarme, señor Rector, compañeros, profesores y estudiantes, compañeros poetas, compañero Bío-Bío, una sola palabra, no por repetida, menos extensa, menos verdadera. Una sola palabra gastada, pero reluciente como una vieja moneda: Gracias!

(Homenaje de la Universidad de Concepción efectuado en 1968, discurso de agradecimiento.)

LATORRE, PRADO Y MI PROPIA SOMBRA

Poco acostumbrado a los actos académicos quise conocer el tema de mi discurso y entre las sugerencias de mis amigos surgieron dos nombres de esclarecidos escritores, ambos antiguos miembros de esta Facultad, ambos definitivamente ausentes de nuestras humanas preocupaciones: Pedro Prado y Mariano Latorre.

Estos dos nombres despertaron ecos diferentes y contrarios en mi memoria.

Nunca tuve relación con Mariano Latorre y es a fuerza de razonamiento y de entendimiento que aprecié sus condiciones de gran escritor, ligado a la descripción y la construcción de nuestra patria. Un verdadero escritor nacional es un héroe purísimo que ningún pueblo puede darse el lujo de soslayar. Esto queda al margen de las incidencias contemporáneas, del tanto por ciento que debe pagar por su trabajo, del desinterés apresurado y obligatorio de las nuevas generaciones, o de la malevolencia, personalismo o superficialidad de la crítica.

Lo único que conocí bien de Latorre fue su cara seca y afilada y no creo haber sido escatimado por su infatigable alacraneo. Pero sólo el contumaz rencoroso tomará en cuenta la pequeña crónica, los dimes y diretes, el vapor de la esquinas y cafeterías al hacer la suma de las acciones de un hombre grande. Y hombre grande fue Latorre. Se necesitaba ancho pecho para escribir en él todo el rumoroso nombre y la diversidad fragante de nuestro territorio.

La claridad de Mariano Latorre fue un gran intento de volvernos a la antigua esencia de nuestra tierra. Situado en otro punto de la perspectiva social y en otra orientación de la palabra y del alma, muy lejos yo mismo del método y de la expresión de Mariano Latorre, no puedo menos que reverenciar su obra que no tiene misterios, pero que seguirá siendo sombra cristalina de nuestro natalicio, mimbre patricio de la cuna nacional.

Otra cosa diferente y mucho más profunda significó Pedro Prado para mí. Prado fue el primer chileno en que vi el trabajo del conocimiento sin el pudor provinciano a que yo estaba acostumbrado. De un hilo a otro, de una alusión a una presencia, persona, costumbre, relatos, paisajes, reflexiones, todo se iba anudando en la conversación de Prado en una relación sin ambages en que la sensibilidad y la profundidad construían con misterioso encanto un mágico castillo, siempre inconcluso, siempre interminable.

Yo llegaba de la lluvia sureña y de la monosilábica relación de las tierras frías. En este tácito aprendizaje a que se había conformado mi adolescencia, la conversación de Prado, la gozosa madurez de su infinita comprensión de la naturaleza, su perenne divagación filosófica, me hizo comprender las posibilidades de asociación o sociedad, la comunicación expresiva de la inteligencia.

Porque mi timidez austral se basaba en lo inseparable de la soledad y de la expresión. Mi gente, padres, vecinos, tíos y compañeros, apenas si se expresaban. Mi poesía debía mantenerse secreta, separada en forma férrea de sus propios orígenes. Fuera de la vida exigente e inmediata de cada día no podían aludir en su conversación los jóvenes del Sur a ninguna posible sombra, misterioso temblor, ni derrotado aroma. Todo eso lo dejé yo en compartimiento cerrado destinado a mi transmigración, es decir, a mi poesía, siempre que yo pudiera sostenerla en aquellos compartimientos letales, sin comunicación humana. Naturalmente que no sólo había en mí, y en mi pésimo desarrollo verbal, culpa de clima o peso regional, de extensiones despobladas, sino que el peso demoledor de las diferencias de clase. Es posible que en Prado se mezclara el sortilegio de un activo y original meditador a la naturalidad social de la gran burguesía. Lo cierto es que Pedro Prado, cabeza de una extraordinaria generación, fue para mí, mucho más joven que él, un supremo relacionador entre mi terca soledad y el inaudito goce de la inteligencia que su personalidad desplegaba a toda hora y en todos los sitios.

Sin embargo, no todos los aspectos de la creación de Prado, ni de su multivaliosa personalidad, me gustaban a mí. Ni mis compañeros literarios, ni yo mismo, quisimos hacer nunca el fácil papel de destripadores literarios. En mi época primera el iconoclasta había pasado de moda. No hay duda que revivirá muchas veces. Ese papel de estrangulador agradará siempre a la envolvente vanidad colectiva de los escritores. Cada escritor quisiera estar, único sobreviviente respetado, en medio de la asamblea de la diosa Kali y sus adeptos estranguladores.

Los escritores de mi generación debíamos a los maestros anteriores deudas contantes y sonantes, porque se ejercitaba entonces una generosidad indivisible. Anotando en el libro de mis propias cuentas no son números pobres los que acreditaré a tres grandes de nuestra literatura. Pedro Prado escribió antes que nadie sobre mi primer libro *Crepusculario* una sosegada página maestra, cargada de sentido y presentimiento como una aurora marina. Nuestro maestro nacional de la crítica, Alone, que es también maestro en contradicciones, me prestó casi sin conocerme algún dinero para sacar ese mismo primer libro mío de las garras del impresor. En cuanto a mis *Veinte poemas de amor*, contaré una vez más que fue Eduardo Barrios quien lo entregó y recomendó con tal ardor a don Carlos George Nascimento que éste me llamó para proclamarme poeta publicable con estas sobrias palabras: «Muy bien, publicaremos su obrita.»

Mi disconformidad con Prado se basó casi siempre en otro sentido de la vida y en planos casi extraliterarios que siempre tuvieron para mí mayor importancia que tal o cual problema estático. Gran parte de mi generación situó los verdaderos valores más allá o más acá de la literatura, dejando los libros en su sitio. Preferíamos las calles o la naturaleza, los tugurios llenos de humo, el puerto de Valparaíso con su fascinación desgarradora, las asambleas sindicales turbulentas de la IWW.

Los defectos de Prado eran, para nosotros, ese desapasionamiento vital, una elucubración interminable alrededor de la esencia de la vida sin ver ni buscar la vida inmediata y palpitante.

Mi juventud amó el derroche y detestó la austeridad obligatoria de la pobreza. Pero presentíamos en Prado una crisis entre este equilibrio austero y la incitante tentación del mundo. Si alguien llevó un sacerdocio de un tipo elevado de la vida espiritual ése fue, sin duda, Pedro Prado. Y por no conocer bastante la intimidad de su vida, ni querer tocar tampoco su secreta existencia, no podemos imaginarnos sus propios tormentos.

Su insatisfacción literaria tuvo mucha inquietud pasiva y se derivó casi siempre hacia una constante interrogación metafísica. Por aquellos tiempos, influenciados por Apollinaire, y aun por el anterior ejemplo del poeta de salón Stéphane Mallarmé, publicábamos nuestros libros sin mayúsculas ni puntuación. Hasta escribíamos nuestras cartas sin puntuación alguna para sobrepasar la moda de Francia: aún se puede ver mi viejo libro *Tentativa del hombre infinito* sin un punto ni una coma. Por lo demás, con asombro he visto que muchos jóvenes poetas en 1961 continúan repitiendo esta vieja moda afrancesada. Para castigar mi propio pasado cosmopolita, me propongo publicar un libro de poesía suprimiendo las palabras y dejando solamente la puntuación.

En todo caso, las nuevas olas literarias pasan sin conmover la torre de Pedro Prado, torre de los veinte, agregando su valor al de los otros, porque ya se sabe que él valía por diez. Hay una especie de frialdad interior, de anacoretismo que no lo lleva lejos, sino que lo empobrece.

Ramón Gómez de la Serna, el Picasso de nuestra prosa maternal, lo revuelve todo en la península y asume una especie de amazónica corriente en que ciudades enteras pasan rumbo al mar, con despojos, velorios, preámbulos, anticuados corsés, barbas de próceres, posturas instantáneas que el mago capta en su fulminante minuto.

Luego viene el surrealismo desde Francia. Es verdad que éste no nos entrega ningún poeta completo, pero nos revela el aullido de Lautréamont en las calles hostiles de París. El surrealismo es fecundo y digno de las más solícitas reverencias, por cuanto con un valor catastrofal cambia de sitio las estatuas, hace agujeros en los malos cuadros y le pone bigotes a Mona Lisa que, como todo el mundo sabe, los necesitaba.

A Prado no lo desentumece el surrealismo. Él sigue perforando en su pozo y sus aguas se tornan cada vez más sombrías. En el fondo del pozo no va a encontrar el cielo, ni las espléndidas estrellas, sino que otra vez la tierra. En el fondo de todos los pozos está la tierra, como también en el fin del viaje del astronauta que debe regresar a su tierra y a su casa para seguir siendo hombre.

Los últimos capítulos de su gran libro *Un juez rural* se han metido ya dentro de este pozo y están oscurecidos no por el agua que fluye, sino por la tierra nocturna.

Pensando en modo más generalizado, se ve que en nuestra poesía hay una tendencia metafísica, a la que no niego ni doy importancia. No parto desde un punto de vista crítico estético, sino más bien desde mi plano creativo y geográfico.

Vemos esta soledad hemisférica en muchos otros de nuestros poetas. En Pedro Antonio González, en Mondaca, en Max Jara, en Jorge Hübner Bezanilla, en Gabriela Mistral.

Si se trata de una escapatoria de la realidad, de la repetición retrospectiva de temas ya elaborados, o de la dominante influencia de nuestra geología, de nuestra configuración volcánica, turbulenta y oceánica, todo esto se hablará y discutirá, ya que los tratadistas nos esperan a todos los poetas con sus telescopios y escopetas.

Pero no hay duda que somos protagonistas semisolitarios, orientados o desorientados, de vastos terrenos apenas cultivados, de agrupaciones semicoloniales, ensordecidos por la tremenda vitalidad de nuestra naturaleza y por el antiguo aislamiento a que nos condenan las metrópolis de ayer y de hoy.

Este lenguaje y esta posición son expresados aun por los de más altos valores de nuestra tierra, con regular intermitencia, con una especie de ira, tristeza, o arrebato sin salida.

Si esta expresión no resuelve la magnitud de los conflictos es porque no los encara, y no lo hace porque los desconoce. De allí un desasosiego más bien formal en Pedro Prado, encantadoramente eficaz en Vicente Huidobro, áspero y cordillerano en Gabriela Mistral.

De todos estos defectos, con todas estas contradicciones, tentativas y oscuridades, agregando a la amalgama la infinita y necesaria claridad, se forma una literatura nacional. A Mariano Latorre, maestro de nuestras letras, le corresponde este papel ingrato de acribillarnos con su claridad.

En un país en que persisten todos los rasgos del colonialismo, en que la multitud de la cultura respira y transpira con poros europeos tanto en las partes plásticas como en la literatura, tiene que ser así. Todo intento de exaltación nacional es un proceso de rebeldía anticolonial y tiene que disgustar a las capas que tenaz e inconscientemente preservan la dependencia histórica.

Nuestro primer novelista criollo fue un poeta: don Alonso de Ercilla. Ercilla es un refinado poeta del amor, un renacentista ligado con todo su ser a la temblorosa espuma mediterránea en donde acaba de renacer Afrodita. Pero su cabeza, enamorada del gran tesoro resurrecto, de la luz cenital que ha llegado a estrellarse victoriosamente contra las tinieblas y las piedras de España, encuentra en Chile, no sólo alimento para su ardiente nobleza, sino regocijo para sus extáticos ojos.

En *La Araucana* no vemos sólo el épico desarrollo de hombres trabados en un combate mortal, no sólo la valentía y la agonía de nuestros padres abrazados en el común exterminio, sino también la palpitante catalogación forestal y natural de nuestro patrimonio. Aves y plantas, aguas y pájaros, costumbres y ceremonias, idiomas y cabelleras, flechas y fragancias, nieve y mareas que nos pertenecen, todo esto tuvo nombre, por fin, en *La Araucana* y por razón del verbo comenzó a vivir. Y esto que revivimos como un legado sonoro era nuestra existencia que debíamos preservar y defender.

Qué hicimos?

Nos perdimos en la incursión universal, en los misterios de todo el mundo, y aquel caudal compacto que nos revelara el joven castellano se fue mermando en la realidad y falleciendo en la expresión. Los bosques han sido incendiados, los pájaros abandonaron las regiones originales del canto, el idioma se fue llenando de sonidos extranjeros, los trajes se escondieron en los armarios, el baile fue sustituido.

Súbitamente, en una tarde de verano sentí necesidad de la conversación de Prado. Me cautivó siempre ese ir y venir de sus razones, a las que apenas si se agregaba algún polvillo de personal interés. Era prodigioso su anaquel de observaciones directas de los seres o de la naturaleza. Tal vez esto es lo que se llama la sabiduría y Prado es lo que más se acerca a lo que en mi adolescencia pude denominar «un sabio». Tal vez en esto hay más de superstición que de verdad, puesto que después conocí más y más sabios casi siempre cargados de especialidad y de pasión, teñidos por la insurgencia, recalentados en el horno de la humana lucha. Pero esa sensación de poderío supremo de la inteligencia recibida en mi joven edad no me lo ha dado nadie después. Ni André Malraux que cruzó más de una vez conmigo, en interminables jornadas, los caminos entre Francia y España, chisporroteando los eléctricos dones de su cartesianismo extremista.

Otro de mis sabios amigos ha sido mucho después el grande Ilya Ehrenburg, también deslumbrante en su corrosivo conocimiento de las causas y los seres, ardiente e inamovible en la defensa de la patria soviética y de la paz universal.

Otro de estos grandes señores del conocimiento, cuya íntima amistad me ha otorgado la vida, ha sido Aragon, de Francia. También el mismo torrente discursivo, el más minucioso y arrebatado análisis, el vuelo de la profunda cultura y de la audaz inteligencia: tradición y revolución. De alguna manera o de otra, pero de pronto Aragon estalla, y su estallido pone en descubierto su beligerancia espacial. La cólera repentina de Aragon lo transforma en un polo magnético cargado por la más peligrosa tempestad eléctrica.

Así, pues, entre mis sabios amigos este Pedro Prado de mi mocedad se ha quedado en mi recuerdo como la imagen sosegada de un gran espejo azul en que se hubiera reflejado, de una manera extensa, un paisaje esencial hecho de reflexión y de luz, serena copa siempre abundante del razonamiento y del equilibrio.

En aquella tarde atravesé la calle Matucana y tomé el destartalado tranvía del polvoriento suburbio en que la añosa casa solariega del escritor era lo único decoroso. Todo lo demás era pobreza. Al cruzar el parque y ver la fuente central que recibía las hojas caídas, sentí que me envolvía aquella atmósfera alegórica, aquella claridad abandonada del maestro. Se agregaba, impregnándome, un aroma acerca de cuyo origen Prado guardó para mí un sonriente misterio, y que después descubrí que era producido por la hierba llamada «del varraco», planta olorosa de las quebradas chilenas que perdería su perfume si la llamáramos planta «del verraco», disecándola de inmediato. Ya confundido y devorado por la atmósfera, toqué la puerta. La casa parecía deshabitada de puro silenciosa.

Se abrió la pesada puerta. No distinguí a nadie en la entresombra del zaguán, pero me pareció oír un patente o peregrino ruido de cadenas que se arrastraban. Entonces, de entre las sombras, apareció un enmascarado que levantó hacia mi frente un largo dedo amenazante, impulsándome a caminar hacia la gran estancia o salón de los Prado, que yo también conocía, pero que ahora se me presentaba totalmente cambiado. Mientras caminaba, un ser mucho más pequeño, con túnica y máscara que lo cubrían completamente y encorvado con el peso de una pala llena de tierra, me seguía, echando tierra sobre cada una de mis pisadas. En medio de la estancia me detuve. A través de las ventanas, la tarde dejaba caer el extraño crepúsculo de aquel parque perdido en los extramuros desmoronados de Santiago.

En la sala casi vacía, pude distinguir, adosados a los muros, una docena o más de sillones o sitiales y sobre ellos, en cuclillas, otros tantos enigmáticos personajes con turbantes y túnicas que me miraban sin decir una palabra, detrás de sus máscaras inmóviles. Los minutos pasaban y aquel silencio fantástico me hizo pensar que estaba soñando o me había equivocado de casa o que todo se explicaría.

Comencé a retroceder, temeroso, pero al fin descubrí un rostro que reconocí. Era el del siempre travieso poeta Diego Dublé Urrutia, que, sin máscara que lo ocultara, me miraba, detenidas sus facciones en una morisqueta, a la que ayudaba levantándose la nariz con el índice de la mano derecha.

Comprendí que había penetrado en una de las ceremonias secretas que debían celebrarse siempre en alguna parte y en todas partes.

Era natural que la magia existiera y que adeptos y soñadores se reunieran en el fondo de abandonados parques para practicarla.

Me retiré tembloroso. Los circunstantes, seguramente llenos de orgullo por haberse mantenido en sus singulares posiciones, me dejaron ir, mientras aquel duende redondo, que más tarde conocí como Acario Cotapos, me persiguió con su pala hasta la puerta, cubriendo de tierra mis pisadas de fugitivo.

No podría hablar de Prado sin recordar aquella impresionante ceremonia.

Para placer y dicha de su creación, la amarga lucha por el pan no fue conocida por el ilustre Pedro Prado, gracias a su condición hereditaria, miembro de una clase exclusiva que hasta entonces, durante la vida de nuestro compañero y maestro, no padecía de sobresaltos. Y la polvorienta calle que conducía a la antigua casa de Pedro Prado continuaría por muchos años sin traspasar la valla de aquel elevado pensamiento.

Pero tal vez para recóndita y reprimida satisfacción del poeta, en mis escasos regresos por aquellos andurriales he visto que desaparecieron las verjas y que centenares de niños pobres de las calles vecinas irrumpieron en las habitaciones solariegas transformadas hoy en una escuela. No se olvide que Pedro Prado, inconmovible tradicionalista, se inclinó ante la tumba de Luis Emilio Recabarren dejando como una corona más de su abundante pensamiento un decidido homenaje a las ideas que él creyó, calificó con inocencia conservadora, como inalcanzables utopías.

Una tercera posibilidad de este discurso habría sido un autocrítico examen de estos cuarenta años de vida literaria, un encuentro con mi sombra. En realidad, éstos se cumplen en esta primavera recién pasada, uniéndose al olor de las lilas, de las madreselvas de 1921, y de la imprenta Selecta, de la calle San Diego, cuyo penetrante olor a tinta me impregnó al entrar y salir con mi pequeño primer libro, o librillo, la *Canción de la fiesta*, que allí se imprimió en octubre de aquel año.

Si tratara yo de clasificarme dentro de nuestra fauna y flora literaria o de otras faunas y floras extraterritoriales, tendría que declarar en este examen aduanero y precisamente en este Salón Central de la educación mi indeclinable deficiencia dogmática, mi precaria condición de maestro.

En la literatura y en las artes se producen a menudo los maestros. Algunos que tienen mucho que enseñar y algunos que se mueren por amaestrar, es decir, por la voluntad de dirigir. Creo saber, de lo poco que sé de mí mismo, que no pertenezco ni a los unos ni a los otros, sino simplemente a esa gregaria multitud siempre sedienta de los que quieren saber.

No lo digo esto apelando a un sentimiento de humildad que no tengo, sino a las lentas condiciones que han determinado mi desarrollo en estos largos años de los cuales debo dejar en esta ocasión algún testimonio.

Qué duda cabe que el sentimiento de supremacía y la comezón de la originalidad juegan un papel decisivo en la expresión?

Estos sentimientos que no existieron en la trabajosa ascensión de la cultura, cuando las tribus levantaban piedras sagradas en nuestra América y en Occidente y Oriente las agujas de las pagodas y las flechas góticas de las basílicas querían alcanzar a Dios sin que nadie las firmara con nombre y apellido, se han ido exacerbando en nuestros días.

He conocido no sólo a hombres sino a naciones que antes de elaborar el producto, antes de que las uvas maduraran, antes de que los toneles estuvieran llenos y cuando las botellas vacías esperaban, ya tenían el nombre, las consecuencias, y la embriaguez de aquel vino invisible.

El escritor desoído y atrapado contra la pared por las condiciones mercantiles de una época cruel ha salido a menudo a la plaza a competir con su mercadería, soltando sus palomas en medio de la vociferante reunión. Una luz agónica entre crepúsculo de la noche y sangriento amanecer lo mantuvo desesperado y quiso romper de alguna manera el silencio amenazante. «Soy el primero», gritó: «Soy el único», siguió repitiendo con incesante y amarga egolatría.

Se vistió de príncipe como D'Annunzio y no dejó de incitar al estupefacto cardumen elegante de las playas este atrevido falsificador de la audacia. En nuestras Américas cerriles se levantó contra la hirsuta mazorca de dictadores sin ley y de brutales encomenderos el elegante Vargas Vila, que cubrió con su valentía y su coruscante prosa poética toda una época otoñal de nuestra cultura.

Y otros y otros continuaron proclamándose.

En realidad, no se trata de que esta tradición egocéntrica con su caótica formulación vaya más allá de las palabras. Se trata sólo, y en forma desgarradora, del pobre escritor acongojado por el muro de la ciudad que no lo escucha y que él debe derribar con su trompeta para ver coronados a los ángeles de la luz. Y para que esta luz llegue no sólo a la delirante soberbia de su obra levantada contra la eternidad, sino que atraiga en forma dolorosa, y a veces con el estampido final del suicidio, la atención hacia la acción del espíritu, herida por una sociedad de corazones ásperos.

Muchos escritores de gran talento, aún en mi generación, debieron escoger este camino de los tormentos, en que se crucifica el poeta quemado por su propia vida mesiánica.

En plena recepción atmosférica de lo que venía y de lo que se iba, yo sentí pesar sobre mi cabeza estas ráfagas de nuestra inhumana condición. Teníamos que escoger entre aparecer como maestros de lo que no conocíamos para que se nos creyera, o condenarnos a una perpetua y oscurísima situación de labriegos, de fecundadores del barro. Esta encrucijada de la creación poética nos llevó a las peores desorientaciones. Seguirán llevando tal vez a los que comiencen a sentirse perplejos entre las llamas y el frío de la verdadera creación poética.

Sólo Apollinaire con su genio telegráfico ha dicho la palabra justa:

Entre nous et pour nous, mes amis,
Je juge cette longue querelle de la tradition et de l'invention
De l'Ordre et de l'Aventure
Vous dont la bouche est faite à l'image de celle de Dieu
Bouche qui est l'ordre même
Soyez indulgents quand vous nous comparez
à ce qui furent la perfection de l'ordre
Nous qui quetons partout l'aventure
Nous ne sommes pas vos ennemis
Nous voulons vous donner de vastes et d'étranges domaines
où le mystère en fleurs s'offre à qui veut le cueillir
Il y a là des feux nouveaux des couleurs jamais vues
Mille phantasmes impondérables
Auxquels il faut donner la réalité
Nous voulons explorer la bonté contrée énorme où tout se tait
Il y a aussi le temps qu'on peut chasser ou faire revenir
Pitié pour nous qui combattons toujours aux frontières de l'ilimité et
de l'avenir
Pitié pour nos erreurs pitié pour nos péchés.

En cuanto a mí, me acurruqué en mis sentidos y seguramente me dispuse a acumular y pesar mis materiales, para una construcción que tal vez pensé, y ahora confirmo, duraría hasta el final de mi vida. Digo seguramente porque no es posible predecirse a sí mismo y el que lo hace ya está condenado y publicado en su insinceridad. Sinceridad, en esta palabra tan modesta, tan atrasada, tan pisoteada y despreciada por el séquito resplandeciente que acompaña eróticamente a la estética, está tal vez definida mi constante acción. Pero sinceridad no significa una simplista entrega de la emoción o del conocimiento.

Cuando rehuí primero por vocación y luego por decisión toda posición de maestro literario, toda ambigüedad de exterior que me hubiera dejado en trance perpetuo de exteriorizar, y no de construir, comprendí de una manera vaga que mi trabajo debía producirse en forma tan orgánica y total que mi poesía fuera como mi propia respiración, producto acompasado de mi existencia, resultado de mi crecimiento natural.

Por lo tanto, si alguna lección se derivaba de una obra tan íntimamente y tan oscuramente ligada a mi ser, esta lección podría ser aprovechada más allá de mi acción, más allá de mi actividad, y sólo a través de mi silencio.

Salí a la calle durante todos estos años, dispuesto a defender principios solidarios a hombres y pueblos, pero mi poesía no pudo ser enseñada a nadie. Quise que se diluyera sobre mi tierra, como las lluvias de mis latitudes natales. No la exigí ni en cenáculos ni en academias, no la impuse a jóvenes transmigrantes, la concentré como producto vital de mi propia experiencia, de mis sentidos, que continuaron abiertos a la extensión del ardiente amor y del espacioso mundo.

No reclamo para mí ningún privilegio de soledad: no la tuve sino cuando se me impuso como condición terrible de mi vida. Y entonces escribí mis libros como los escribí, rodeado por la adorable multitud, por la infinita y rica muchedumbre del hombre. Ni la soledad ni la sociedad pueden alterar los requisitos del poeta, y los que se reclaman de una o de otra exclusivamente falsean su condición de abejas que construyen desde hace siglos la misma célula fragante, con el mismo alimento que necesita el corazón humano. Pero no condeno ni a los poetas de la soledad ni a los altavoces del grito colectivo: el silencio, el sonido, la separación y la integración de los hombres, todo es material para que las sílabas de la poesía se agreguen precipitando la combustión de un fuego imborrable, de una comunicación inherente, de una sagrada herencia que desde hace miles de años se traduce en la palabra y se eleva en el canto.

Federico García Lorca, aquel gran encantador encantado que perdimos, me mostró siempre gran curiosidad por cuanto yo trabajaba, por cuanto yo estaba en trance de escribir o terminar de escribir. Igual cosa me pasaba a mí, igual interés tuve por su extraordinaria creación. Pero cuando yo llevaba a medio leer alguna de mis poesías, levantaba los brazos, gesticulaba con cabeza y ojos, se tapaba los oídos, y me decía: «Para! Para! No sigas leyendo, no sigas, que me influencias!»

Educado yo mismo en esa escuela de vanidad de nuestras letras americanas, en que nos combatimos unos a otros con peñones andinos o se galvanizan los escritores a puro ditirambo, fue sabrosa para mí esta modestia del gran poeta. También recuerdo que me traía capítulos enteros de sus libros, extensos ramos de su flora singular, para que yo sobre ellos les escribiera un título. Así lo hice más de una vez. Por otra parte, Manuel Altolaguirre, poeta y persona de gracia celestial, de repente me sacaba un soneto inconcluso de sus faltriqueras de tipógrafo y me pedía: «Escríbeme este verso final que no me sale.» Y se marchaba muy orondo con aquel verso que me arrancaba. Era él generoso. El mundo de las artes es un gran taller en el que todos trabajan y se ayudan, aunque no lo sepan ni lo crean. Y, en primer lugar, estamos ayudados por el trabajo de los que precedieron y ya se sabe que no hay Rubén Darío sin Góngora, ni Apollinaire sin Rimbaud, ni Baudelaire sin Lamartine, ni Pablo Neruda sin todos ellos juntos. Y es por orgullo y no por modestia que proclamo a todos los poetas mis maestros, pues, qué sería de mí sin mis largas lecturas de cuanto se escribió en mi patria y en todos los universos de la poesía?

Recuerdo, como si aún lo tuviera en mis manos, el libro de Daniel de la Vega, de cubierta blanca y títulos en ocre, que alguien trajo a la quinta de mi tía Telésfora en un verano de hace muchos años, en los campos de Quepe.

Llevé aquel libro bajo la olorosa enramada. Allí devoré *Las montañas ardientes*, que así se llamaba el libro. Un estero ancho golpeaba las grandes piedras redondas en las que me senté para leer. Subían enmarañados los laureles poderosos y los coihues ensortijados. Todo era aroma verde y agua secreta. Y en aquel sitio, en plena profundidad de la naturaleza, aquella cristalina poesía corría centelleando con las aguas.

Estoy seguro de que alguna gota de aquellos versos sigue corriendo en mi propio cauce, al que también llegarían después otras gotas del infinito torrente, electrizadas por mayores descubrimientos, por insólitas revelaciones, pero no tengo derecho a desprender de mi memoria aquella fiesta de soledad, agua y poesía.

Hemos llegado dentro de un intelectualismo militante a escoger hacia atrás, escoger aquellos que previeron los cambios y establecieron las nuevas dimensiones. Esto es falsificarse a sí mismo falsificando los antepasados. De leer muchas revistas literarias de ahora, se nota que algunas escogieron como tíos o abuelos a Rilke o Kafka, es decir, a los que tienen ya su secreto bien limpio y con buenos títulos y forman parte de lo que ya es plenamente visible.

En cuanto a mí, recibí el impacto de libros desacreditados ahora, como los de Felipe Trigo, carnales y enlutados con esa lujuria sombría que siempre pareció habitar el pasado de España, poblándolo de hechicerías y blasfemias. Los floretes de Paul Feval, aquellos espadachines que hacían brillar sus armas bajo la luna feudal, o el ínclito mundo de Emilio Salgari, la melancolía fugitiva de Albert Samain, el delirante amor de Pablo y de Virginia, los cascabeles tripentálicos que alzó Pedro Antonio González dando a nuestra poesía un acompañamiento oriental que transformó, por un minuto, a nuestra pobre patria cordillerana en un gran salón alfombrado y dorado, todo el mundo de las tentaciones, de todos los libros, de todos los ritmos, de todos los idiomas, de todas las abejas, de todas las sombras, el mundo, en fin, de toda la afirmación poética, me impregnó de tal manera que fui sucesivamente la voz de cuantos me enseñaron una partícula, pasajera o eterna, de la belleza.

Pero mi libro más grande, más extenso, ha sido este libro que llamamos Chile. Nunca he dejado de leer la patria, nunca he separado los ojos del largo territorio.

Por virtual incapacidad me quedó siempre mucho por amar, o mucho que comprender, en otras tierras.

En mis viajes por el Oriente extremo entendí sólo algunas cosas. El violento color, el sórdido atavismo, la emanación de los entrecruzados bosques cuyas bestias y cuyos vegetales me amenazaban de alguna manera. Eran sitios recónditos que siguieron siendo, para mí, indescifrables. Por lo demás tampoco entendí bien las resecas colinas del Perú misterioso y metálico, ni la extensión argentina de las pampas. Tal vez con todo lo que he amado a México no fui capaz de comprenderlo. Y me sentí extraño en los Montes Urales, a pesar de que allí se practicaba la justicia y la verdad de nuestro tiempo. En alguna calle de París, rodeado por el inmenso ámbito de la cultura más universal y de la extraordinaria muchedumbre, me sentí solo como esos arbolitos del Sur que se levantan medio quemados sobre las cenizas. Aquí siempre me pasó otra cosa. Se conmueve aún mi corazón —por el que ha pasado tanto tiempo— con esas casas de madera, con esas calles destartaladas que comienzan en Victoria y terminan en Puerto Montt, y que los vendavales hacen sonar como guitarras. Casas en que el invierno y la pobreza dejaron una escritura jeroglífica que yo comprendo, como comprendo en la pampa grande del Norte, mirada desde Huantajaya, ponerse el sol sobre las cumbres arenosas que toman entonces los colores intermitentes, arrobadores, fulgurantes, resplandecientes o cenicientos del cuello de la torcaza silvestre.

Yo aprendí desde muy pequeño a leer el lomo de las lagartijas que estallan como esmeraldas sobre los viejos troncos podridos de la selva sureña, y mi primera lección de la inteligencia constructora del hombre aún no he podido olvidarla. Es el viaducto o puente a inmensa altura sobre el río Malleco, tejido con hierro fino, esbelto y sonoro como el más bello instrumento musical, destacando cada una de sus cuerdas en la olorosa soledad de aquella región transparente.

Yo soy un patriota poético, un nacionalista de las gredas de Chile. Nuestra patria conmovedora! Cuesta un poco entreverla en los libros, tantos ramajes militares han ido desfigurando su imagen de nieve y agua marina. Una aureola aguerrida que comenzó nuestro Alonso de Ercilla, aquel padre diamantino que nos cayó de la luna, nos ha impedido ver nuestra íntima y humilde estructura. Con tantas historias en cincuenta tomos se nos fue olvidando mirar nuestra loza negra, hija del barro y de las manos de Quinchamalí, la cestería que a veces se trenza con tallos de copihues. Con tanta leyenda o verdad heroica y con aquellos pesados centauros que llegaron de España a malherirnos se nos olvidó que, a pesar de *La Araucana* y de su doloroso orgullo, nuestros indios andan hasta ahora sin alfabeto, sin tierra y a pie desnudo. Esa patria de pantalones rotos y cicatrices, esa infinita latitud que por todas partes nos limita con la pobreza, tiene fecundidad de creación, lluviosa mitología y posibilidades de granero numeroso y genésico.

Conversé con las gentes en los almacenes de San Fernando, de Rengo, de Parral, de Chanco, donde las dunas avanzan hasta ir cubriendo las viviendas, hablé de hortalizas con los chacareros del valle de Santiago y recité mis poemas en la Vega Central, al Sindicato de Cargadores, donde fui escuchado por hombres que usan como vestimenta un saco amarrado a la cintura.

Nadie conoce sino yo la emoción de decir mis versos en la más abandonada oficina salitrera y ver que me escuchaban, como tostadas estatuas paradas en la arena, bajo el sol desbordante, hombres que usaban la antigua «cotona» o camiseta calichera. En los tugurios del puerto de Valparaíso, así como en Puerto Natales o en Puerto Montt, o en las usinas del gran Santiago, o en las minas de Coronel, de Lota, de Curanilahue, me han visto entrar y salir, meditar y callar.

Ésta es una profesión errante y ya se sabe que en todas partes me toman, a orgullo lo tengo, no sólo como a un chileno más, que no es poco decir, sino como a un buen compañero, que ya es mucho decir. Ésta es mi Arte Poética.

En Temuco me tocó ver el primer automóvil, y luego el primer aeroplano, la embarcación de don Clodomiro Figueroa, que se despegaba del suelo como un inesperado volantín sin más hilo que la solitaria voluntad de nuestro primer caballero del aire. Desde entonces, y desde aquellas lluvias del Sur, todo se ha transformado y este todo comprende el mundo, la tierra, que los geógrafos ahora nos muestran menos redonda, sin convencernos bien aún porque también tardamos los hombres antes en dejar de creer que no era tan plana como se pensaba.

Cambió también mi poesía.

Llegaron las guerras, las mismas guerras de antaño, pero llegaron con nuevas crueldades, más arrasadoras. De estos dolores que a mí me salpicaron y me atormentaron en España vi nacer la Guernica de Picasso, cuadro que a la misma altura estética de la Gioconda está también en el otro polo de la condición humana: uno representa la contemplación serenísima de la vida y de la belleza y, el otro, la destrucción de la estabilidad y de la razón, el pánico del hombre por el hombre. Así, pues, también cambió la pintura.

Entre los descubrimientos y los desastres que hicieron trepidar las piedras bajo nuestros pies y las estrellas sobre nuestros pensamientos llegó, desde la mitad del siglo pasado hasta los comienzos de este siglo, una generación de extraordinarios padres de la esperanza. Marx y Lenin, Gorki, Romain Rolland, Tolstoi, Barbusse, Zola, se levantaron como grandes acontecimientos, como nuevos conductores del amor. Lo hicieron con hechos y con palabras y nos dejaron encima de la mesa, encima de la mesa del mundo, un paquete que contenía una caudalosa herencia que nos repartimos: era la responsabilidad intelectual, el eterno humanismo, la plenitud de la conciencia.

Pero luego vinieron otros hombres que se sintieron desesperados. Ellos pusieron nuevamente frente al follaje de las generaciones el espectáculo del hombre aterrorizado, sin pan y sin piedra, es decir, sin alimento y sin defensa, tambaleando entre el sexo y la muerte. El crepúsculo se hizo negro y rojo, envuelto en sangre y humo.

Sin embargo, las grandes causas humanas revivieron fuertemente. Porque el hombre no quería perecer se vio de nuevo que la fuente de la vida puede seguir intacta, inmaculada y creadora. Hombres de mucha edad como el insigne Lord Bertrand Russell, como Charles Chaplin, como Pablo Picasso, como el norteamericano Linus Pauling, como el doctor Schweitzer, como Lázaro Cárdenas, se opusieron en nombre de millones de hombres a la amenaza de la guerra atómica y de pronto pudo ver el ser humano que estaban representados y defendidos todos los hombres, aun los más sencillos, y que la inteligencia no podía traicionar a la humanidad.

El continente negro, que abasteció de esclavos y de marfil a la codicia imperial, dio un golpe en el mapa y nacieron veinte repúblicas. En América Latina temblaron los tiranos. Cuba proclamó su inalienable derecho a escoger su sistema social. Mientras tanto, tres muchachos sonrientes, dos jóvenes soviéticos y uno norteamericano, se mandaron a hacer un traje extraño y se largaron a pasear entre los planetas.

Ha pasado, pues, mucho tiempo desde que entré con reverencia a la casa solariega de Pedro Prado por primera vez, y desde que despedí los restos de Mariano Latorre en nuestro desordenado Cementerio General. Despedí a aquel maestro como si despidiera al campo chileno. Algo se iba con él, algo se integraba definitivamente a nuestro pasado.

Pero mi fe en la verdad, en la continuidad de la esperanza, en la justicia y en la poesía, en la perpetua creación del hombre, vienen desde ese pasado, me acompañan en este presente y han acudido en esta circunstancia fraternal en que nos encontramos.

Mi fe en todas las cosechas del futuro se afirma en el presente. Y declaro, por mucho que se sepa, que la poesía es indestructible. Se hará mil astillas y volverá a ser cristal. Nació con el hombre y seguirá cantando para el hombre. Cantará. Cantaremos.

A través de esta larga Memoria que presento a la Universidad y a la Facultad de Filosofía y Educación que me recibe y que presiden Juan Gómez Millas y Eugenio González, amigos a quienes me unen los más antiguos y emocionantes vínculos, habéis escuchado los nombres de muchos poetas que circulan dentro de mi creación. Muchos otros no nombré, pero también forman parte de mi canto.

Mi canto no termina. Otros renovarán la forma y el sentido. Temblarán los libros en los anaqueles y nuevas palabras insólitas, nuevos signos y nuevos sellos sacudirán las puertas de la poesía.

(Discurso de incorporación a la Facultad de Filosofía y Educación de la Universidad de Chile, en calidad de Miembro Académico, 30 de marzo de 1962.)

ARDIENTE FE EN LA PAZ

Mi primer pensamiento en este día sea para Frédéric Joliot-Curie. El nombre de esta medalla es más ancho que mi pecho, así como es grande el honor conferido por ustedes al entregármela.

Precisamente, nunca se unieron tan elevadamente como en Joliot-Curie la energía creadora y la dignidad de la inteligencia. Se convirtió así en el ejemplo central de nuestra época, porque sabemos que él se mantenía en el laberinto de la ciencia con la naturalidad del que sabía entrar y salir por los caminos inexplorados. Y cuando este descubridor recogió los frutos del árbol del bien y del mal en su trabajo de laboratorio, salió de éste para advertir a la humanidad que el fruto filosofal recién descubierto contenía la semilla de un nuevo infierno y de la muerte total.

El maestro Joliot-Curie no sólo es un héroe mayúsculo del pensamiento, sino que también es para mí un recuerdo que sólo la ternura puede dibujar. Se veía tan frágil este hombre inquebrantable. Su rostro trabajado por las más intensas disciplinas de la sabiduría, sus ojos cargados por el fulgor subterráneo del conocimiento, todo nos indicaba que en esta lucha increíble contra el terror y por la existencia del hombre sobre la tierra él caería gastado por su devorante energía. Se fue, pues, dejándonos la doble herencia de su magnitud científica y de su responsabilidad humana. Joliot-Curie fue honor, a la vez, de la ciencia y de la conciencia. Luego, su ejemplo se ha convertido en una norma y en un movimiento.

También nosotros, y nuestros pueblos, tenemos que escoger entre caminos opuestos. Tenemos que inclinarnos para saludar y luego combatir. Debemos escoger entre la creación y la destrucción, entre el amor y el vacío, entre la paz y la guerra, entre la vida y la muerte. Nunca fue más grande el poder de la muerte y nunca tuvo el ser humano mayor conocimiento del peligro. Por lo tanto, nuestro deber nunca fue más perentorio: nadie puede evadirlo: es el mandato de nuestro tiempo.

Aquí hay amigos de América Latina que han querido congregarse en torno del retrato de aquel maestro de la paz para reafirmar, una vez más, los vínculos que nos unen. Conozco casi tanto como cada uno de ellos las desventuras, el atraso y la miseria de cada una de nuestras naciones. Conozco también las luchas, la alegría y las canciones, la capacidad de resistencia y de heroísmo de cada uno de nuestros pueblos. Saludo a todos ellos en un solo abrazo, en la fraternidad que no hace diferencia de nuestros orígenes ni de nuestro porvenir.

El señor Votshinin se ha tomado el trabajo de venir desde la lejana Unión de las Repúblicas Socialistas Soviéticas, haciéndonos una gran distinción al traernos con su viaje el mayor estímulo que puede conocer el hombre contemporáneo. Ese estímulo es la existencia y la persistencia, los triunfos inigualados del pueblo soviético y de su gran Revolución. Su presencia en esta sala es un testimonio más de cómo aquel vasto país, gobernado por una sociedad sin clases, se hace en cada momento solidario de todos los movimientos de paz y de liberación que se manifiestan en cualquier sitio de nuestro planeta.

Al saludarlo, quiero detenerme para hacer dos pausas dolorosas:

Camarada Votshinin: sabemos que aún no se secan las lágrimas del pueblo soviético ante una atroz desgracia: la muerte del glorioso héroe de la tierra y el cielo: Yuri Gagarin. Su nombre era, al mismo tiempo, legendario y familiar para todos los chilenos. Su proeza no sólo unió como ninguna otra a la realidad con la fantasía, a nuestro planeta con los otros, al hombre con el universo misterioso. El joven héroe tuvo otras virtudes: unió a los pueblos más separados, pues su encuentro con el cosmos fue un acto de reconciliación entre todos los pueblos. Él representó en su vuelo el corazón mismo de la humanidad, la inquietud de todos los hombres, la audacia de todas las razas, el milagro total del ser humano.

Todos los pueblos lo consideraron suyo, representó a la humanidad entera desde sus más antiguos avances, desde la oscuridad del nacimiento y su penosa marcha hacia el progreso, hasta el descubrimiento de todas las posibilidades.

Sabemos que la Unión Soviética es un formidable semillero de héroes modestos y eminentes. Todavía se estremece el mundo con el recuerdo de su gloriosa defensa de la paz y de la libertad cuando aplastó la amenaza hitleriana. Fueron días sombríos y sangrientos por los cuales la humanidad entera reconoce al hombre soviético una deuda inabarcable.

Pero Gagarin fue hijo de la luz. Fue el arcángel luminoso de nuestros días: está cerca de todo lo que está naciendo. Su corazón se ha detenido, pero su recuerdo florecerá en cada primavera, en cada mirada, en cada niño que por primera vez contemple las estrellas.

Otro dolor, más personal, me acompaña esta noche, porque creo que mi amado amigo Ilya Ehrenburg habría estado tal vez con nosotros en estos momentos.

Todos sabemos que el Consejo Mundial de la Paz lo tuvo entre sus más activos creadores. En este sentido lo recordaré siempre, con sus mechones grises, con los ojos tan antiguos que tenía y aquella sonrisa sutilísima en las agotadoras reuniones, conferencias y congresos de la paz.

Aquel hombre que siempre parecía fatigado y cuya implacable inteligencia lo hacía aparecer tan viejo como el mundo nos dio siempre la lección de su activa inteligencia y de su resistencia inaudita.

Porque este gran maestro de la literatura universal aceptó las humildes y eminentes tareas de relacionador supremo del Movimiento de la Paz. Y con sus inolvidables pasos cortos cruzaba los pasillos, entraba a comisiones, subía y bajaba escenarios convenciendo, desarrollando, aclarando, redactando, prestando a la causa de la paz y la amistad entre los pueblos toda la capacidad de su desmesurada inteligencia. Un día estaba en el Palacio de la Reina Madre de Bélgica, esa gran señora, defensora de la música y de la verdad. Otra tarde abría la torre difícil de Pablo Picasso y salía hacia el aeropuerto con una nueva paloma que comenzaba a volar desde sus manos. O en Finlandia, o en Italia, o en su adorado París, o en el Japón, o en Chile, todas las naciones, todos los aeropuertos vieron a este hombre de cabeza gris y pantalones arrugados gastar sus fuerzas y su pensamiento en luchar contra el terror y la guerra.

Por mi parte, perdí con su desaparecimiento a uno de los hombres que más he admirado y respetado. Él me hizo el honor de considerarme su amigo y juntos viajamos y trabajamos, compartiendo sueños y esperanzas que continúan vivas. Porque, a pesar de la muerte de estos dos héroes soviéticos de la paz, a pesar de la dolorosa sombra que su ausencia significa, nuestra lucha por la fraternidad, la paz y la verdad, seguirá viva y creciente al amparo de nuestro deber y fortificada por su recuerdo.

Romesh Chandra: usted ha hecho ese viaje tan largo hasta Chile, este país que está en el final del mundo, para traer esta medalla. Cuando yo era muy joven conocí su país, la India. Viví en el laberinto de sus grandes ciudades, entré en los templos, conviví con los antiguos sueños sagrados, con el sufrimiento milenario de su pueblo y con el despertar de su independencia. Yo era un insurrecto muchacho que llegaba de las luchas estudiantiles de 1921 y desembocaba con toda naturalidad en la fraternidad de los revolucionarios hindúes. Todo el despertar del Asia se originaba en su patria y el viento que debía derribar después los muros del Imperio estaba naciendo allí, a la sombra de los más antiguos dioses del mundo. Qué lento me parecía el camino. Parecía interminable el ciclo de la servidumbre colonialista en aquellas regiones tan inmensas, en que cabían grandiosos continentes y miles de islas dispersas. Sin embargo, nuestro siglo ha presenciado el derrumbe de aquellos imperios que parecían indestructibles, porque estaban recubiertos de acero, piedra y fango. Se levantó contra ellos el arma más poderosa: el pensamiento, la acción humana que hace marchar las ruedas de la historia. En nombre de ese pensamiento, de esa fe en el destino más y más alto, más libre y más independiente del hombre, se ha servido usted venir desde tan lejos. Muchas gracias.

Después, hemos vivido la agonía del segundo conflicto mundial. Vimos caer la máscara mesiánica de los guerreros. Pudimos ver el verdadero rostro de la guerra: las horcas y las cámaras de gas borraron para siempre la leyenda de los caballeros que combatían por su Dios, por su Rey y por su Dama. Después de la rendición, miles de espectros sobrevivientes dieron el testimonio desgarrador que mostraba el límite de la crueldad humana. Los monstruos fueron, en parte, castigados. Pero nos preguntamos aterrados si aquel inconcebible espanto volvería alguna vez a la historia.

Luego, hemos visto cómo la paz, aquella paz tan trágicamente obtenida, ha sido traicionada. Un Estado más fuerte que los otros ha llevado la muerte y la destrucción a las tierras más alejadas de su territorio.

Con violenta ferocidad se han destruido las ciudades, los campos de cultivo, las construcciones y las vidas de un pequeño país, cuyo pueblo, orgulloso de su antigua cultura, acababa de romper las cadenas coloniales.

El genocidio se ha practicado en forma aterradora. El napalm ha calcinado con horrenda eficacia las vidas, las semillas y los libros. Pero una nueva epopeya, digna de las más grandes de la historia, ha conmovido a la humanidad entera.

Porque Vietnam ha resucitado mil veces desde sus cenizas: parecía muerto y se incorporaba con una granada en la mano. Parecía derrotada la razón bajo la demencia fría de los invasores y Vietnam, en una ofensiva extraordinaria, está cada vez más cerca de una victoria inmortal.

Y los pueblos de América Latina saben que esta victoria está ligada en forma profunda a nuestro destino. Las fuerzas agresivas que dominan en este instante en el gobierno de Estados Unidos no tienen el propósito de respetar la independencia de nuestras naciones y nuestros derechos inalienables a propugnar sistemas de gobierno más justos y mejores.

Las últimas agresiones en el Caribe y el aislamiento impuesto a Cuba por los norteamericanos y las fuerzas reaccionarias de América Latina son la prueba de la intolerancia y del error de esta política agresiva.

Pero los años han cambiado. En la propia cuna del agresor se han levantado las voces de sus más esclarecidos intelectuales. Estudiantes y ciudadanos de todas las capas de la vida norteamericana han repudiado con energía y valentía la invasión norteamericana de Vietnam. Han sido miles los muchachos que han destrozado su hoja de llamamiento a las filas y cada día aumenta el número de los desertores.

La muerte de Martin Luther King, horrenda y fríamente asesinado, ha llenado de luto al mundo, y de vergüenza a Estados Unidos. Siempre nos conmovió su figura extraordinaria de defensor de su raza, de conductor de su pueblo. Ha sido aniquilado por fuerzas abominables que parecen ser poderosas. Desde la injusta guerra de Corea hasta la oprobiosa arremetida contra la independencia de Vietnam, estas fuerzas se han desatado en la nación norteamericana como venenoso subproducto de la guerra. Busquemos en la violencia oficial el origen de estos crímenes. Estas dos guerras han enseñado a miles de adolescentes el ejercicio del asesinato, del incendio, del absoluto irrespeto por la condición humana. El racismo, la delincuencia, la perversidad y la crueldad se han exacerbado de tal manera entre los norteamericanos, que la humanidad piensa espantada en un retroceso vertical hacia las primarias leyes de la selva, de la brutalidad y de la fuerza. Poner a media asta la bandera nacional en la Casa Blanca es una pequeña y triste medida, porque sabemos que esa misma bandera se está levantando en Vietnam sobre todas las atrocidades que el mundo conoce. Es en la guerra, en esa guerra donde debemos buscar los orígenes del crimen. Es en esa guerra donde está fermentando la levadura de muchos otros horrores que caerán sobre el rostro de la América del Norte.

El heroísmo vietnamita, el repudio mundial y la ardiente protesta de sus mismos compatriotas, han llevado al Presidente Johnson a renunciar, en fecha próxima, a la continuación de su triste historia política.

Ojalá que haga efectiva esta renuncia, sin esperar las nuevas elecciones. Este hombre ha perdido ya la elección ante el inapelable tribunal de la historia.

Las repúblicas americanas son hijas de la lucha anticolonial y del internacionalismo solidario. Jinetes de la gran Colombia verde galopaban llevando las banderas de la liberación por los arenales del Perú. Los argentinos cruzaron las más altas nieves y hace 150 años se cubrieron de sangre y laureles, aquí, en Maipú, a pocos kilómetros de este teatro. Los chilenos se embarcaban dirigidos por el almirante escocés para liberar al Océano Pacífico. Combatientes napoleónicos de Francia y batallones de negros africanos combatieron por la independencia de Chile. Esta vez la América nuestra no pudo enviar hombres a Vietnam, pero ha hecho sentir al mundo, desde La Habana y México hasta la Patagonia polar, sus sentimientos unánimes de solidaridad, y su esperanza en la victoria de los agredidos.

Pero tenemos que decir una verdad amarga. No hemos hecho bastante. Pudimos hacer mucho más, haremos mucho más. Por qué los gobiernos de nuestras repúblicas guardan silencio sobre la guerra de Vietnam? Es tolerable, dentro del concierto o desconcierto mundial esta silenciosa timidez que parece complicidad?

La poderosa Unión Soviética ha dicho cada día su palabra. El general De Gaulle, personalidad orgullosa e independiente, ha puesto varias veces los puntos franceses sobre las íes norteamericanas.

Nuestros gobiernos latinoamericanos tienen matices, colores, perspectivas, orígenes diferentes. Los hay impetuosos en la reacción, otros son pacatos ante el porvenir, algunos cultivan el temor hacia sus pueblos, otros manifiestan sus deseos de hacer progresar a nuestra pobre y desventurada América.

No discutamos sus tendencias por ahora. Pero tenemos el derecho de exigirles que se definan ante el problema más importante de nuestra época. El de la paz o la guerra, el de la vida o la muerte.

El gobierno de Estados Unidos de América del Norte, con sus sangrientas malas acciones en Vietnam, ha perdido todo prestigio ante la civilización de nuestro tiempo. En este momento, trata de negociar su derrota material y moral. Pero la repetición periódica de sus aventuras ha sido la trágica característica de nuestros poderosos vecinos.

Los gobiernos latinoamericanos deben oír la voz de nuestros pueblos y mover la balanza en favor de la paz y de la independencia. Es la hora de probar que si nacimos del fervor anticolonial nuestras naciones rechazan este nuevo colonialismo que se quiere implantar acompañado por inhumanas crueldades.

Yo sé que sonreirán muchos ante la idea de pedir a ciertos gobiernos que participen en este llamamiento a la paz, ya que muchas veces han violado en sus propios pueblos las normas de la libertad y de la justicia. Sin embargo, reclamo en esta hora crítica la suma de todos los esfuerzos, la suma de los buenos y de los malos, de los gobernados y de los gobernantes, la suma de los justos y de los injustos, para que se termine la más grande iniquidad de nuestra época: la invasión y destrucción de Vietnam.

Es el momento crítico en que las naciones latinoamericanas, que necesitan del derecho para defenderse, sostengan ante el mundo la causa del derecho.

Creemos en la paz y tocaremos todas las puertas para alcanzar su reino. Queremos la paz entre los hombres, como los caminantes esperan el agua en el camino para restablecer la fuerza perdida. Por mi parte, entré en todas las casas, si me abrían la puerta.

Quise conversar con todo el mundo. No temí el contagio de los adversos, de los enemigos. Y seguiré haciéndolo. Pienso que el diálogo no puede agotarse, que ningún conflicto es un túnel cerrado y que puede entrar la luz del entendimiento por los dos extremos.

Al aceptar esta generosa distinción, quiero desprenderme de todo sentimiento personal. Pienso que algunas personas de países vecinos o lejanos se juntaron aquí, en esta ocasión, para dar testimonio de su ardiente fe en el hombre, en la vida, en la verdad, en la libertad, es decir, en la paz. Es bastante, y lo agradezco no como un homenaje, sino como una nueva expresión de una fraternidad que no sólo me honra, sino que distingue a mi patria y a mi pueblo.

(Discurso pronunciado en el Teatro Municipal de Santiago de Chile al recibir la medalla Joliot-Curie, 8 de abril de 1968.)

EL ALBATROS ASESINADO

Me ha tocado en mi vida errante asistir a reuniones bastante extrañas, pero hace algunos días estuve presente en la que para mí resulta la asamblea más misteriosa de las que he tenido que presenciar y compartir. Yo me sentaba allí con algunos de mis compatriotas. Frente a nosotros en un círculo que me pareció inmenso se sentaban los apoderados de finanzas, bancos, tesoros, que representaban a muchos países a los que el mío les debe, al parecer, muchísimo dinero.

Nosotros, los chilenos, éramos unos cuantos, y nuestros eminentes acreedores, casi todos de las grandes naciones, eran muchos: 50 o 60. Se trataba de renegociar la Deuda Pública, la Deuda Exterior, acrecentada en medio siglo de existencia por anteriores gobiernos. En este lapso los hombres han llegado a la luna con penicilina y televisión. En la guerra se ha inventado el napalm para que se democraticen a fuerza de fuego purificador las cenizas de algunos habitantes del planeta. Durante estos 50 años, este PEN Club norteamericano de escritores ha trabajado con nobleza en favor del entendimiento y la razón. Pero, como pude ver en aquella reunión implacable, era el *stand-by* el que amenazaba a Chile con un garrote de tipo más moderno. A pesar del medio siglo de entendimiento intelectual, la relación entre los ricos y los pobres, entre países que prestan algunos mendrugos y otros países que necesitan comer, sigue siendo una relación en que se reúnen la angustia y el orgullo, la justicia y el derecho a la vida.

En cierta manera, frente a los escritores de Estados Unidos y del antiguo mundo europeo, yo vengo también a entenderme con ustedes. Es importante saber en este capítulo lo que nos debemos los unos a los otros. Tenemos que renegociar perpetuamente la deuda interior que pesa sobre nosotros los escritores de todas partes. Todos debemos algo a nuestra propia tradición intelectual y a lo que hemos gastado del tesoro del mundo entero. Nosotros, escritores americanos del sur de este continente, hemos crecido conociendo y admirando, a pesar de los idiomas diferentes, el colosal crecimiento de las letras americanas, de las letras en el norte de América. Especialmente nos impresionó el despertar asombroso de su novela, que desde Dreiser hasta ahora evidencia una fuerza nueva, convulsiva y constructiva, cuya grandeza y ferocidad resulta incomparable en las literaturas de nuestra época, a no ser entre vuestros propios dramaturgos. Ni uno solo de vuestros nombres ha pasado desapercibido para nosotros. Sería innumerable registrarlos, como catalogar las dimensiones que alcanzaron, la violenta profundidad que revelaron. El áspero desengaño que mostraban vuestros libros, a menudo crueles, presentaban el singular testimonio de grandes y nobles escritores ante los conflictos de vuestra vertiginosa construcción capitalista. Allí, en esas obras ejemplares, no se sustrajo nada a la verdad y quedó desnuda el alma de multitudes e individuos, poderosos o pequeños, hacinados en ciudades y suburbios, gotas de sangre arterial de vuestro cuerpo nacional, de vuestras vidas colectivas o solitarias. Estas cosas se perciben hasta en la novela policial, con frecuencia testimonio más fiel de la verdad de lo que se piensa.

Por mi parte, yo que estoy muy cerca de los setenta años, cuando apenas cumplí quince, descubría a Walt Whitman, mi más grande acreedor. Y estoy aquí entre ustedes acompañado por esta maravillosa deuda que me ha ayudado a existir.

Renegociar esta deuda es comenzar por ponerla en evidencia, reconocerme como humilde servidor de un poeta que medía la tierra con pasos lentos y largos, deteniéndose en todas partes para amar y examinar, aprender, enseñar y admirar. Se trata de aquel hombre, aquel moralista lírico, que tomó un camino difícil: fue un cantor torrencial y didáctico. Estas dos cualidades parecen antagónicas. Parecerían más bien las condiciones del caudillo que las de un escritor. Lo importante es que Walt Whitman no le tenía miedo a la cátedra, a la enseñanza, al aprendizaje de la vida y tomaba la responsabilidad de enseñarlo con candor y elocuencia. Francamente no le temía al moralismo ni al inmoralismo, ni quiso deslindar los terrenos de la poesía pura o de la poesía impura. Es el primer poeta totalitario y es su intención no sólo cantar sino imponer su extensa visión de las relaciones de los hombres y de las naciones. En este sentido, su nacionalismo evidente es parte de un organismo universal. Él se considera deudor de la alegría y de la tristeza, de las altas culturas y de los seres primitivos. Hay muchas formas de la grandeza, pero a mí, poeta del idioma castellano, Walt Whitman me enseña más que Cervantes: en su obra no queda humillado el ignorante ni es ofendida la condición humana.

Seguimos viviendo una época whitmaniana, vemos a pesar de los dolores del parto la ascensión y la aparición de nuevos hombres y nuevas sociedades. El bardo se quejaba de la todopoderosa influencia europea que seguía alimentando la literatura de su época. En realidad era él, Walt Whitman, el protagonista de una personalidad realmente geográfica que se levantaba por primera vez en la historia con un nombre continentalmente americano. Las colonias de las naciones más brillantes han dejado siglos de silencio. El colonialismo parece matar la fertilidad y la capacidad creadora. Bastará con que les diga que en tres siglos de dominación española en toda América no tuvimos más de dos o tres escritores admirables.

De la proliferación de nuestras Repúblicas no sólo salieron banderas y nacionalidades, universidades y pequeños ejércitos heroicos o melancólicas canciones de amor. Comenzaron a brotar libros y libros, que a menudo formaron un matorral impenetrable, con muchas flores y pocos frutos. Pero con el tiempo, y especialmente en estos días, el idioma español resplandece por la escritura de autores americanos que, desde Río Grande hasta la Patagonia, llenan de mágicos relatos, de poemas tiernos y desesperados un continente oscuro que camina entre tormentos a su nueva independencia.

En esta época vemos cómo otras nuevas naciones, nuevas banderas y nuevas literaturas aparecen con la extinción que esperamos total del colonialismo en el África y en Asia. Las capitales del mundo aparecen de la noche a la mañana cubiertas por nuevas insignias de pueblos que desconocíamos y que comienzan a expresarse con la torpe voz dolorosa del nacimiento. Escritores negros de África y de América comienzan a darnos la pulsación verdadera de las desventuradas razas que guardaron silencio. Las batallas políticas han sido inseparables de la poesía. La liberación del hombre pasa a veces por la sangre, pero siempre por el canto. El canto humano se enriquece cada día en nuestra gran época de martirio y de liberación.

Pido con humildad que me perdonen de antemano si vuelvo a las preocupaciones de mi país. Todo el mundo sabe que Chile está haciendo una transformación revolucionaria dentro de la dignidad y de la severidad de nuestras leyes. Por eso hay mucha gente que se siente ofendida. Pero, por qué estos chilenos no aprisionan a nadie, no cierran periódicos, no fusilan a ningún contradictor?

Y como nuestro camino lo hemos escogido nosotros, estamos decididos a seguirlo hasta el fin. Pero los guerreros secretos se proveen de todas las armas para desviar nuestro destino. Como en esta clase de guerras los cañones parecen haber pasado de moda, usan un arsenal antiguo y nuevo. Se pueden allí escoger los dólares, las flechas, las industrias telefónicas y telegráficas: todo parece justo para defender los viejos e irracionales privilegios. Por eso en aquella reunión en que se renegociaba la Deuda Exterior de Chile yo recordé vivamente la *Balada del viejo marinero.*

Samuel Taylor Coleridge extrajo su desolado poema de un episodio acontecido en el extremo sur de mi patria y publicado por Shelvocke en sus memorias de viaje.

En los fríos mares de Chile tenemos todas las razas, géneros y especies de albatros: errantes y gigantes, grises y procelarios que saben volar como ningún otro pájaro.

Tal vez por eso el país tiene la forma de un largo albatros con las alas extendidas.

Y allí en aquella reunión para mí inolvidable de aquella Deuda Externa que queremos negociar justicieramente, muchos de los que me parecieron implacables parecían dirigir sus armas para que Chile naufrague, para que el albatros no siga volando.

No sé si será indiscreción de un poeta que sólo tiene un año de Embajador decirles a ustedes que tal vez el delegado de las finanzas norteamericanas me pareció ser el que tenía entre sus papeles de negocios la flecha lista para dirigir contra el corazón del albatros. Sin embargo este financista tiene un nombre sabroso y amable de fin de banquete: se llama Mister Hennessy.

Si el señor Hennessy se diera el placer de releer a los viejos poetas aprendería que en la *Balada del viejo marinero* el navegante que perpetró aquel crimen fue condenado a llevar por la eternidad colgando de su cuello el pesado cadáver del albatros asesinado.

Queridos amigos:

He leído con interés y emoción la pequeña historia de estos largos 50 años de vida del PEN Club de los Estados Unidos de Norteamérica. Ha sido medio siglo de grandes ilusiones y magníficas acciones. Honorable jornada que tenemos el deber de festejar con meditación y alegría. Los escritores somos fácilmente individualistas, difícilmente colectivistas, llevamos un germen subversivo que forma parte profunda de nuestra expresión y de nuestro ser, y nuestra rebeldía tiende muchas veces a manifestarse contra nosotros mismos. Buscamos a los enemigos más próximos y los hallamos equivocadamente entre los que más se parecen a nosotros. Congregarnos es tarea de gigantes. Y congregarnos a través de separaciones políticas, lingüísticas y raciales es una gran empresa. Honor a los que han hecho posible el sentimiento de unidad entre los escritores de todos los países sin rechazar sectariamente sus tendencias o sus creencias.

Estoy seguro de que me habéis recibido, a mí y a mis deudas, no como un tribunal implacable, sino como una asociación generosa y fraternal. Ya he dicho que es necesario reconocer lo que aprendimos de unos cuantos o de todos. Así se establece la seguridad, es decir, la conciencia de una comunidad ininterrumpida y universal del pensamiento. Así trabajaremos con el pasado, seguros de su madura belleza y en el mismo camino de honor, seguros de las obras que otros escritores escribirán para otros hombres que aún no han nacido.

(Discurso pronunciado por Pablo Neruda en el PEN Club de Nueva York, en el 50.º aniversario de su fundación, abril de 1971.)

LA PRESENCIA INVISIBLE

Venimos de muy lejos, de fuera o de adentro de nosotros mismos, de idiomas contrapuestos, enemigos, de países que se aman. Aquí nos encontramos en este punto, en esta noche central del mundo, y llegamos de la química, de los microscopios, de la cibernética, del álgebra, de los barómetros, de la poesía, para reunirnos. Venimos de la oscuridad de nuestros laboratorios a enfrentarnos con una luz que nos honra y que, por un momento, nos enceguece. Para nosotros, laureados, se trata de una alegría y de una agonía.

Pero antes de contestar y antes de respirar tengo que reconcentrarme, perdón, vivo lejos de aquí, perdón, volver a mi tierra, perdón, y muchas gracias.

Vuelvo a calles de mi infancia, al invierno del sur de América, a los jardines de lilas de la Araucanía, a la primera María que tuve en mis brazos, al barro de las calles que no conocían el pavimento, a los indios enlutados que nos dejó la Conquista, a un país, a un continente oscuro que buscaba la luz. Y si esta luz se prolonga desde esta sala de fiesta y llega a través de tierra y mar a iluminar mi pasado, está iluminando también el futuro de nuestros pueblos americanos que defienden su derecho a la luz, a la dignidad, a la libertad y a la vida.

Yo soy un representante de aquel tiempo y de las actuales luchas que pueblan mi poesía. Perdón por haber extendido mi reconocimiento hacia todo lo mío, hacia los olvidados de la tierra que en esta ocasión feliz de mi vida me parecen más verdaderos que mi expresión, más altos que mis cordilleras, más anchos que el océano. Yo pertenezco con orgullo a la multitud humana, no a unos pocos sino a unos muchos, y estoy aquí rodeado por su presencia invisible.

(Discurso para agradecer el Premio Nobel en nombre de todos los laureados del año 1971.)

LA POESÍA NO HABRÁ CANTADO EN VANO

Mi discurso será una larga travesía, un viaje mío por regiones lejanas y antípodas, no por eso menos semejantes al paisaje y a las soledades del Norte. Hablo del extremo sur de mi país. Tanto y tanto nos alejamos los chilenos hasta tocar con nuestros límites el Polo Sur, que nos parecemos a la geografía de Suecia, que roza con su cabeza el Norte nevado del planeta.

Por allí, por aquellas extensiones de mi patria adonde me condujeron acontecimientos ya olvidados en sí mismos, hay que atravesar, tuve que atravesar los Andes buscando la frontera de mi país con Argentina. Grandes bosques cubren como un túnel las regiones inaccesibles y como nuestro camino era oculto y vedado, aceptábamos tan sólo los signos más débiles de la orientación. No había huellas, no existían senderos y con mis cuatro compañeros a caballo buscábamos en ondulante cabalgata —eliminando los obstáculos de poderosos árboles, imposibles ríos, roqueríos inmensos, desoladas nieves, adivinando más bien— el derrotero de mi propia libertad. Los que me acompañaban conocían la orientación, la posibilidad entre los grandes follajes, pero para saberse más seguros montados en sus caballos marcaban de un machetazo aquí y allá las cortezas de los grandes árboles dejando huellas que los guiarían en el regreso, cuando me dejaran solo con mi destino.

Cada uno avanzaba embargado en aquella soledad sin márgenes, en aquel silencio verde y blanco, los árboles, las grandes enredaderas, el humus depositado por centenares de años, los troncos semiderribados que de pronto eran una barrera más en nuestra marcha. Todo era a la vez una naturaleza deslumbradora y secreta y a la vez una creciente amenaza de frío, nieve, persecución. Todo se mezclaba: la soledad, el peligro, el silencio y la urgencia de mi misión.

A veces seguíamos una huella delgadísima, dejada quizás por contrabandistas o delincuentes comunes fugitivos, e ignorábamos si muchos de ellos habían perecido, sorprendidos de repente por las glaciales manos del invierno, por las tormentas tremendas de nieve que, cuando en los Andes se descargan, envuelven al viajero, lo hunden bajo siete pisos de blancura.

A cada lado de la huella contemplé, en aquella salvaje desolación, algo como una construcción humana. Eran trozos de ramas acumulados que habían soportado muchos inviernos, vegetal ofrenda de centenares de viajeros, altos túmulos de madera para recordar a los caídos, para hacer pensar en los que no pudieron seguir y quedaron allí para siempre debajo de las nieves. También mis compañeros cortaron con sus machetes las ramas que nos tocaban las cabezas y que descendían sobre nosotros desde la altura de las coníferas inmensas, desde los robles cuyo último follaje palpitaba antes de las tempestades del invierno. Y también yo fui dejando en cada túmulo un recuerdo, una tarjeta de madera, una rama cortada del bosque para adornar las tumbas de uno y otro de los viajeros desconocidos.

Teníamos que cruzar un río. Esas pequeñas vertientes nacidas en las cumbres de los Andes se precipitan, descargan su fuerza vertiginosa y atropelladora, se tornan en cascadas, rompen tierras y rocas con la energía y la velocidad que trajeron de las alturas insignes: pero esa vez encontramos un remanso, un gran espejo de agua, un vado. Los caballos entraron, perdieron pie y nadaron hacia la otra ribera. Pronto mi caballo fue sobrepasado casi totalmente por las aguas, yo comencé a mecerme sin sostén, mis pies se afanaban al garete mientras la bestia pugnaba por mantener la cabeza al aire libre. Así cruzamos. Y apenas llegados a la otra orilla, los baqueanos, los campesinos que me acompañaban me preguntaron con cierta sonrisa:

—Tuvo mucho miedo?

—Mucho. Creí que había llegado mi última hora —dije.

—Íbamos detrás de usted con el lazo en la mano —me respondieron.

—Ahí mismo —agregó uno de ellos— cayó mi padre y lo arrastró la corriente. No iba a pasar lo mismo con usted.

Seguimos hasta entrar en un túnel natural que tal vez abrió en las rocas imponentes un caudaloso río perdido, o un estremecimiento del planeta que dispuso en las alturas aquella obra, aquel canal rupestre de piedra socavada, de granito, en el cual penetramos. A los pocos pasos las cabalgaduras resbalaban, trataban de afincarse en los desniveles de piedra, se doblegaban sus patas, estallaban chispas en las herraduras: más de una vez me vi arrojado del caballo y tendido sobre las rocas. Mi cabalgadura sangraba de narices y patas, pero proseguimos empecinados el vasto, el espléndido, el difícil camino.

Algo nos esperaba en medio de aquella selva salvaje. Súbitamente, como singular visión, llegamos a una pequeña y esmerada pradera acurrucada en el regazo de las montañas: agua clara, prado verde, flores silvestres, rumor de ríos y el cielo azul arriba, generosa luz ininterrumpida por ningún follaje.

Allí nos detuvimos como dentro de un círculo mágico, como huéspedes de un recinto sagrado: y mayor condición de sagrada tuvo aún la ceremonia en la que participé. Los vaqueros bajaron de sus cabalgaduras. En el centro del recinto estaba colocada, como en un rito, una calavera de buey. Mis compañeros se acercaron silenciosamente, uno por uno, para dejar unas monedas y algunos alimentos en los agujeros de hueso. Me uní a ellos en aquella ofrenda destinada a toscos Ulises extraviados, a fugitivos de todas las raleas que encontrarían pan y auxilio en las órbitas del toro muerto.

Pero no se detuvo en este punto la inolvidable ceremonia. Mis rústicos amigos se despojaron de sus sombreros e iniciaron una extraña danza, saltando sobre un solo pie alrededor de la calavera abandonada, repasando la huella circular dejada por tantos bailes de otros que por allí cruzaron antes. Comprendí entonces de una manera imprecisa, al lado de mis impenetrables compañeros, que existía una comunicación de desconocido a desconocido, que había una solicitud, una petición y una respuesta aun en las más lejanas y apartadas soledades de este mundo.

Más lejos, ya a punto de cruzar las fronteras que me alejarían por muchos años de mi patria, llegamos de noche a las últimas gargantas de las montañas. Vimos de pronto una luz encendida que era indicio cierto de habitación humana y, al acercarnos, hallamos unas desvencijadas construcciones, unos destartalados galpones al parecer vacíos. Entramos a uno de ellos y vimos, al claror de la lumbre, grandes troncos encendidos en el centro de la habitación, cuerpos de árboles gigantes que allí ardían de día y de noche y que dejaban escapar por las hendiduras del techo un humo que vagaba en medio de las tinieblas como un profundo velo azul. Vimos montones de quesos acumulados por quienes los cuajaron a aquellas alturas. Cerca del fuego, agrupados como sacos, yacían algunos hombres. Distinguimos en el silencio las cuerdas de una guitarra y las palabras de una canción que, naciendo de las brasas y de la oscuridad, nos traía la primera voz humana que habíamos topado en el camino. Era una canción de amor y de distancia, un lamento de amor y de nostalgia dirigido hacia la primavera lejana, hacia las ciudades de donde veníamos, hacia la infinita extensión de la vida. Ellos ignoraban quiénes éramos, ellos nada sabían del fugitivo, ellos no conocían mi poesía ni mi nombre. O lo conocían, nos conocían? El hecho real fue que junto a aquel fuego cantamos y comimos, y luego caminamos dentro de la oscuridad hacia unos cuartos elementales. A través de ellos pasaba una corriente termal, agua volcánica donde nos sumergimos, calor que se desprendía de las cordilleras y nos acogió en su seno.

Chapoteamos gozosos, cavándonos, limpiándonos el peso de la inmensa cabalgata. Nos sentimos frescos, renacidos, bautizados, cuando al amanecer emprendimos los últimos kilómetros de jornada que me separarían de aquel eclipse de mi patria. Nos alejamos cantando sobre nuestras cabalgaduras, plenos de un aire nuevo, de un aliento que nos empujaba al gran camino del mundo que me estaba esperando. Cuando quisimos dar (lo recuerdo vivamente) a los montañeses algunas monedas de recompensa por las canciones, por los alimentos, por las aguas termales, por el techo y los lechos, vale decir, por el inesperado amparo que nos salió al encuentro, ellos rechazaron nuestro ofrecimiento sin un ademán. Nos habían servido y nada más. Y en ese «nada más», en ese silencioso «nada más» había muchas cosas subentendidas, tal vez el reconocimiento, tal vez los mismos sueños.

Señoras y Señores:

Yo no aprendí en los libros ninguna receta para la composición de un poema; y no dejaré impreso a mi vez ni siquiera un consejo, modo o estilo para que los nuevos poetas reciban de mí alguna gota de supuesta sabiduría. Si he narrado en este discurso ciertos sucesos del pasado, si he revivido un nunca olvidado relato en esta ocasión y en este sitio tan diferentes a lo acontecido, es porque en el curso de mi vida he encontrado siempre en alguna parte la aseveración necesaria, la fórmula que me aguardaba, no para endurecerse en mis palabras sino para explicarme a mí mismo.

En aquella larga jornada encontré las dosis necesarias a la formación del poema. Allí me fueron dadas las aportaciones de la tierra y del alma. Y pienso que la poesía es una acción pasajera o solemne en que entran por parejas medidas la soledad y la solidaridad, el sentimiento y la acción, la intimidad de uno mismo, la intimidad del hombre y la secreta revelación de la naturaleza. Y pienso con no menor fe que todo está sostenido —el hombre y su sombra, el hombre y su actitud, el hombre y su poesía— en una comunidad cada vez más extensa, en un ejercicio que integrará para siempre en nosotros la realidad y los sueños, porque de tal manera los une y los confunde. Y digo de igual modo que no sé, después de tantos años, si aquellas lecciones que recibí al cruzar un río vertiginoso, al bailar alrededor del cráneo de una vaca, al bañar mi piel en el agua purificadora de las más altas regiones, digo que no sé si aquello salía de mí mismo para comunicarse después con muchos otros seres, o era el mensaje que los demás hombres me enviaban como exigencia o emplazamiento. No sé si aquello lo viví o lo escribí, no sé si fueron verdad o poesía, transición o eternidad, los versos que experimenté en aquel momento, las experiencias que canté más tarde.

De todo ello, amigos, surge una enseñanza que el poeta debe aprender de los demás hombres. No hay soledad inexpugnable. Todos los caminos llevan al mismo punto: a la comunicación de lo que somos. Y es preciso atravesar la soledad y la aspereza, la incomunicación y el silencio para llegar al recinto mágico en que podemos danzar torpemente o cantar con melancolía; mas en esa danza o en esa canción están consumados los más antiguos ritos de la conciencia; de la conciencia de ser hombres y de creer en un destino común.

En verdad, si bien alguna o mucha gente me consideró un sectario, sin posible participación en la mesa común de la amistad y de la responsabilidad, no quiero justificarme, no creo que las acusaciones ni las justificaciones tengan cabida entre los deberes del poeta. Después de todo, ningún poeta administró la poesía, y si alguno de ellos se detuvo a acusar a sus semejantes, o si otro pensó que podría gastarse la vida defendiéndose de recriminaciones razonables o absurdas, mi convicción es que sólo la vanidad es capaz de desviarnos hasta tales extremos. Digo que los enemigos de la poesía no están entre quienes la profesan o resguardan, sino en la falta de concordancia del poeta. De ahí que ningún poeta tenga más enemigo esencial que su propia incapacidad para entenderse con los más ignorados y explotados de sus contemporáneos; y esto rige para todas las épocas y para todas las tierras.

El poeta no es un «pequeño dios». No, no es un «pequeño dios». No está signado por un destino cabalístico superior al de quienes ejercen otros menesteres y oficios. A menudo expresé que el mejor poeta es el hombre que nos entrega el pan de cada día: el panadero más próximo, que no se cree dios. Él cumple su majestuosa y humilde faena de amasar, meter al horno, dorar y entregar el pan de cada día, con una obligación comunitaria. Y si el poeta llega a alcanzar esa sencilla conciencia, podrá también la sencilla conciencia convertirse en parte de una colosal artesanía, de una construcción simple o complicada, que es la construcción de la sociedad, la transformación de las condiciones que rodean al hombre, la entrega de la mercadería: pan, verdad, vino, sueños. Si el poeta se incorpora a esa nunca gastada lucha por consignar cada uno en manos de los otros su ración de compromiso, su dedicación y su ternura al trabajo común de cada día y de todos los hombres, el poeta tomará parte en el sudor, en el pan, en el vino, en el sueño de la humanidad entera. Sólo por ese camino inalienable de ser hombres comunes llegaremos a restituirle a la poesía el anchuroso espacio que le van recortando en cada época, que le vamos recortando en cada época nosotros mismos.

Los errores que me llevaron a una relativa verdad, y las verdades que repetidas veces me condujeron al error, unos y otras no me permitieron —ni yo lo pretendí nunca— orientar, dirigir, enseñar lo que se llama el proceso creador, los vericuetos de la literatura. Pero sí me di cuenta de una cosa: de que nosotros mismos vamos creando los fantasmas de nuestra propia mitificación. De la argamasa de lo que hacemos, o queremos hacer, surgen más tarde los impedimentos de nuestro propio y futuro desarrollo. Nos vemos indefectiblemente conducidos a la realidad y al realismo, es decir, a tomar una conciencia directa de lo que nos rodea y de los caminos de la transformación, y luego comprendemos, cuando parece tarde, que hemos construido una limitación tan exagerada que matamos lo vivo en vez de conducir la vida a desenvolverse y florecer. Nos imponemos un realismo que posteriormente nos resulta más pesado que el ladrillo de las construcciones, sin que por ello hayamos erigido el edificio que contemplábamos como parte integral de nuestro deber. Y en sentido contrario, si alcanzamos a crear el fetiche de lo incomprensible (o de lo comprensible para unos pocos), el fetiche de lo selecto y de lo secreto, si suprimimos la realidad y sus degeneraciones realistas, nos veremos de pronto rodeados de un terreno imposible, de un tembladeral de hojas, de barro, de nubes, en que se hunden nuestros pies y nos ahoga una incomunicación opresiva.

En cuanto a nosotros en particular, escritores de la vasta extensión americana, escuchamos sin tregua el llamado para llenar ese espacio enorme con seres de carne y hueso. Somos conscientes de nuestra obligación de pobladores y —al mismo tiempo que nos resulta esencial el deber de una comunicación crítica en un mundo deshabitado y, no por deshabitado menos lleno de injusticias, castigos y dolores— sentimos también el compromiso de recobrar los antiguos sueños que duermen en las estatuas de piedra, en los antiguos monumentos destruidos, en los anchos silencios de pampas planetarias, de selvas espesas, de ríos que cantan como truenos. Necesitamos colmar de palabras los confines de un continente mudo y nos embriaga esta tarea de fabular y de nombrar. Tal vez ésa sea la razón determinante de mi humilde caso individual: y en esa circunstancia mis excesos, o mi abundancia, o mi retórica, no vendrían a ser sino actos, lo más simples, del menester americano de cada día. Cada uno de mis versos quiso instalarse como un objeto palpable; cada uno de mis poemas pretendió ser un instrumento útil de trabajo; cada uno de mis cantos aspiró a servir en el espacio como signos de reunión donde se cruzaron los caminos, o como fragmento de piedra o de madera en que alguien, otros, los que vendrán, pudieran depositar los nuevos signos.

Extendiendo estos deberes del poeta, en la verdad o en el error, hasta sus últimas consecuencias, decidí que mi actitud dentro de la sociedad y ante la vida debía ser también humildemente partidaria. Lo decidí viendo gloriosos fracasos, solitarias victorias, derrotas deslumbrantes. Comprendí, metido en el escenario de las luchas de América, que mi misión humana no era otra sino agregarme a la extensa fuerza del pueblo organizado, agregarme con sangre y alma, con pasión y esperanza, porque sólo de esa henchida torrentera pueden nacer los cambios necesarios a los escritores y a los pueblos. Y aunque mi posición levantara o levante objeciones amargas o amables, lo cierto es que no hallo otro camino para el escritor de nuestros anchos y crueles países, si queremos que florezca la oscuridad, si pretendemos que los millones de hombres que aún no han aprendido a leernos ni a leer, que todavía no saben escribir ni escribirnos, se establezcan en el terreno de la dignidad sin la cual no es posible ser hombres integrales.

Heredamos la vida lacerada de los pueblos que arrastran un castigo de siglos, pueblos los más edénicos, los más puros, los que construyeron con piedras y metales torres milagrosas, alhajas de fulgor deslumbrante: pueblos que de pronto fueron arrasados y enmudecidos por las épocas terribles del colonialismo que aún existe.

Nuestras estrellas primordiales son la lucha y la esperanza. Pero no hay lucha ni esperanzas solitarias. En todo hombre se juntan las épocas remotas, la inercia, los errores, las pasiones, las urgencias de nuestro tiempo, la velocidad de la historia. Pero, qué sería de mí si yo, por ejemplo, hubiera contribuido en cualquiera forma al pasado feudal del gran continente americano? Cómo podría yo levantar la frente, iluminada por el honor que Suecia me ha otorgado, si no me sintiera orgulloso de haber tomado una mínima parte en la transformación actual de mi país? Hay que mirar el mapa de América, enfrentarse a la grandiosa diversidad, a la generosidad cósmica del espacio que nos rodea, para entender que muchos escritores se niegan a compartir el pasado de oprobio y de saqueo que oscuros dioses destinaron a los pueblos americanos.

Yo escogí el difícil camino de una responsabilidad compartida y, antes de reiterar la adoración hacia el individuo como sol central del sistema, preferí entregar con humildad mi servicio a un considerable ejército que a trechos puede equivocarse, pero que camina sin descanso y avanza cada día enfrentándose tanto a los anacrónicos recalcitrantes como a los infatuados impacientes. Porque creo que mis deberes de poeta no sólo me indicaban la fraternidad con la rosa y la simetría, con el exaltado amor y con la nostalgia infinita, sino también con las ásperas tareas humanas que incorporé a mi poesía.

Hace hoy cien años exactos, un pobre y espléndido poeta, el más atroz de los desesperados, escribió esta profecía: *A l'aurore, armés d'une ardente patience, nous entrerons aux splendides Villes.* (Al amanecer, armados de una ardiente paciencia, entraremos a las espléndidas ciudades.)

Yo creo en esa profecía de Rimbaud, el vidente. Yo vengo de una oscura provincia, de un país separado de todos los otros por la tajante geografía. Fui el más abandonado de los poetas y mi poesía fue regional, dolorosa y lluviosa. Pero tuve siempre confianza en el hombre. No perdí jamás la esperanza. Por eso tal vez he llegado hasta aquí con mi poesía, y también con mi bandera.

En conclusión, debo decir a los hombres de buena voluntad, a los trabajadores, a los poetas, que el entero porvenir fue expresado en esa frase de Rimbaud: sólo con una ardiente paciencia conquistaremos la espléndida ciudad que dará luz, justicia y dignidad a todos los hombres.

Así la poesía no habrá cantado en vano.

(Discurso pronunciado con ocasión de la entrega del Premio Nobel de Literatura, 1971.)

ÍNDICE ONOMÁSTICO

ÍNDICE

Cuaderno 1

Es muy temprano

Cuaderno 2

Imagen viajera

Cuaderno 3

FUEGO DE AMISTAD

Cuaderno 4

NAVEGAR EN EL HUMO

Cuaderno 5

REFLEXIONES DESDE ISLA NEGRA